LA MIA VITA LA MIA FEDE (I)

«Io amo coloro che mi amano,
e quelli che mi cercano mi trovano.»
(Proverbi 8:17)

LA MIA VITA
LA MIA FEDE (I)

Dr. Jaerock Lee

URIM BOOKS

LA MIA VITA LA MIA FEDE I
a cura Jaerock dal Dr. Lee
Pubblicato da Urim (Rappresentante: Seongkeon Vin)
235-3, Guro-dong3, Guro-gu, Seoul, Corea
www.urimbooks.com

Se non diversamente specificato, tutte le citazioni delle Sacre Scritture sono menzionate dalla Nuova Diodati.

Copyright © 2012 a cura Dott. Jaerock Lee
ISBN: 978-89-7557-537-2, ISBN: 978-89-7557-536-5(set)
Traduzione Copyright © 2011 a cura Dott. Esther K. Chung.

Precedentemente pubblicato in coreano da «The Christian Press» nel 2006

Pubblicato il primo aprile 2012

A cura di Eunmi Lee
Traduzione e Revisione Italiana a cura di Elisabetta Alicino
Progettato dal Bureau Editoriale di Urim Books
Stampato da «Printing Company Yewon»
Per ulteriori informazioni, contattare: urimbook@hotmail.com

Aroma spirituale

Si dice che le rose più profumate siano quelle dei Monti Balcani. Tuttavia, non è che da una qualsiasi rosa raccolta sui Balcani possa essere estratto il profumo più pregiato. Per assicurarci di ottenere l'essenza della rosa più profumata, dobbiamo estrarla dal fiore raccolto alle due del mattino, che è il momento più freddo e più buio.

La Mia Vita La Mia Fede I & II, le due parti dell'autobiografia del Dott. Jaerock Lee, sono un aroma spirituale per i suoi lettori, perché la sua vita è come un estratto dall'amore di Dio, sbocciato dopo aver sperimentato le tenebre, il freddo e la disperazione più profonda.

Perché il Reverendo Lee non ha avuto il tempo, proprio come altri giovani, di sognare una vita luminosa e splendente? Anche lui, del resto, ha intrapreso il percorso di un giovane qualsiasi: la laurea presso un buon college, gli studi all'estero, e il desiderio di diventare un uomo completo e importante. Ma, a differenza del suo sogno, la sua vita ha cominciato una discesa nella valle della disperazione. La malattia debilitante che lo ha investito, ha spazzato via ogni progetto di vita. Invece di guadagnarsi il successo che sperava è stato trascurato e disprezzato dalle persone a lui più care, patendo l'assenza di amore in questo mondo. Ha sperimentato sulla sua pelle il significato straziante della miseria, come uomo e come capofamiglia. Ha sperimentato in prima persona la disperazione che conduce un uomo adulto al suicidio, per ben due volte.

Perso nello sconforto in cui non riusciva nemmeno a respirare, incontrò Dio. Fino ad allora, aveva lottato da solo, ma l'Iddio onnipotente e pieno di amore, gli è andato incontro per camminare con lui, lo ha liberato dalla disperazione per donargli la speranza del regno dei cieli! «Come ripagare la grazia sorprendente di Dio?» è diventato il motto di vita del dott. Lee. Ha eseguito il «fai» che Dio gli ha comandato e non ha fatto ciò che Dio gli ha proibito; è andato ogni qualvolta Dio gli ha detto «vai», divenendo un prigioniero dell'amore divino, ponendosi come unico obiettivo esistenziale quello di compiacere il Signore e divenire gradito a Dio Padre.

Il Reverendo Lee ha fatto propria la dichiarazione dell'apostolo Paolo come riportata in Romani 8:35-39: *«Chi ci separerà dall'amore di Cristo? Sarà forse la tribolazione, l'angoscia, la persecuzione, la fame, la nudità, il pericolo, la spada? Com'è scritto: 'Per amor di te siamo messi a morte tutto il giorno; siamo stati considerati come pecore da macello'. Ma, in tutte queste cose, noi siamo più che vincitori, in virtù di colui che ci ha amati. Infatti sono persuaso che né morte, né vita, né angeli, né principati, né cose presenti, né cose future, né potenze, né altezza, né profondità, né alcun'altra creatura potranno separarci dall'amore di Dio che è in Cristo Gesù, nostro Signore.»*

Come dice Proverbi 8:17 *«Io amo quelli che mi amano, e quelli che mi cercano mi trovano.»* Il Reverendo Lee ha risposto «sì» e «amen» con tutto il suo cuore alla volontà di Dio in ogni situazione ed Egli lo ha rivestito con la Sua potenza. Il Reverendo Lee ha fondato la chiesa Manmin Joong-ang (Manmin significa 'ogni creatura' e Joong-and 'centrale') da dove ogni giorno si prega per tutti i popoli e tutte le nazioni proprio come il nome impone, compiendo il compito che Dio gli ha dato, come luogo centrale della manifestazione dell'opera dello Spirito Santo.

Poiché lo stesso Reverendo Lee ha sofferto di così tanti tipi di malattie, capisce il dolore di chi è malato; egli fu disprezzato e deriso, e per questo riesce ad essere profondamente empatico con quanti hanno il cuore spezzato. Perché ha vissuto un'indigenza acuta, comprende il cuore di quanti portano il pesante carico della miseria. Sono questi i motivi, insieme a molti altri, per cui i membri della sua comunità, decine di migliaia, si riuniscono intorno a lui solo per vederlo faccia a faccia e stargli accanto.

Il cammino del Reverendo Lee è uno dei casi più drammatici a testimonianza che la vita di un uomo può cambiare così tanto e radicalmente dopo aver conosciuto Dio. La sua esistenza ci mostra in maniera evidente come, una vita di totale obbedienza e completa dedizione a Dio, possa portare frutto abbondante, sia materialmente che spiritualmente.

La storia della sua vita ci dice con forza che il segreto di tutte queste benedizioni è quello di essere limpidi e puri come il cristallo, di essere santi proprio come lo è Dio il Padre, che a volte si manifesta come un leone ruggente e altre come una madre dolce.

Proprio come la vita del reverendo Lee emana un profumo profondo, spero che i lettori di questo libro possano stillare anche loro una fragranza più profonda del profumo delle rose dei Monti Balcani.

Dicembre 2006

Rev. Dott. Esther K. Chung

Già Presidente dell'Università Femminile di Seoul, Corea
Presidente del Seminario Teologico Internazionale Manmin, Seoul, Corea
Professore Onorario, dell'Universidad Nacional de San Antonio Abad del Cusco, Perù

Prove feroci, grande potere

La Mia Vita La Mia Fede I e II risponde in modo chiaro alla domanda: «Come vivere una vita cristiana?» Questo è un libro per tutti coloro che hanno accettato Gesù Cristo come Salvatore e credono nel sangue che Egli ha versato sulla croce.

Francamente parlando, il Dott. Jaerock Lee, pastore senior della Chiesa Manmin Centrale è una persona che non conoscevo molto bene. Un giorno uno dei miei colleghi mi ha dato la sua autobiografia da leggere, e dopo aver avidamente finito i libri, non ho potuto fare a meno di scoppiare in lacrime. La storia mi aveva talmente catturato che dovevo leggerla tutta, non riuscivo ad interrompermi, neanche per dormire.

Non potevo leggere senza piangere sulle sofferenze fisiche, sulla povertà e sui problemi familiari, paragonabili alle sofferenze di Giobbe, che quest'uomo ha passato. Conoscere passo passo le sue vicissitudini è come intraprendere un viaggio nella Corea e nel modo in cui i coreani interpretano il dolore. Le sue condizioni fisiche erano talmente gravi da farlo ricorrere a rimedi estremi, come bere il concentrato dei rifiuti del corpo umano e tentare il suicidio in due diverse occasioni. Anche io sono passato attraverso tante sofferenze nella mia vita, ma leggere del percorso di quest'uomo è stato così schiacciante e doloroso che non ho potuto trattenermi dal versare lacrime.

La maggior parte dei coreani che ha attraversato il tempo di cui racconta il Reverendo Lee, che ha vissuto l'austerità degli anni Cinquanta e Sessanta, ha vissuto tante sofferenze. Ancora oggi, ci sono persone che non possono permettersi di avere il riscaldamento in inverno o tre pasti al giorno. Molti sono malati ma non possono permettersi cure ospedaliere. Ci sono quelli che vivono in alloggi temporanei e precari a causa di inondazioni e di altri disastri naturali. Noi coreani non siamo ancora stati completamente liberati dalla povertà e dalla sofferenza.

Quello che colpisce della storia del reverendo Lee è come, dopo aver superato tutte queste pene e dolori, la sua vita sia radicalmente cambiata. Questo libro descrive tutti i suoi passi in modo commovente. Ciò non significa che questo racconto sia scritto in modo fantasioso o romanzato. Anzi, è un libro onesto e semplice, e questa genuinità ha toccato il mio cuore.

In questo libro i lettori troveranno l'aroma, il profumo della verità, tanto che alla fine saranno anche loro inondati dalla stessa grazia di Dio che ha investito il reverendo Lee.

Forse dipende dal fatto che difficilmente mi imbatto in storie che davvero mi colpiscono, ma scoprire come si sia pentito dei suoi peccati dopo aver incontrato Gesù, obbedendo a Dio che lo chiamava a studiare in seminario per diventare un pastore, all'interno di un contesto di eventi che tutti noi come coreani abbiamo fin troppo bene conosciuto (come cercare di risparmiare anche un solo mattoncino di carbone, i bambini a capo delle loro famiglie, o di quanti lottavano con le loro disabilità), ma questo libro ha cambiato il corso della mia vita cristiana, e di molto.

Credo che il percorso del reverendo Lee sia un modello da manuale per la nostra vita cristiana. Siamo convinti che la nostra esistenza stia scorrendo nel modo giusto perché andiamo in chiesa e ascoltiamo le prediche, ma quando usciamo torniamo al mondo, ai compromessi e al peccato, restiamo incastrati in un circolo vizioso nella nostra vita nella fede.

Questo libro risponde in modo chiaro alla domanda: «Come dobbiamo condurre la nostra vita cristiana?» Il reverendo Lee ci spinge a invocare Dio in preghiera. Pregate per santificarvi ed essere utili al proposito di Dio. Pregate per ricevere la potenza di Dio, per ricevere i doni dello Spirito Santo, per la vostra chiesa, il vostro pastore, per il regno e la giustizia, per l'amore spirituale. La sua confessione di fede tocca la nostra vita.

I miracoli e le guarigioni che hanno avuto luogo subito dopo la fondazione della sua chiesa hanno reso alcuni pastori gelosi di lui. Perché la denominazione che lo ha ordinato pastore lo ha scomunicato? Il processo ingiusto a cui è stato sottoposto è tutto spiegato in dettaglio.

L'entità reale di un servitore di Dio è misurabile quando ne guardiamo i frutti. Oggi, il fuoco dello Spirito Santo brucia ogni settimana nei servizi della Chiesa Manmin Centrale, e tanti malati con patologie incurabili ricevono guarigione. Grandi Crociate sono state tenute negli Stati Uniti, in Russia, in Africa, in Medio Oriente, in Europa e in America Latina, e molte persone provenienti da tutto il mondo hanno testimoniato e testimoniano i segni e i prodigi in corso. Ora, la Corea sta diventando il centro missionario del mondo!

Anche dopo aver fondato la Chiesa Manmin Centrale, che oggi che è tra le chese più grandi al mondo, il reverendo Lee vive una vita di preghiera e digiuno in montagna. Anche quando le sue figlie sono state in pericolo di vita, quando la sua stessa esistenza ha oltrepassato la soglia della morte, ha superato tutte queste prove solo con la fede. Eppure, mai qualcuno l'ha sentito vantarsi. La sua fede è qualcosa a cui aspirare, un esempio da seguire.

È un mistero quello per cui Gesù cambiò l'acqua in vino in un banchetto di nozze, guarì i lebbrosi e resuscitò Lazzaro. Allora, perché criticare le opere e le guarigioni manifestate dalla potenza di Dio oggi attraverso il Reverendo Lee?

La Corea ha il maggior numero di chiese procapite nel mondo. È un paese dove nessuno si meraviglia di vedere persone pregare e scuotersi ad alta voce invocando Dio, di danzare in preghiera o mentre cantano e adorano. Tutti abbiamo conosciuto o sentito di qualcuno il cui tumore maligno è stato guarito in una sessione di preghiera su una 'Montagna di Preghiera'. La Corea è oggi il paese che commissiona più missionari al mondo. Leggendo il libro del Dott. Lee, ho potuto realizzare ancora una volta che la Corea è un paese benedetto.

Oggi la predicazione del Reverendo Lee è incentrata sul tema del 'Cielo', e non sappiamo quando finirà. Se a qualcuno viene chiesto di parlare di questo argomento, dopo un paio di settimane difficilmente troverà ancora da predicare, ma il reverendo Lee ne parla in modo più vivido e dettagliato ogni giorno che passa. Penso che sia perché ha ricevuto il dono della profezia e molti altri doni, in modo che tutti questi sermoni siano pubblicati e resi noti con un flusso continuo, proprio come la seta esce dai bozzoli.

Per impiegare una metafora utilizzata da re Salomone in Proverbi 25:11, i messaggi del dottor Lee sono come le parole dette al momento giusto, come dei frutti d'oro in vasi d'argento cesellato.

Il Reverendo Lee ha manifestato la potenza dei miracoli, dopo aver superato prove di fuoco.

Febbraio 2007
Yoorim Han
(Autore Televisivo)

INDICE DEI CONTENUTI

INDICE DEI CONTENUTI

CAPITOLO CINQUE
L'inizio della Chiesa

CAPITOLO SEI
Crescita della Chiesa e Prove

CAPITOLO SETTE
Dio ha ampliato il confine del mio ministero

Capitolo 1

È nato un
bambino muto

Gli insegnamenti dei mie genitori: bontà e giustizia

«È nato! È nato. È un bel bambino, ma è muto, non piange neanche...» Non ho emesso alcun vagito alla nascita. Questo ha addolorato la mia famiglia, soprattutto i miei genitori, che giustamente molto preoccupati, mi hanno fatto visitare da molti specialisti. Ciononostante, non piangevo mai. Sorridevo.

In seguito, dopo aver sperimentato la grazia di Dio, Gli chiesi perché appena nato non avessi pianto come gli altri bambini. Credo che fu perché il mio spirito già sapeva che avrei condotto una vita felice in qualità di servo di Dio e che avrei guidato numerose anime alla salvezza.

Sono nato Il 20 aprile 1943, secondo il calendario lunare, ultimo figlio di tre maschi e tre femmine, da Chabeom Lee - mio padre - e Gamjang Cho - mia madre -, in un piccolo villaggio nella provincia di Jeonnam, Haeje Myeon, Muan Gun. Mio padre, uno studioso dei classici cinesi, amava l'eleganza e la musica. Durante il dominio giapponese sulla Corea ha visitato molte volte il Giappone per lavoro, ma in seguito all'indipendenza coreana, ha rinunciato alle sua attività imprenditoriali preferendo vivere in un posto tranquillo. Quando avevo tre anni, la mia famiglia si trasferì a Changsung, un villaggio molto caratteristico presso Boon Hyang Ri, Nam Myeon, Changsung Gun. Era un luogo talmente peculiare che la gente diceva «...solo la famiglia Chun poteva andare a stabilirsi lì.» Ciononostante, la mia famiglia, in qualche modo si ambientò subito.

Mio padre - come lo ricordo dagli anni della mia infanzia - aveva scelto di perdere ogni contatto con il mondo esterno e viveva di profonde letture stando sempre in casa. Di rado avevamo ospiti. Quando mio padre riceveva dei visitatori, beveva con loro qualcosa, recitava antichi poemi e si divertiva a sfidarli con le sue conoscenze del cinese.

Il desiderio di mio padre è sempre stato che io diventassi un grande uomo, infatti era solito dirmi: «Jaerock, il tratto distintivo di un essere umano di valore è la fedeltà. Tu dovresti aspirare a diventare un uomo illustre un giorno.» Certo, tutti i genitori probabilmente desiderano che i loro figli crescano forti e riscuotano successo in ciò che sceglieranno di fare. Ciononostante, ricordo che crescendo, mio padre cercava davvero di inculcare in me dei valori elevati. Mia madre, dal canto suo, era sempre pronta a servire e a sacrificarsi per la famiglia.

Mio padre cominciò ad insegnarmi l'insieme dei «Mille Caratteri Cinesi» quando avevo ancora solo cinque anni. Era solito narrarmi le gesta degli eroi famosi. In particolare ricordo che nell'ascoltare il «Romanzo dei Tre Regni» in cui si narra di come Guan Yu, Zhang Fei e Zhao Yun rischiarono la vita in battaglia per proteggere il loro maestro Liu Bei, o di come Zhu Ge Lian fece soffiare il vento, ero così emozionato che mi sudavano le mani. Non solo, condivideva con me gli insegnamenti di uomini saggi come Confucio e Mencio, e si soffermava sempre a farmi notare l'integrità di questi grandi del passato. La storia di Mongju Jung, che servì la dinastia Koryo fino alla fine, ben sapendo che sarebbe stato ucciso; le gesta dell'ammiraglio Soonshin Lee che salvò il suo paese dalla distruzione. Non importa quante volte le avessi sentite, tutte queste storie mi commuovevano sempre. Crescendo, le imprese dei grandi uomini che rimasero fedeli alla loro missione, anche in situazioni di pericolo di vita, sono rimaste scolpite nel cuore di questo ragazzino. Ascoltando i racconti, era chiaro per me che dovevo rispettare i miei genitori, percorrere un sentiero di giustizia e contraccambiare qualsiasi gesto di grazia che avessi ricevuto per il resto della mia vita.

Sognare di diventare un membro del Congresso

Alle elementari il mio sogno era quello di diventare un membro del Congresso. Anche per questa ragione, mio padre mi portava a tutti i comizi elettorali che poteva. A volte camminavamo per 10 o 15 km per raggiungere un evento elettorale, e, che fossero le elezioni dell'assemblea provinciale, le elezioni generali o le elezioni presidenziali, lui desiderava che io partecipassi. Voleva che crescessi in modo che un giorno sarei stato un buon politico, uno di quelli che avrebbe fatto un ottimo lavoro per il paese.

A quel tempo, il 'Freedom Party' era al potere, e i comizi

erano molto frequentati. Per me, che ero giusto un bambino, tutti quei relatori sembravano dei grandi uomini e questo mi portava a voler diventare come uno di loro da grande...». Coltivai il sogno di essere un membro del Congresso fino alle superiori, finché crescendo iniziai a frequentare i comizi da solo.

Ancora prima delle elementari conoscevo a memoria la tavola pitagorica e l'Hangul (l'alfabeto coreano) che avevo imparato dai miei fratelli e sorelle maggiori. Forse è anche per questo motivo che per me la scuola non era molto interessante. Mi divertivo molto di più a giocare con i miei amici dopo la scuola, principalmente passatempi violenti, come la guerra, il wrestling e le sfide di calci. Ero relativamente più forte dei compagni della mia età, volevo vincere sempre in tutti i giochi. Mi caratterizzavano un orgoglio e una testardaggine costante, infatti, continuavo a giocare fino a quando non vincevo. Godevo di ottima salute. Sebbene i miei genitori attraversassero difficoltà finanziarie, mia madre mi somministrava sempre delle erbe medicinali abbastanza costose, cosa molto insolita nell'ambiente in cui vivevamo a quel tempo. L'amore di mia madre per suo figlio più giovane era molto grande, e infatti, quando usciva mi portava con sé ovunque lei andasse, mano nella mano. Mi piaceva sentire i commenti degli anziani del villaggio che dicevano: «Questo ragazzo sembra molto intelligente... Di certo diventerà qualcuno in futuro... Glielo leggi sul volto che sarà un grande uomo... Abbi cura di lui!» Ogni volta che mia madre ascoltava queste osservazioni vedeva chiaramente la soddisfazione apparire sul mio viso. Sono cresciuto osservandola visitare di tanto in tanto un tempio buddista, dove portava offerte di riso e pregava benedizioni per la famiglia.

La vita di preghiera di mia mamma

Ogni sera, mia mamma faceva la doccia, si cambiava, indossava il suo Hanbok bianco (un costume coreano), usciva di casa, poneva una ciotola di acqua pulita su un piedistallo e pregava alle stelle. Ero il piccino di casa e per questo ero anche molto legato a lei, tanto che ogni sera cercavo di rimanere sveglio finché non rientrava dalle orazioni crepuscolari. Certe sere, quando restava fuori più a lungo del solito, io la guardavo pregare attraverso un piccolo foro della finestra di carta di riso, fino a quando mi addormentavo esausto.

Una volta le chiesi: «Mamma, perché ti prostri a pregare così intensamente?» Lei mi rispose: «Perché quando ho pregato il Gran Carro (nella costellazione dell'Orsa maggiore), tuo fratello più grande è tornato sano e salvo dalla guerra di Corea, perché io prego e voi bambini siete sani e crescete bene.» In seguito, dopo la malattia che mi debilitò per molti anni, mia madre pregò le stelle per la mia salute, ma le sue preghiere non funzionarono. Quando seppe che ero stato completamente guarito attraverso la potenza di Dio, iniziò a frequentare una chiesa di sua spontanea volontà. «Aveva offerto preghiere e invocazioni alle stelle e a Buddha per molto tempo, ma sia Buddha che l'Orsa Maggiore non avevano guarito suo figlio. Suo figlio, infatti, aveva ricevuto la completa guarigione in una chiesa cristiana.» Per questo lei decise di frequentarne una, e, dopo aver gettato tutti i suoi idoli, divenne una credente e servì Dio per il resto della sua vita.

L'Istruzione era il focus principale dei miei genitori

Essendo il più giovane, tendevo ad assumere l'attitudine del ragazzino sempre obbediente, così mi assicuravo l'amore speciale dei miei genitori, che, dal canto loro, erano molto severi riguardo l'educazione e la disciplina dei loro figli. Hanno insegnato a me e ai miei fratelli non solo le basi dei rapporti umani, ma anche il galateo e la cortesia, il modo corretto di camminare, parlare, vestirsi, mangiare a tavola, come tenere le posate, come dormire e come svegliarsi. Ci hanno tenuto molto ad insegnarci che quando si parla non si deve mai alzare la voce, che non si interrompe l'altro e si inizia a parlare solo quando l'altra persona ha finito, che gli anziani non si guardano diritti negli occhi quando si rivolgono a noi, che non si disturbano i vicini e che non importa quanto siamo poveri, se vediamo un mendicante, non si deve mai lasciarlo andare via a mani vuote. Non solo, ci hanno educato in modo che le nostre azioni fossero motivate da bontà e pazienza. Credo che a motivo di tutto ciò, anche prima di conoscere Dio, la mia coscienza e il mio comportamento siano sempre stati impeccabili tanto che la gente si riferiva a me come 'l'uomo che non ha bisogno della legge'. Dopo aver accettato il Signore, penso che sia stato proprio grazie ai metodi educativi severi dei miei genitori che mi è stato relativamente semplice rispondere 'Sì' ed «Amen» ad ogni comando della Parola di Dio.

Come studioso di cinese classico, mio padre aveva approfondito anche gli studi in materia di fisionomia, che è l'arte di giudicare le persone attraverso le loro caratteristiche fisiche e la lettura della mano. Aveva l'abitudine di predire correttamente eventi importanti che si sarebbero verificati nella nazione, come anche fatti di una certa rilevanza riguardo il villaggio in cui vivevamo. Lui mi diceva, «Jaerock, diventerai un grande uomo. La linea che rappresenta la vita sulla tua mano è un po' corta, è tagliata a metà, e per questo, figlio mio, potresti essere destinato a morire presto, però, un filo sottilissimo si collega alla linea della vita proprio dove questa si interrompe, quindi, se superi i 30 anni, diverrai una benedizione per molte persone.»

Mio padre era molto soddisfatto dopo aver letto la mia fisionomia e la mia mano. Mi disse che potevo morire in giovane età, ma, che se ce l'avessi fatta a superare i 30, avrei viaggiato, avrei visitato il mondo e mi sarei guadagnato il rispetto di molte persone. Al compimento dei trent'anni mi ammalai gravemente e sostai davanti alla porta della morte in molte occasioni. Spesso non sapevo nemmeno se sarei sopravvissuto fino al giorno successivo. Vivevo in una condizione terribile perché non potevo nemmeno più sognare di diventare un grande uomo. Mio padre fu molto pietoso con me, e, proprio perché era convinto che sarei morto giovane, fece del suo meglio per insegnarmi tutto ciò che di meglio conosceva. Anche mia madre ha vissuto nei miei confronti una vita assolutamente diligente e fedele, come del resto, ha sempre fatto verso tutta la mia famiglia.

L'incidente alle elementari

Ho sempre goduto di ottima salute, ed essendo l'ultimo figlio, il 'piccolino di casa', sono stato grandemente amato da mia madre, tanto da essere continuamente nutrito con miele genuino ed integratori naturali a base di erbe ed estratti puri. Ecco perché, solitamente, ero più forte dei miei coetanei. Sebbene fossi piccolo di età, mi ero guadagnato una bella collezione di medaglie per aver vinto diversi tornei di lotta coreana. Sarà anche per questo che ero soprannominato «L'Uomo Forte». Gli altri bambini pendevano dalle mie labbra, decisamente, ero il loro leader.

Crescendo, tutti noi della mia generazione, siamo stati fortemente influenzati dalla guerra di Corea, ragione per cui io e i miei amici praticavamo sport ed attività piuttosto violenti. I nostri giochi preferiti erano la guerra, i combattimenti con la spada, le gare di calci, e la riproduzione di un gioco di lotta chiamato 'Sahbi' che consisteva nell'annientare e sottomettere l'avversario attraverso il soffocamento. In modo che il gioco non diventasse seriamente pericoloso, durante la lotta, quando uno dei due lottatori iniziava a soffocare, il segnale d'arresto era quello di alzare entrambe le mani, e a quel punto voleva anche dire che chi tirava su le mani si arrendeva, aveva perso. Una volta, giocando a Sahbi, svenni perché mi sono rifiutato di arrendermi. Qualunque fosse la sfida, io gareggiavo per vincere, sempre, perché ero orgoglioso, e molto testardo. Un giorno, in quarta elementare, giocando con un amico delle medie mi sono rotto una costola. Non potevamo permetterci di andare in ospedale a quel tempo ed i miei genitori mi curarono unicamente con la medicina naturale e poi, semplicemente, aspettai di guarire. Non mi ristabilii completamente, infatti, ogni estate, il dolore tornava e mi causava non pochi problemi, fitte acute al fianco, difficoltà di respirazione e l'impossibilità di correre. Poiché non vi era alcuna cura specifica, mio padre immerse due serpenti velenosi in liquore chiamato 'Soju' e ogni giorno, al mattino e la sera, me lo somministrava. È in questo modo che ho iniziato a bere alcolici in così giovane età.

In un'altra occasione, sempre in quarta elementare, c'era un insegnante nella mia scuola che rispondeva al soprannome di

'Maestro Folle'. I miei amici ed io stavamo giocando a 'Sabhi' nel cortile della scuola, e lui, pensando che stessimo litigando furiosamente, ci convocò nell'ufficio degli insegnanti. Qui iniziò a rimproverarci e a schiaffeggiarci, ed infine, impose che ognuno di noi schiaffeggiasse per ben venti volte il suo compagno. Quindi, non solo presi schiaffi dall'insegnante ma anche dal mio amico. Come risultato di questo trattamento, avevo il viso irriconoscibilmente gonfio ed entrambi i timpani rotti, le orecchie cominciarono a sanguinare e quello fu il giorno in cui sviluppai seri disturbi all'udito. L'insegnante fu poi licenziato dalla scuola, ma per quanto mi riguarda, ho continuato a soffrire a causa di quell'incidente.

La mia adolescenza

Ero un adolescente introverso e schivo. Nel 1959, finite le medie nella città di Kwangju, mi trasferii a Seoul per frequentare le superiori. Vivevo insieme con mia sorella maggiore a Shindang Dong, Seongdong Gu, a Seoul appunto. Durante l'ultimo anno persi oltre 40 giorni di scuola a causa di una debilitazione che mi aveva fatto ammalare. Un giorno, mentre ero a letto malato, qualcuno che non avevo mai visto prima bussò alla porta. Era venuto a casa per evangelizzarci e farmi accettare Cristo. Io pensai: «Che sciocco... E poi, dov'è questo Dio di cui parla? Io, comunque, non credo in Gesù, ed anche se fossi un cristiano, non potrei mai andare in giro a condividere il Vangelo in questo modo! Sono comunque troppo timido per farlo!»

Mi rammaricavo molto che ci fossero persone che se ne andavano in giro a parlare di Gesù. Essendo ateo, schivo ed introverso di natura, pensai: «Adesso c'è un'altra ragione per cui

Al liceo

Scuola media

non voglio credere in Dio: non vorrei mai dover girovagare per evangelizzare in questo modo.» Mio padre, che era uno studioso dei classici cinesi, mi diceva sempre: «Sei nato con una natura che ti impedirebbe di chiedere in prestito persino un granello di sale al tuo vicino.» Sebbene in campagna, in quel tempo, fossimo tutti più o meno poveri, il sale era una sostanza comune e non costosa. Quello che stava cercando di dirmi era, però, che avevo un tipo di personalità che non mi consentiva di appoggiarsi agli altri o di creare loro problemi.

Per farvi comprendere quanto fossi introverso, vi racconto solo che quando a scuola mi consegnavano l'avviso di pagamento della retta, io non avevo neanche il coraggio di mostrarlo ai miei genitori. Puntualmente, i miei non pagavano la rata alla data di scadenza, e per questo più volte fui rimproverato duramente dalla mia insegnante. Una volta, stanca di ciò, l'insegnante fece convocare i miei genitori, e solo allora mostrai l'avviso a mia madre. Vedendo la retta, mia madre pagò immediatamente. Sapevo che i miei avrebbe sempre pagato le rette scolastiche, ma il punto è che per me era davvero difficile domandare qualcosa ai miei genitori, in particolare denaro. Questa personalità, in seguito, ebbe una notevole influenza sul mio ministero.

Persi la memoria e tentai il suicidio.

A causa della mia salute cagionevole e delle tante assenze, alle superiori non feci una gran carriera scolastica. Ciononostante, il mio obiettivo principale a quel tempo era superare l'esame d'ingresso per la Facoltà di Ingegneria presso la Seoul National University. Prendevo delle pillole stimolanti tutti i giorni per mantenermi sveglio a lungo e studiare di più. Con il passare del tempo, purtroppo, il mio corpo iniziava ad assuefarsi quindi dovevo aumentare il numero di pillole che assumevo. In seguito sviluppai una vera e propria dipendenza da queste sostanze, tanto che dovevo prenderle anche per rimanere sveglio durante il giorno. Senza, infatti, ero apatico, e mi era impossibile rimanere concentrato. Dormivo quattro ore e studiavo tutti i giorni presso la Biblioteca Nazionale, che era situato dove adesso si trova il Lotte Department Store. Dopo aver passato un anno così, mi convinsi che ero in grado di superare l'esame per la Facoltà di Ingegneria presso la Seoul National.

Nel novembre del 1962, avvicinandosi alla prova, scoprii che avevo perso la memoria. Stavo leggendo il giornale in un momento di pausa dagli studi, e, improvvisamente mi resi conto che non mi ricordavo il nome del presidente coreano di quel momento (il dottor Synman Rhee). Non solo, non riuscivo più a ricordare una sola parola di inglese e le formule matematiche così difficili che avevo studiato e memorizzato. Non riuscivo a ricordare nulla. La cosa peggiore era che questa condizione non accennava a cambiare, non era una cosa temporanea. Mi sforzavo di ricordare tutte le cose così complicate che avevo studiato ma non riuscivo a ricordare nemmeno le basi. Per un po' ebbi la sensazione di sprofondare in un pozzo senza fondo. Non vedevo più speranza per il mio futuro, ero sul ciglio di una profonda depressione. Con una personalità introversa e timida come la mia, avevo trascorso più di un anno in solitudine a studiare per l'esame di ammissione, e adesso la mia memoria mi abbandonava.

Come avrei potuto affrontare i miei genitori, dopo tutto il sostegno e le difficoltà che avevano intrapreso per me? Mi vergognavo troppo per continuare a vivere. Presi così la decisione di suicidarmi e raccolsi quanti più sonniferi potevo in differenti farmacie. Cercavo e comperavo solo i più potenti e i più efficaci. In quel periodo avevo preso in affitto una stanza vicino a casa di mia sorella per dormire, però a pranzo e a cena stavamo praticamente sempre insieme a casa sua.

Le dissi: «Sorella, questa sera vado a casa di un mio amico a studiare, quindi non mi aspettare per cena.»

Mia sorella, lapalissianamente, non aveva idea di quali fossero i miei piani, e quindi, annuì. Dopo aver messo in ordine tutte le mie cose e aver scritto una lettera ai miei genitori, ai miei fratelli e alle mie sorelle, serrai la porta dall'interno, posai una coperta sul pavimento, ingerii le mie molte pillole, e mi sdraiai. Per un po' rimasi completamente cosciente, ma di lì a poco, in modo istantaneo, svenni.

C'è un detto che recita: «La morte in questa vita è solo l'inizio della prossima.»

Mio fratello e mio cognato gestivano insieme un negozio di biancheria al Dongdaemoon Market. Generalmente chiudevano il negozio alle 22:00, sistemavano qualche cosa di amministrazione, e per mezzanotte erano a casa. Stranamente, però, quel giorno, tutti e due sentirono l'impellenza di andare via prima.

Mio fratello disse a mio cognato: «Fratello, penso che stasera dovremmo chiudere il negozio e tornare a casa presto.»

«Davvero? Che strano», rispose lui «volevo dirti la stessa cosa».

Quel giorno, mio fratello chiuse il negozio in anticipo. Una volta a casa di mia sorella, non era solito passare dalla mia stanza, non volendo disturbare i miei studi, ma quel giorno particolare, per qualche particolare ragione, volle vedermi.

«Dov'è Jaerock?» chiese. «Ha detto che andava a casa di un suo amico a studiare lì», rispose mia sorella. Mio fratello venne comunque nella mia stanza e trovando la porta chiusa a chiave, sentì che qualcosa di brutto stava accadendo. Fece irruzione nella mia camera e mi trovò che ero già freddo come un cadavere. Chiamò mio cognato e di corsa mi portarono in ospedale. Avevo ingerito troppe pillole e i dottori diedero ai miei familiari poche speranze di sopravvivenza. Inaspettatamente, dopo alcuni giorni, ripresi conoscenza, ma al mio risveglio mi accorsi di aver perso anche il poco di memoria che mi era rimasta. A distanza di un anno dal mio tentativo di suicidio non avevo ancora pienamente ripreso potere sulla mia memoria. Ciononostante, non mi diedi per vinto, e mi preparai nuovamente a superare il duro esame, e, nel Marzo 1964, superai l'esame di ammissione ed entrai alla Facoltà di Ingegneria dell'Università di Hanyang.

Il mio matrimonio e il mio fato

Mentre ero al college fui chiamato dall'esercito e mi arruolai il 29 ottobre 1964. Verso la fine del servizio militare, un mio familiare mi presentò «un'amica di penna», la donna che poi sarebbe diventata mia moglie.

Perdere l'eredità

Nel Maggio del 1967, conclusi il servizio militare e mi congedai. Qualcosa di inatteso mi aspettava. Poco prima che entrassi nell'esercito, i miei genitori mi avevano dato i soldi per pagare la tassa del secondo semestre all'università con largo anticipo. Prestai il denaro a un mio familiare, il quale mi promise di restituirmeli con gli interessi per quando avrei finito il servizio militare. Purtroppo, la famiglia di questo mio parente si trovò in gravi difficoltà e lui non fu in grado di restituirmi neanche la somma che gli avevo prestato. Mio fratello e mio cognato vennero a conoscenza di ciò che stava accadendo e pagarono la mia retta di iscrizione all'università. Intanto, avendo finito il servizio militare, decisi di conoscere la mia amica di penna. Mi innamorai perdutamente di lei. Ci lasciammo con la promessa di sposarci.

Questa donna aveva dei grandi occhi chiari, meravigliosi come un lago. Sapendo che avevo ricevuto i soldi per la tassa di iscrizione mi chiese se potevo prestarle del denaro per un breve periodo. Le feci il prestito, ma non riuscì a restituirmelo come aveva promesso. Alla fine dei conti, non mi potei iscrivere al secondo semestre, e dovetti attendere diversi mesi e decisi di ritornare nella mia città natale. Dissi ai miei genitori: «Madre, padre, presto mi sposerò, quindi, se possibile, per favore, vorrei ricevere la mi eredità in anticipo.» Dopodiché, spiegai loro i miei piani futuri, come se stessi presentando un progetto ingegneristico e dovessi «venderlo» ai miei genitori: «Utilizzerò parte del denaro per il matrimonio, parte per aprire un salone di bellezza, visto che la mia fidanzata è parrucchiera, in questo modo ci guadagneremo da vivere. Depositerò il resto dei soldi in banca e maturerò gli interessi. Studierò e con le borse di studio che riuscirò a vincere, dopo la laurea, voglio andare negli Stati Uniti e tornare con un dottorato di ricerca.»

Mio padre e mia madre mi ascoltarono certo, ma con una certa riluttanza, visto che avevo chiesto loro i soldi dell'eredità.

Ritornai a Seoul sognando un futuro roseo con in tasca la somma enorme della mia eredità. Le cose, purtroppo, andarono male sin da subito. Dovevo incontrare la mia fidanzata alla Seoul Station, ma lei non si fece vedere. Non riuscì a contattarla per una settimana.

Intanto mia sorella mi chiamò dicendomi: «Fratello, ho

sentito che hai ricevuto la tua parte di eredità! Bene, quanto interesse ti dà la banca? Sappi che una delle miei migliori amiche è la titolare di una società di capitali, e se investi con lei guadagnerai un sacco di soldi, te lo assicuro io, di me ti puoi fidare.» Ero giovane ed ingenuo ed ascoltai mia sorella. Poiché non avevo ancora ricevuto notizie dalla mia fidanzata, presi in affitto una casa e consegnai il resto dei soldi a mia sorella.

Dopo alcuni giorni, la mia fidanzata si presentò. La sua famiglia non era d'accordo che lei si sposasse con me, e lei in tutto questo tempo aveva cercato di convincerli. Non riuscendoci, tentò il suicidio con dei sonniferi e fu portata in ospedale giusto in tempo. Era venuta da me non appena l'ospedale l'aveva dimessa.

Nel frattempo, mia sorella mi consegnò due mesi di interesse relativamente al denaro che le avevo consegnato e poi, per parecchio tempo non si fece più sentire. La chiamai più volte, le dissi che dovevo pagare l'iscrizione per il nuovo semestre all'università e che, davvero, avevo bisogno dei miei soldi. Nulla. Dopo il Capodanno, andai da mia sorella e le chiesi il denaro, mi serviva per continuare gli studi! La trovai turbata e, infine mi confessò quanto segue: «Fratello, ero davvero certa che la mia amica stesse facendo bene il suo lavoro, ma, ho scoperto, che è un contrabbandiere. È stata catturata ed è ora in carcere. Non c'è alcun modo di recuperare il denaro.» Fui preso da grande sconforto, pensai: «È tutto così terribile! Non mi sono nemmeno ancora laureato! Questa è davvero una catastrofe.» Avevo perso tutto! Tutta la mia eredità era andata, per sempre, in un attimo! Decisi così di cercarmi un impiego e di frequentare le lezioni serali. Trovai lavoro come giornalista per una rivista, e, nel Gennaio del 1968, la mia adorata fidanzata ed io ci sposammo.

Al tempo in cui lavorava da giornalista

La mia presunta tolleranza all'alcool

Celebrammo il matrimonio nel Marzo del 1968 e la domenica successiva alla cerimonia abbiamo invitato amici, parenti e colleghi per festeggiare. In preparazione del party, abbiamo comprato 40 bottiglie di whisky ed anche i miei amici hanno portato parecchio da bere. La mattina, ho visto i miei colleghi, nel pomeriggio, ho incontrato i miei amici a Seoul, e la sera, i miei amici d'infanzia. Abbiamo fatto festa fino a tarda notte. Ero certo dell'mia enorme tolleranza all'alcol, per cui non ho rifiutato nessun drink sin dalle prime ore del mattino. Devo aver bevuto almeno sette bottiglie di whisky da solo e per questa ragione ho iniziato a sentirmi poco bene. Dopo che a tarda notte anche l'ultimo ospite ci aveva lasciato, mi sono coricato soddisfatto per aver ospitao una festa di successo.

Improvvisamente, il soffitto iniziò a ruotare, insieme al lampadario. Tutto, tutto si muoveva. Stavo davvero male e vomitai così tanto che mi sentivo letteralmente l'intestino in gola. I medicinali che mia moglie era corsa a comperare per aiutarmi li avevo rimessi prima ancora che potessi completamente ingerirli. Non potevo nemmeno bere acqua. Ero agonizzante. A cominciare da quel giorno non riuscì più ad alimentarmi correttamente. A causa dei miei problemi di stomaco, infatti, non digerivo il cibo che mangiavo. Provavo di tutto, anche farmaci naturali a base di erbe. Nulla funzionava. Nulla. Ogni tanto sembrava che migliorassi un pochino, ma la realtà era che con il passare del tempo, la mia condizione peggiorava ed io persi il controllo del mio corpo.

Tentativi di recupero

Nel giro di poco tempo mi ritrovai senza lavoro a causa della mia condizione fisica. Avevo provato numerosi farmaci e visitato una quantità incredibile di ospedali nel tentativo di identificare correttamente la mia malattia. A parte l'ulcera gastrica, però, nessuno era in grado di diagnosticare una condizione specifica. Sebbene sembrava non avessi nulla di grave, continuavo a perdere peso. Dopo quasi quattro anni non c'era una parte del mio corpo che fosse sana. Ero come un «magazzino ambulante di malattie.» Ero arrivato al punto di aver provato ogni farmaco possibile. Soffrivo costantemente di prurito a causa del piede d'atleta d'estate e a per via dei geloni in inverno, avevo il corpo ricoperto da eczema, e, ogni mattina, tutte le ferite si infiammavano e le mucose si indurivano. A causa di una forma di rinite cronica, l'ozena, avevo la testa sempre pesante e il naso costantemente bloccato, fattori che contribuivano a far peggiorare la mia memoria.

Iniziai anche a sviluppare un problema linfatico. In principio solo una pallina alla base del collo, che è andata espandendosi fino a diventare grande come un chicco d'uva. Questa infiammazione linfatica mi impediva di muovere il collo in modo corretto. Il medico orientale presso cui ero in cura non volle prescrivermi farmaci specifici per l'infiammazione linfatica perché ne stavo già prendendo troppi. Tale situazione mi ha condotto ad un forte esaurimento nervoso, che, accompagnato da insonnia, eczema, anemia e infezioni alle orecchie, ha contribuito al malfunzionamento di tutti gli organi interni, tra cui stomaco, intestino tenue e intestino crasso.

Cambiando il mio nome la situazione non cambia

Mia moglie cercò rimedi per la mia condizione anche nella medicina naturale, provando ogni tipo di farmaco alternativo. Purtroppo tutti i suoi sforzi si dimostrarono inutili negli anni, e quindi, si rivolse alla superstizione. Qualcuno le disse di chiamare un esorcista, altri di portarmi da un monaco buddista che avrebbe scacciato via il demonio. Quindi, lei si rivolse a dei monaci famosi che hanno anche provato degli esorcismi su di me.

Qualcun altro ci consigliò di cambiare il nostro nome. Credevamo, infatti che se avessimo mutato i nostri nomi anche il nostro destino avrebbe potuto cambiare. In effetti, questo ragionamento aveva un qualche senso. Proprio accanto al palazzo del Governo c'erano, a quel tempo, gli uffici dell'anagrafe e quelli per il cambio del nome. Una mattina molto presto siamo andati presso l'ufficio per il cambio dei nomi di Bongsoo Kim, il quale ci ha fatto attendere fino a mezzogiorno, per dirci: «I vostri nomi hanno un suono malevole, dovreste cambiarli...» Da allora, iniziammo ad utilizzare i nuovi nomi che ci aveva fornito

Bongsoo Kim, senza trarne alcun beneficio.

L'angoscia di un padre malato

Essendo molto introverso, cercavo di dissimulare quanto più possibile la mia condizione di deterioramento fisico, anche da mia moglie. Come è immaginabile, la condizione finanziaria della mia famiglia volgeva al tracollo, eravamo pieni di debiti e io non potevo permettermi di rimanere seduto a guardare. Così cercai lavoro ovunque, ma a causa del mio pessimo udito - era impossibile per me parlare al telefono, e quindi anche lavorare - non riuscivo a trovare un impiego. Cercai allora una professione più indipendente, iniziai a darmi al commercio, vendevo tavolini. Andai in piazza per venderli, ma a causa della mia personalità timida non mi riusciva proprio di gridare, «Tavoli! Tavoli! Tavolini in vendita!» Dopo aver lavorato inutilmente per diversi giorni, lentamente acquisii fiducia e cominciai a vendere i primi pezzi.

Un giorno, era il 1972, mentre mi recavo al mio angolo in piazza per vendere i tavolini, improvvisamente, sentii che i miei piedi non rispondevano, erano paralizzati e camminare era dolorosissimo. Dovetti abbandonare i tavolini in un luogo non lontano e prendere l'autobus per tornare a casa. Venne fuori che avevo l'artrite reumatoide e da quel momento in poi fui costretto a letto. Ogni volta che mi alzavo per camminare il dolore si impadroniva di me e ben presto iniziai a dipendere da un bastone per muovermi. Tuttavia, non era il dolore fisico quello insopportabile, ma il dolore mentale. Già molto provato perché il timpano destro era perforato a causa dell'incidente alle elementari, per via dei tanti farmaci che avevo preso negli ultimi sei anni, stavo perdendo completamente l'udito. Non importa quanto provassi a leggere il labiale, se l'ambiente era rumoroso, non capivo nulla di quello che mi dicevano. Non riuscivo a raccontare alla mia famiglia che stavo perdendo l'udito. Avevo paura che mi avrebbero chiamato 'portatore di handicap'. Quando qualcuno mi parlava, la maggior parte delle volte rispondevo erroneamente, o non rispondevo affatto, diventavo rosso in viso a motivo della vergogna e del senso di inferiorità che questa condizione mi faceva provare.

Per mia moglie era davvero complicato prendersi cura di me e lavorare per ripagare gli interessi dei nostri debiti. Cercavamo il più economico dei luoghi dove vivere, e per questo motivo ci siamo trasferiti varie volte: da Ah-Hyeon Dong a Kimpo, da Sangdo Dong a Chongno, poi a Ddooksum, e così via. A volte, quando eravamo davvero disperati, stavamo a casa dei genitori di mia moglie o di sua sorella. Finalmente, dopo tutti questi spostamenti, ci siamo stabiliti in un villaggio di montagna in Keumho Dong. La nostra abitazione era fatta di mattoni, e sembrava una scatola, meno male che dalla porta di casa in lontananza vedevamo il fiume Han.

Mia suocera, che adesso è morta, ha pianto molto a causa mia. Mi ha portato in tanti ospedali e presso tanti naturopati per fare agopuntura o fitoterapia. Siccome camminare mi era impossibile i miei amici mi portavano sulla schiena fino in fondo alla montagna dove potevo prendere il taxi con lei per andare in ospedale. Al ritorno da ogni visita, probabilmente perché era dispiaciuta per me e le facevo pena, mi comperava sempre il liquore di riso e mi diceva: «Figliolo, so che sei pieno di dolori, prendi un drink e fatti coraggio.»

La disperazione di mia moglie

Mia moglie aveva fatto di tutto per ottenere dei prestiti, il denaro che occorreva per acquistare le mie medicine. Nel frattempo, i nostri debiti si accumulavano come fa la neve. Quando eravamo in urgente bisogno di liquidi, li chiedeva ai suoi genitori, a sua sorella o a suo fratello. Li usava principalmente per pagare gli interessi maturati sui nostri debiti, e utilizzava ciò che restava per le mie cure. In breve tempo fui bollato dalla famiglia di mia moglie come il peggior individuo che lei avesse potuto sposare. Dal loro punto di vista, non provvedendo alla mia famiglia, avevo procurato grosse difficoltà alla loro figlia più giovane. Dal mio, pensavo che essendomi ammalato proprio subito dopo il nostro matrimonio, non avevamo potuto neanche goderci gli anni da sposini. Mia moglie ha dovuto ricoprire entrambi i ruoli che occorre avere in una famiglia, infatti è stata sia capofamiglia che custode della casa. Ha cresciuto due figlie mentre si sbatteva per guadagnarsi da vivere. Era esausta, e la sua natura dolce, stava diventando ruvida, si stava indurendo a causa dalle responsabilità che la vita le aveva imposto.

Si era presa cura di me per quasi sei anni, con l'unica speranza che recuperassi la salute, ma vedendo che la mia condizione invece di migliorare peggiorava, non poté fare a meno di cedere alla disperazione. Era diventata irascibile, e, quando la pressione diventava troppa, impacchettava le sue cose e andava a casa dei suoi genitori'.

«Non ho bisogno di amore. Il denaro è quello che ci serve adesso. Vai a guadagnare dei soldi!» Mia moglie, da sola, aveva la pressione di dover ripagare dei debiti contratti presso strozzini con altissimi interessi quotidiani. Così ogni volta che non riusciva a sopportare la situazione, se ne andava da casa dicendo che questo matrimonio non era più per lei. Dopo alcuni giorni, però, ritornava sempre.

Con l'aiuto di sua sorella maggiore mia moglie riuscì ad aprire un piccolo snack bar nel mercato Keumho Dong. Era una brava cuoca ed in breve tempo riuscì ad avere molti clienti. Lavorava dalle prime ore del mattino fino a tarda notte. Arrivava a casa sempre stanca e svuotata, dopo la mezzanotte. Faceva tutto, spingendosi al limite delle sue forze per poter fronteggiare i nostri debiti. Quando tornava a casa e mi vedeva inerme e malato, perdeva la speranza e diventava molto irritabile. Avevamo due figlie piccole a quel tempo, che erano già considerate rifiuti per la società. Da quando mia moglie aveva aperto il bar io dovevo prendermi cura di Miyoung la nostra primogenita, mentre Mikyung, la seconda, la lasciavamo a casa da mia madre o da mio fratello.

Mikyung non ha nemmeno avuto la possibilità di ricevere

molto del nostro amore a causa della situazione in cui vivevamo. A volte andavo a casa di mio fratello e la vedevo giocare con uno straccio in bocca. Il mio cuore andava in frantumi, ma a causa della mia condizione, non potevo portarla con me per prendermi cura di lei. Ero pieno di angoscia. Questo fu il periodo in cui iniziai a soffrire di diverse nevrosi, quindi ero molto sensibile, anche davanti a cose poco importanti. Se, ad esempio, mia moglie faceva un commento che feriva il mio orgoglio, iniziavamo a litigare e a quel punto finiva sempre che lei mi ripeteva di volere il divorzio, impacchettava le sue cose e se ne correva di nuovo a casa dei suoi genitori.

«Come potete continuare a farvi questo? Il divorzio è forse l'unica soluzione per il bene di entrambi.»

Un giorno i familiari di mia moglie sono venuti da me esternandomi tutta la loro disapprovazione, gridando il loro disappunto così ad alta voce che tutti i nostri vicini li sentirono. Ero tutto rosso dalla rabbia e dall'imbarazzo. Mia moglie, che in quel periodo aveva lasciato a casa, mi disse: «Non sono qui per vedere te ma mia figlia. Se mai un giorno tornerai sano, io divorzierò. Adesso vorrei farlo, ma se lo faccio, la gente mi punterà il dito contro dicendomi che ho abbandonato un marito malato. Quindi, non adesso!»

L'amore carnale cambia

Nel 1972 ho fatto il punto della mia situazione fisica generale per appurare di essere un corpo pieno di malattie incurabili. A causa dei farmaci potenti che avevo preso, su di me nessuna medicina funzionava più. I miei genitori, i miei fratelli, le mie sorelle e tutti miei parenti iniziarono a trattarmi come un appestato. Tutti presero le distanze da me, mia moglie mi evitava e perfino mia madre aveva perso ogni speranza. Lei, che allora era settantenne, venne a farmi visita un giorno. Vedendo suo figlio costretto a letto, iniziò a piangere amaramente. Pensava fossi senza speranza e mi disse in lacrime:

«Oh! Oh figlio mio! Morire velocemente è l'unico modo possibile con cui tu possa onorare tua madre, e forse, è meglio anche per te!»

La mia condizione era così terribile che perfino mia madre, la mamma di cui io ero il figlio più amato, preferiva che io morissi. Pensavo che almeno lei non mi avrebbe mai abbandonato, anche se il resto del mondo si sarebbe rivoltato contro di me. Quel giorno ho capito che l'amore umano è fugace. Se le condizioni non sono quelle giuste, l'amore può cambiare.

Dal momento che nemmeno mia madre capiva la mia sofferenza, come avrebbe potuto farlo mio fratello? Un giorno, uno dei miei fratelli venne a farmi visita, dicendo che voleva consolarmi. Era ubriaco. Invece di confortarmi, le sue parole, in realtà, aumentarono la mia sofferenza.

Secondo fallimento di un tentativo di suicidio

Mi sentivo come un uccellino che sbatte le ali disperatamente, che lotta invano per la sua sopravvivenza. La prima volta che mia moglie aveva fatto le valigie ed era corsa a casa dei suoi genitori sono andato e l'ho riportata indietro. Ma quando lo ha fatto di nuovo, non ho osato portarla di nuovo da me a causa del disprezzo e dello sdegno che avrei dovuto affrontare incontrando i membri della sua famiglia. Ogni volta che pensavo al futuro delle mie figlie, sembrava che la mi volontà di sopravvivere nascesse, come acqua di sorgente, ma poi mi scontravo con il muro della realtà e tornavo a sentirmi impotente. Dopo aver pensato che non c'era modo di liberarmi dalle ombre della morte, ancora una volta raccolsi dei sonniferi con il desiderio di finire la mia miserabile vita il più presto possibile. Era già abbastanza terribile che io soffrissi per tutta la vita a causa della mia malattia, ma ciò che rendeva tutto peggiore e doloroso era l'indifferenza di mia moglie. Avevo ormai perso ogni volontà, ogni desiderio di vita. Pensai che piuttosto che riportare mia moglie in questa situazione avrei dovuto fare un favore a tutti e morire. Così, ingoiai i venti barbiturici che avevo raccolto.

Il giorno in cui presi le pillole, mia moglie era a casa dei suoi genitori. Non riusciva a dormire e si sentiva molto nervosa. Non riusciva a scrollarsi di dosso il pensiero che qualcosa di molto sbagliato poteva accadere a casa nostra. L'agitazione prese il sopravvento su di lei e così uscì, chiamò un taxi e si precipitò a casa per trovarmi moribondo. Mi portò subito in ospedale dove mi rianimarono. «Non riesco nemmeno a finire la mia vita come voglio. Meglio non tentare più il suicidio.» Dopo essere rinvenuto, mentre ero ancora in ospedale, ripensando i miei due disastrosi tentativi di suicidio ebbi la sensazione che ci fosse un qualche potere superiore che in un modo o in un altro, era intervenuto nella mia vita. Decisi a quel punto di non provare mai più a suicidarmi.

I gatti curano l'artrite reumatica?

A volte, quando mi sentivo un po' meglio, mi alzavo e camminavo con l'ausilio di un bastone. Purtroppo, la maggior parte dei giorni, le mie condizioni erano pessime ed ero costretto a letto, senza poter muovere un muscolo. Qualcuno doveva aiutarmi con i movimenti intestinali.

Mia moglie sentì dire che i gatti potevano essere utili nella cura dell'artrite reumatica, per cui iniziò a comperare gatti, non solo da tutti i mercati presenti nel nostro territorio Sungdong Ku ma anche da altri mercati come Dongdaemoon e Joongbu. Li cucinava per me e me li dava da mangiare. A volte, però, li cucinava in modo improprio e puzzavano così tanto, che avrei preferito morire piuttosto che mangiare.

Mia madre e mia moglie provavano qualsiasi cosa pur di farmi del bene. Per me hanno cucinato centopiedi, leonurus cardiaca (coda di leone) e la corteccia di un albero di lacca, mi hanno dato da mangiare colecisti di cani e di orsi, da bere liquori a base di serpente. La mia lotta contro tutte le malattie continuava. Mi era stato detto che delle pillole tedesche per la lebbra erano una sorta di veleno per curare l'artrosi. Dal momento che ero stato colpito anche da una malattia della pelle su tutto il mio corpo, presi queste pillole nella speranza di curarmi, ma il risultato fu davvero infelice.

Escrementi per quindici giorni

A questo punto della mia vita avevo provato tutti i farmaci possibili, tutti i trattamenti medici, tutti i rimedi popolari, tutti quelli erboristici, e tutte le azioni immaginabili provenienti da superstizioni ed esorcismi. Di contro, la mia salute era in declino, ed io sprofondavo in questo pozzo senza fine.

«Jaerock, un medico molto famoso è venuto in città. Che ne dici di farti fare una diagnosi da lui?»

«Sì, perché no? Non ho nulla da perdere.» Raccolsi il suggerimento dei miei amici di Keumho Dong e andai a vedere questo famoso medico. Dopo avermi visitato mi disse: «È un miracolo che tu sia ancora vivo. I tuoi impulsi sembrano battere, ma è come se non battessero. Esiste un modo per curare le tue malattie. Tu hai praticato sport d'impatto quando eri giovane, giusto? Presumo che in tutte queste attività tu abbi ricevuto molte botte e molti colpi, giusto? Infatti, hai segni e cicatrici su tutto il tuo corpo, ed ogni segno è sangue morto che ristagna da anni, hai tutte le cellule del sangue intasate e molto sangue fuori dai vasi. Questo è ciò che causa la tua pessima salute.»

«Oh, davvero Dottore? Cosa mi prescrive?»

«Vada in una stazione ferroviaria di campagna, entri nei bagni pubblici. Nel fondo dei sanitari troverà residui di escrementi più vecchi di 10 anni. Li raccolga con un cucchiaio e li beva in una tazza tre volte al giorno per quindici giorni. Tutti i ristagni di sangue fuori dai vasi scompariranno e lei tornerà in salute.»

Il dottore mi diede istruzioni ben dettagliate su come ottenere il «succo» di escrementi. Tutto quello che dovevo fare era formare un coperchio di aghi di pino sopra una pentolino, in modo che facessero da filtro, quindi posizionare un sasso sul fondo e far cadere la casseruola nella toilette. Poi il succo di escrementi avrebbe riempito il recipiente. Se bevendo questo «succo» sarei guarito, avevo promesso al medico di pagarlo profumatamente. Mia moglie ed io eravamo così felici pensando di aver finalmente trovato il rimedio giusto. Corremmo letteralmente verso la stazione ferroviaria di campagna, quasi ballavamo di gioia. Mia madre trascorse tutta la notte a raccogliere ciò che il dottore ci aveva prescritto e la mattina, felice come una bambina, mi portò il contenitore che conteneva il «succo» con molta cura.

Per quindici giorni, senza saltare una sola volta, ho bevuto «concentrato di escrementi umani.» L'odore terribile rendeva molto difficile ingoiare questo liquido, ma spinto dal fortissimo desiderio di guarire, bevevo con una cannuccia, mi lavavo i denti e masticavo la caramella che mia madre mi dava ogni volta. L'odore terribile di questa orribile bevanda era difficile da mandare via, permeava ogni cosa. Alla fine dei quindici giorni scoprii, con grande rammarico, che neanche questo rimedio aveva funzionato.

«Mamma, se muoio, voglio tornare a Seoul, riportami lì.»

Capitolo 2

Dio è veramente vivo!

Quando l'ultimo petalo cadrà, anche la mia vita tramonterà

Come mia sorella mi evangelizzò

Quando anche la nostra ultima speranza, il «succo di escrementi» finì in vano, mia moglie ed io tornammo a Seul più disperati di prima. Ora l'unico desiderio che avevo era quello di morire in fretta. Io rimanevo a letto a guardare il tempo sprecarsi. La mia routine quotidiana in questa nostra casa fatti da blocchi di calcestruzzo si componeva di romanzi, di liquore al riso (tipico coreano) e farmaci. L'abitazione consisteva di una sola stanza dove troneggiavano un contenitore per il liquore di riso, scatole di medicine e libri in prestito dappertutto.

Nella mia famiglia, solo mia sorella secondogenita era credente. Aveva perso la vista ad un occhio dopo aver superato una forte febbre infantile, sposato un giovane di un villaggio vicino e cresciuto tre figli e due figlie. Era sempre stata una donna integra e fedele. Un giorno, qualcuno ha condiviso il Vangelo con lei, ed ha iniziato a frequentare la chiesa. Mia madre e i miei fratelli pensavano che fosse diventata una fanatica religiosa, e non erano affatto contenti che frequentasse una comunità. «Com'è possibile che tu lavori così duramente nei campi ogni giorno e poi dai tutto quello che guadagni alla chiesa e per giunta, per andarci, non lavori di domenica! Non riuscirai mai a sfuggire alla povertà, come e quando pensi di fare un po' di soldi?» A volte nostra madre non ci andava affatto leggera su di lei, ma mia sorella sorrideva e le rispondeva: «Mamma, è una tale gioia poter credere in Gesù. Perché non vieni in chiesa anche tu?»

La domenica mattina molto presto faceva tutti i servizi della casa e poi usciva ed andava in chiesa. Una volta arrivata, puliva il pulpito e serviva nella comunità. Se avesse mai avuto la primizia di qualcosa di prezioso, lo avrebbe segretamente lasciarlo in casa del pastore e sarebbe fuggita via per non farsi vedere. Amava servire il servo di Dio in questo modo.

Partecipava a tutte le riunioni di risveglio diligentemente e ricercava la grazia di Dio con grande serietà. Una volta mise come offerta anche un anello d'oro molto prezioso.

«Dio, dammi la fede preziosa come l'oro, quella fede immutabile e resistente al passare del tempo.» La secondogenita era sempre stata la mia sorella preferita. Quando studiavo a Seoul, ho praticamente vissuto a casa sua, ci andavo ogni volta che ero libero. Dal canto suo, lei, ha cercato di condividere con me il Vangelo ogni volta che ne ha avuto la possibilità. Mi invitava continuamente ad andare in chiesa dicendomi: «Fratello, se vieni in chiesa, Dio ti guarirà. Tornerai di nuovo in salute.» Anche lei era molto triste per la mia condizione.

La mia risposta era più o meno sempre la stessa: «Sorella cara, per favore, non essere ridicola. Viviamo in un'epoca in cui gli uomini vanno sulla luna. Dimmi, mostrami, dov'è Dio? Mostramelo...»

Molte e molte volte mia sorella ha provato a parlarmi di Dio, ma essendo testardo, ogni volta insistevo sullo stesso fatto: se è reale, fammi vedere dov'è.

Quando l'ultimo petalo cadrà, anche la mia vita tramonterà

Mi sentivo come il personaggio di un famoso romanzo che avevo letto. La trama era questa: la protagonista viveva nella disperazione costante, senza speranza per il domani e credeva che un giorno, quando l'ultima foglia di una pianta murale sarebbe caduta e portata via dal vento, anche la sua vita sarebbe finita. Mi identificavo molto in lei, perché anche io ero privo di speranza per il domani.

Nel mese di Aprile del 1974, delle azalee rosa e giallo-oro ricoprivano con i loro magnifici colori le colline ed i campi di tutta la campagna, avvolgendo con il loro profumo ogni luogo. La mia vita, purtroppo, si stava estinguendo, ogni respiro che facevo sentivo la morte più vicina.

«In questo periodo dell'anno tutto nella creazione è in fermento, tutto esplode con la vita. Ma quando è che la mia, di vita, che è appesa a un filo sottile come quella foglia, finirà?»

Nessuno era felice di vedermi. Non potevo più mangiare né riso né carne, però bevevo alcolici. L'alcool era l'unico amico che avevo. Fu a quel tempo, quando mi trascinavo da un giorno all'altro, in una condizione da alcolizzato conclamata, quando i miei genitori, i miei fratelli e le mie sorelle smisero di visitarmi (ormai non mi aspettavo più di ricevere visite) che un giorno qualcuno bussò alla mia porta. Era mia sorella, la sorella che amavo molto.

«Sorella, cosa ti ha portato a Seoul? Vieni, entra!»
«Ho da sbrigare alcune cose qui.»
Quello era il periodo dell'anno più congestionato per l'agricoltura, e, sebbene fossi ancora molto sorpreso, ero davvero felice di vederla.

Mi chiese di accompagnarla

«Fratello ho da chiederti un grande favore. Mi devi aiutare a fare una cosa. C'è un posto che da molto tempo voglio visitare. Per favore portamici.»

«Cosa? Che vuoi dire? Lo sai che non cammino bene...»
«Lo so. Lo so. Ma io voglio visitare questo luogo così tanto, che ti chiedo aiuto...»

In un primo momento rifiutai categoricamente, per altro voleva che guidassi, non potevo proprio farlo, il mio corpo era troppo malato. Me lo chiese supplicandomi, tanto che per non sentirmi male, decisi di accompagnarla ovunque volesse andare.

Il luogo dove voleva andare era una crociata di guarigione tenuta dalla diaconessa Shin-ae Hyun, un ministro molto noto per il dono della guarigione divina. Fu proprio perché mia sorella pregava costantemente per me e cercava un modo di portarmi in chiesa, che più tardi feci la conoscenza della diaconessa Hyun. Mia sorella era consapevole che se mi avesse invitato ad una riunione di guarigione in chiesa mi sarei rifiutato di partecipare. Ma, in preghiera, ricevette sapienza da Dio, Egli le disse di portarmi alla chiesa chiedendomi di guidare per lei.

Prima di credere in Dio

Dal momento che mi era stato insegnato il darwinismo a scuola, ero ateo. Considerando tante cose, però, non riuscivo a credere che non ci fosse vita dopo la morte. Pur essendo assolutamente certo che non vi fossero né fantasmi né spiriti, nel profondo del mio cuore non potevo negare l'esistenza di un Dio Creatore. A volte pensavo che se davvero esisteva un Dio, allora esisteva anche l'inferno, e probabilmente somigliava a quello dei film che avevo visto. Chissà come sarebbe stata la mia vita dopo la morte quindi... In un angolo del mio cuore, oltretutto, temevo l'Inferno. Ecco perché ancora prima di credere fermamente in Dio, ho cercato di vivere una vita buona e retta.

Comunque, ritornando a mia sorella, che non mi aveva in effetti chiesto di andare in chiesa per ricevere la guarigione, ma solo di accompagnarla fino al luogo dell'incontro, le dissi si. Il 17 aprile 1974 mia sorella si alzò molto presto e svegliò anche me, dicendomi che voleva essere lì presto in modo da poter sedere in prima fila. Fu la prima volta in molti mesi che uscivo di casa per diverse ore e non fu affatto facile per me scendere dalla collina di Keumho Dong. Mi ci volle un pò. Abbiamo preso un autobus per Seodaemoon e finalmente arrivammo davanti la chiesa della diaconessa Shin-ae Hyun.

«Ma qui sono tutti pazzi?»

Avevo i timpani rotti ma riuscivo comunque, debolmente, a sentire dei suoni. Il secondo piano era già pieno di gente, così siamo andati fino al terzo. Gli scalini erano attrezzati con gli scivoli per i portatori di handicap, ma camminando con un bastone, era comunque difficile per me tenere il passo con mia sorella.

Probabilmente era un momento di preghiera collettiva, perché tutti intorno a me alzavano le mani e gridavano a voce molto alta. Non avevo mai visto niente di simile prima, quindi non sapevo cosa fare, mi guardavo intorno un po' perplesso. Notai che mia sorella era in ginocchio ed anche lei pregava tremando, tenendo le mani alzate.

Sembravano letteralmente tutti pazzi, anche mi sorella. Io ero veramente imbarazzato, ero tutto rosso e volevo solo uscire dal lì, ma siccome era già tutto pieno, non potevo più muovermi e non sono potuto uscire. Cosa potevo fare? Non potevo lasciare mia sorella lì e tornare a casa da solo! Dal momento che non avevo mai visto nessuno pregare in quel modo, per non parlare della preghiera di gruppo, stava iniziando a salire in me una certa ansia nel guardare tutte quelle persone che agitavano le mani e pregavano gridando. Non potevo tornare indietro da solo, e così sono rimasto lì. A quel punto, ho pensato che forse era meglio che anche io mi inginocchiassi. Una volta in ginocchio chiusi gli occhi e improvvisamente rivoli di sudore mi percorrevano la schiena. Era un giornata di primavera, ma non faceva particolarmente caldo, io ero decisamente molto magro, praticamente pelle e ossa, era davvero impossibile per me traspirare in quel modo, era tutto molto strano. Pensai che forse l'imbarazzo della situazione in cui mi trovavo stava causando quel forte sudore. Solo dopo qualche tempo compresi che non appena mi inginocchiai, quel giorno, Dio aveva bruciato tutte le mie malattie con il fuoco dello Spirito Santo.

Il pulpito era molto lontano da dove eravamo seduti noi, ma riuscivo comunque a vedere bene la diaconessa Shin-ae Hyun, che era vestita tutta di bianco e predicava appassionatamente. Il suono degli altoparlanti era molto forte, ma io ero in grado di cogliere giusto qualche parola qui e là. Mi ritrovai a pensare che sarebbe stato bello poter sentire chiaramente ciò che stava dicendo.

Dopo quella forte sudata (in realtà mi aveva toccato lo Spirito Santo), qualcosa era cambiato nel mio cuore e io desiderai di poter ascoltare il messaggio della diaconessa Shin-ae. Mia sorella mi disse: «Fratello mio, perché non vai a ricevere la preghiera come gli altri?»

Dopo il sermone il viso di mia sorella brillava, letteralmente, e non riuscii a dirle no. Mi avvicinai - incastrandomi tra un mucchio di altre persone - al luogo dove la diaconessa era seduta.

Dagli altoparlanti continuavano ad uscire suoni, voci, parole di gente che testimoniava la guarigione dopo la preghiera. Sentivo a tratti, ascoltavo parole come: «...ho ricevuto il Fuoco dello Spirito Santo...» o «...sono stata guarita dopo che la diaconessa Shin-ae Hyun mi ha imposto le mani...»

«Devono essere stati guariti tramite la preghiera, ma io ancora non riesco a crederci...»

Su tutti quelli che andavano da lei per la preghiera, la diaconessa Shin-Ae Hyun passava la mano sulla testa e poi sulla schiena, velocemente, uno ad uno. Lo stesso fece con me, mi colpì sulla testa sulla schiena e mi spinse via, proprio come con gli altri. Pensai che trattava le persone come spazzatura e truffasse la gente! In effetti, non pregava per tutti, probabilmente a causa del numero enorme di persone, lei poggiava la mano sulla testa e sulla schiena velocemente su ognuno e avanti il prossimo. Questo comportamento mi offese molto.

In quei momenti mi venne in mente un episodio di cui avevo sentito quando ero alle elementari. C'era una donna nella città di Jung-eup che si diceva avesse il dono di guarigione. Organizzò un incontro che fu pubblicizzato su un quotidiano e molte persone si ritrovarono lì a cercare guarigione. Anche mio nipote, che non sentiva da un orecchio, partecipò ad uno di questi incontri. Circa quindici giorni dopo si venne a sapere che questa donna era un'imbrogliona ed era stata arrestata per truffa. I quotidiani allora diedero molto spazio a questa notizia e, ora, mi chiedevo se anche la diaconessa non fosse una ciarlatana proprio come la sedicente guaritrice di Jung-eup. Immerso nei miei pensieri, mi ritrovai già al piano di sotto.

«È strano! Sono arrivato fin qui senza alcun dolore o difficoltà.»

«Ci sento! Ci sento!»

Mia sorella era veramente felice, come quando i desideri si avverano. Iniziammo la via del ritorno ed arrivammo sul bus. All'improvviso, ho sentito dei suoni molto forti, come dei tuoni e pensai che fosse davvero strano!

Il rumore dei tuoni si fermò non appesa scesi dal bus alla fermata del Keumho Dong Market. Lì salutai mia sorella e mi incamminai verso lo snack bar di mia moglie che era a due passi. Sulle mensole c'era molto cibo, anche della carne. Stranamente, sentivo le conversazioni dei clienti mentre mangiavano e bevevano. Ero così felice che colpii il tavolo con un pugno.

«Ci sento, ci sento! Io ci sento!»

Mia moglie mi chiese stupita: «Che cosa, ci senti? Cosa senti esattamente e come mai adesso?»

«Tesoro, sento chiaramente le conversazioni di tutti i tuoi clienti e mi è venuta pure fame. Vorrei mangiare un po' di riso e un po' di carne, me li daresti?»

«Che cosa? Ti verrà un'indigestione immediatamente ed un'eruzione cutanea su tutto il corpo!»

«Sto bene. Sento che ho già digerito tutto. Non ti preoccupare per me, portami solo qualcosa da mangiare.»

Mangiai tutto il riso e tutta la carne, in un baleno. Di solito, invece, mangiavo solo poco riso, ma il cambiamento mi piaceva! Dopo il pasto mi sentivo benissimo, nessun problema.

Innegabilmente un miracolo!

Il giorno dopo, appena sveglio, sono andato in bagno, come al solito. La prima parte della mia routine mattutina era quello di avvolgere un fiammifero con il cotone e pulire la materia che scaricavano le mie orecchie. Così anche quella mattina, andai in bagno e ripetei la mia solita routine, ma solo perché non volevo che mia moglie si preoccupasse, in realtà, infatti, non c'era nulla da pulire! Ancor più strano, la mattina al risveglio ero sempre molto anemico, infatti per alzarmi e andare in bagno dovevo usare un tutore. Ma quel giorno, no. Ma non era tutto. A causa della grave artrite di cui soffrivo avevo sempre del pus sul dorso della mano, nell'incavo delle ginocchia e dei gomiti, sulle caviglie e sulle altre articolazioni. Quel giorno, invece, il pus bianco si era trasformato in croste nere.

«Non capisco, è tutto molto strano!»

Il cuore mi batteva all'impazzata, e di corsa tornai in camera. Mi tolsi i vestiti ed esaminai attentamente il mio corpo. Il nodulo delle ghiandole linfatiche - quello grosso come un chicco d'uva - era completamente scomparso. Inoltre, feci caso ad un'altra cosa. Tempo prima, in inverno, mi ero ustionato con l'acqua bollente del catino che tenevamo in camera ed avevo delle brutte cicatrici sulle braccia e sul petto, ragione per cui non toglievo mai la camicia.

Ma anche queste cicatrici erano sparite! Un miracolo incredibile. Il mio corpo non aveva più nulla di sbagliato, era tutto a posto!

In quel momento, mi sono ricordato di ciò che era successo il giorno precedente. Avevo sceso le scale senza difficoltà e sulla strada del ritorno avevo sentito un rumore tuonante e, distintamente, le voci dei clienti di mia moglie e adesso mi ero svegliato senza anemia, senza fuoriuscite di materia dalle orecchie e senza dolore alle ginocchia.

"Dio mi hai davvero guarito?"

Ero così sorpreso che anche di fronte alla realtà stentavo a credere fosse tutto vero! Non avevo fatto nessuna terapia e non avevo subito alcun intervento chirurgico, eppure tutte le mie malattie erano scomparse! Oltre 10 diverse condizioni cliniche incurabili, guarite in un colpo solo!

«Dio è veramente vivo!»

Ero stato così stolto, ma adesso non potevo più dubitare. Mi inginocchiai e alzai le mie mani verso il cielo.

«Ah, Dio! Tu sei davvero vivo! Come, come hai fatto a guarirmi così, in un attimo? Ti prego, perdona quest'uomo stolto che ha ignorato tutti quelli che nel tempo lo hanno esortato a credere in Te. Tu davvero sei vivo e mi hai guarito completamente!»

Cercavo di dubitare, pensando che fosse tutto una coincidenza, ma non potevo, era impossibile. Mi pareva di volare, non ci potevo credere, ma era tutto vero! Mia moglie, che era fuori, mi sentì pregare ed entrò nella stanza molto sorpresa.

«Tesoro, vieni, guarda il mio corpo: Dio mi ha guarito!»
Con grande stupore, mia moglie osservò il mio corpo e anche lei dovette constatare che Dio mi aveva guarito. Era così felice! Mi abbracciò e iniziò a singhiozzare. Tutti e due, in realtà, abbiamo pianto per molto tempo. Tutti i miei dolori si erano dileguati ed eravamo entrambi colmi di gioia e gratitudine.

Colui che mi ha guarito

Nell'attimo in cui il giorno prima mi ero inginocchiato in chiesa, Dio mi aveva guarito da tutte le mie malattie, completamente, con il fuoco dello Spirito Santo. Anche prima che la diaconessa Shin-Ae Hyun pregasse per me, Dio mi aveva già guarito attraverso il fuoco del suo Spirito. Ero ateo, non riponevo alcuna fede in Dio... Non avevo neanche chiesto la guarigione, perché Lui mi aveva guarito? Penso, in risposta alla preghiera accorata, fatta con digiuni e costanza, che mia sorella aveva fatto per la mia salvezza. Probabilmente anche perché Dio già sapeva che una volta che incontrato, non lo avrei mai tradito e lo avrei servito fino alla fine dei mie giorni.

Divorzio e ritorno di mia moglie

La felicità per tre mesi

Mi pareva di vivere nel romanzo «Blue Bird of Happiness», sembrava, infatti, che l'uccello azzurro della felicità fosse venuto a vivere in casa nostra. Il cambiamento più significativo, nella mia famiglia, fu che tutti iniziammo a frequentare una chiesa vicina, principalmente perché eravamo pienamente coscienti che io ero stato guarito dalla grazia dell'Iddio vivente e tutti sentivamo, che, in qualche modo, dovevamo ripagare tale favore immeritato.

Il nostro monumentale debito e la nostra situazione finanziaria non avevano subìto alcun cambiamento, ciononostante, eravamo felici e pieni di gioia, ed io, infinitamente grato di essere stato liberato da tutti i miei dolori e da tutte le mie malattie. A quel punto ho riacquistato speranza, iniziando a sognare una vita normale, in cui potessi finalmente lavorare sodo e farmi valere.

Parlai del nostro futuro con mia moglie. Dal momento che tutte le malattie erano svanite, in un paio di mesi, sarei stato in grado di lavorare di nuovo. Poi, avremmo ripagato il nostro debito e a quel punto potevamo ingrandire il negozio. Desideravamo lavorare duro assieme, guadagnare un sacco di soldi e aprire un grande ristorante. Avevo conosciuto una persona che era molto abile nel costruire scafandri. Mi disse che aveva bisogno di un assistente e gli proposi di lavorare per lui. Era semplice e avrei potuto recuperare la condizione fisica del mio corpo. In un primo momento, anche lavorare un'ora mi rendeva stanco, ma in breve guadagnai energia. Guadagnai qualche soldo, parlavamo di pianificare il nostro futuro, e organizzai addirittura la festa di compleanno di mio padre. Tutto a soli 90 giorni dalla mia guarigione.

Tuo Figlio si è ammalato per colpa mia?

Il 10 luglio 1974, giorno del compleanno di mio padre, tutta la famiglia si riunì a casa dei miei nella nostra città natale. Io ci andai qualche giorno prima del compleanno, e mia moglie, dovendo badare al bar, venne la sera prima della festa.

Anche se non era un ritorno trionfante, ero molto felice. L'ultima volta che avevo visitato i miei stavo male, praticamente confinato nella mia stanza, cercando di evitare gli occhi della gente. Ero terrorizzato che i miei vicini si riferissero a me come 'andicappato'. E adesso, eccomi qui, felice di essere un uomo totalmente sano!

Parlai con i miei genitori e con i mie fratelli di Dio

dichiarando: «...aspettavo solo la morte a causa delle mie tante malattie incurabili, ma grazie a mia sorella più grande ho ricevuto la guarigione completa.»

Testimoniai che Dio è il guaritore, che lo avevo incontrato e che mi aveva sanato. Sebbene avessi poca conoscenza della Parola di Dio, la Bibbia, con la gioia che mi scoppiava nel cuore, testimoniai loro che Dio è veramente vivo.

Dopo il pranzo, nel giorno del compleanno di mio padre, mia moglie stava sistemando i nostri bagagli per ritornare a Seoul. Stavo bevendo qualcosa con i miei fratelli prima di salutarli. Nel frattempo, sentii degli strani movimenti e la porta di casa sbattere forte. Guardai fuori e vidi mia moglie che correva via con la sua valigia. Si fermò un istante e mi gridò che era pronta per il divorzio. Mia sorella e mia cognata, intanto, correvano giù per prenderla prima che se ne andasse.

Ecco ciò che era successo.

Mia mamma, che era felicissima di vedere suo figlio finalmente sano e non in punto di morte, dopo tutti questi anni, parlò a mia moglie dicendole: «Figlia, tu sai che mio figlio si è ammalato subito dopo essersi sposato con te, so che anche tu hai sofferto molto. Quelli che verranno sono giorni felici, e se lavorerete sodo ce la farete ad andare avanti e a costruirvi un futuro.» Le parlò da suocera a nuora, solo per darle dei consigli affettuosi, ma, mia moglie male interpretò le sue parole. Pensò, infatti, che mia mamma le stesse in qualche modo dicendo che era colpa sua se io mi ero ammalato.

«Stai dicendo che tuo figlio si è ammalato per colpa mia? OK, dopo un affronto del genere mi rimane solo di lasciare questa famiglia e chiedere il divorzio da tuo figlio. Sì, farò così!»

«Sorella, c'è un malinteso. Lo sai che mamma non voleva dire in nessun modo ciò che tu hai capito!»

Mia moglie tornò a Seoul immediatamente. Dal momento che mia moglie aveva lasciato la casa dei miei genitori, sembrava che stessimo celebrando un funerale e non un compleanno. Mia madre era furiosa e mi disse: «Di certo tu non sei guarito in tanto tempo perché hai sposato una donna come quella! Jaerock, dimentica tutto, ci aspetta una bella magnifica cena, godiamoci la festa!»

«Lascia perdere, dimentica tutto? Come potrei fare una cosa simile?»

Tutti cercavano di consolarmi, ma quello che mi dicevano peggiorava soltanto la mia situazione. Ero così arrabbiato per ciò che i miei fratelli dicevano che li lasciai tutti a discutere e andai in cucina. Afferrai una bottiglia di Soju e la bevvi, tutta, intera, in un solo fiato.

Mio padre era sconvolto perché avevo fatto così tante storie. Era il suo compleanno, aveva appena compiuto 70 anni e godeva di ottima vista. Infatti, era in grado di leggere libri e giornali cinesi oltre che tutto il resto, ma a causa dello shock che il mio comportamento atipico gli causò quel giorno, dal dispiacere iniziò a perdere la vista. Fino al giorno in cui è morto, purtroppo, mio padre non recuperò mai la vista. Questa situazione è una cosa che ancora mi causa grande dolore, e così sarà, per il resto della mia vita.

Mia moglie, dal canto suo, sentiva che ne aveva avuto

abbastanza. Per sette anni, senza riposo e senza sosta, aveva curato il marito malato, passato ogni sofferenza e difficoltà, si era fatta carico di ogni responsabilità guadagnando da vivere per noi. Dopo tutto ciò, sua suocera la additava come la ragione delle infermità di suo figlio. Era davvero troppo. Dopo sette anni di vita estenuante e disperata, senza nessuno con cui sfogarsi e parlare, senza mai riposarsi o rilassarsi, era scattato in lei qualcosa di irrefrenabile.

Quattro mesi di dolore

Il giorno dopo tornai a Seoul con la mia figlia maggiore, Miyoung. Cercai mia moglie in casa e al bar, ma lei non era da nessuna parte. Il giorno successivo, tornò a casa, ma era una persona completamente diversa.

Ecco ciò che mi disse: «Ora, io divorzio da te. Il tribunale per la causa di divorzio è nella tua città natale, devi venire con me e firmare tutti i documenti.» Cercai di farle cambiare idea, ma fu tutto inutile. Di lì a poco andammo nel mio paese di origine e firmammo tutto quello che c'era da firmare.

Il paese era piccolo e in men che non si dica, la voce della nostra separazione era sulla bocca di tutti. Ero molto dispiaciuto per i miei genitori e provavo un grande imbarazzo verso i miei vicini. Appena usciti dal tribunale tornai a Seoul come se fuggissi da qualcosa. Non avevo mai creduto alle minacce di divorzio che mia moglie mi faceva. Tornai a casa, e speravo di vederla arrivare. E infatti, dopo qualche giorno, arrivò, ma accompagnata dalla sua famiglia.

«Ora che siete divorziati rivogliamo indietro i doni di nozze, e sopratutto ci dovete restituire il deposito cauzionale che vi è stato prestato per aprire il bar al mercato.»

Nei sette anni di matrimonio, durante la mia malattia, abbiamo traslocato ben 17 volte, e non avevamo le «cose» che in genere si trovano in una casa normale. Eppure, mia moglie e i membri della sua famiglia hanno imballato qualsiasi cosa ci fosse in casa. Potevo palpare il disprezzo di tutti. Mentre loro erano impegnati a imballare le poche cose che c'erano in casa, andai al mercato di Keumho Dong per ottenere il deposito cauzionale dal proprietario del bar.

Il mercato era pieno di gente. Miyoung, che aveva cinque anni, comprendeva chiaramente cosa stava succedendo e si aggrappò alla gonna della madre.

«Mamma, non andare! Resta con me! Non lasciarmi! Io morirò se tu te ne vai!» Miyoung piangeva e la seguì. Per correre fuori perse le scarpine e continuò a correre scalza in strada, ma mia moglie con freddezza se la scrollò di dosso.

«Papà, papà, quella non è più mia madre, non la chiamerò mai più mamma da ora in poi, promettimi che non la lascerai tornare in questa casa.» A causa della cicatrice che aveva sul suo cuore, mia figlia minore lasciò che le sue parole scorressero dalle sue labbra come aghi di ghiaccio appuntiti.

A quel tempo stavo imparando a lavorare nei cantieri grazie ad alcuni amici. Anche se mia moglie mi aveva lasciato, non mi perdevo neanche un servizio di culto la domenica, e, per non portare con me cattivo odore, il sabato smettevo di fumare e di bere. Solo alla fine del giorno, dopo il servizio della mattina e quello della sera, tornavo a casa e finalmente fumavo e bevevo, cosa che avevo cercato di evitare di fare per tutto il giorno.

Io non sapevo nemmeno come pregare, semplicemente mi inginocchiavo e pregavo ad alta voce. «Dio, tu lo sai vero? Ora sono sano, ora posso rifarmi una vita, ma purtroppo le cose hanno preso questa piega. Ti prego, riporta mia moglie da me. So di poterla rendere felice, so che non soffrirà mai più con me. Ti prego, fà che torni presto e che insieme possiamo essere una famiglia felice.»

Ogni giorno mi alzavo la mattina molto presto, facevo colazione e accompagnavo Miyoung a casa di mio fratello maggiore prima di andare lavorare. La riprendevo la sera tornando a casa dal cantiere. Ogni giorno era lo stesso. Qualche tempo dopo mio fratello non poteva più tenerla quindi la dovetti lasciare a casa di sua nonna nella mia città natale. Non passò molto tempo che mia madre mi chiamò molto allarmata: Miyoung era piena di piaghe ulcerose dalla testa ai piedi, ed era così grave che nessun trattamento medico sembrava funzionare. Le piaghe sanguinavano molto tanto che erano così infette che aveva dei vermi sulla testa. L'avevano portata in ospedale, ma a quel punto la bambina era in serio pericolo di vita.

Sebbene non fosse molto lucida, cercava e chiamava la mamma, mi disse di portarle la madre, ancora una volta, prima di morire. Non ero a conoscenza del fatto che a quel punto noi eravamo già divorziati legalmente, e mi recai a casa del fratello maggiore di mia moglie in Keum-Ho Dong. Per fortuna, mia suocera era lì, così le ho raccontato tutta la storia e le chiesi il permesso di incontrare mia moglie. La sua risposta fu glaciale: «Se tua figlia muore, meglio per te che ti risposi. Lascia in pace la mia di figlia.» Miyoung, sebbene in fin di vita, non arrivò a vedere sua mamma. Fortunatamente, sopravvisse.

Un incontro matrimoniale

Fumavo e bevevo sempre per dimenticare la cupa realtà della mia esistenza. Ero molto deluso da mia moglie, che mi aveva lasciato per una parola detta da mia madre e odiavo la sua famiglia, perché l'avevano spinta verso il divorzio. Per dimenticare tutte le persone che odiavo, dovevo bere. Andai perfino da mia sorella e le chiesi di prestarmi del denaro, visto che per colpa di un suo errore avevo perso tutto. Mi prestò un po' di denaro, ma io passavo le mie giornate al bar fino a che il denaro finì. Non avevo né la forza né la volontà di prendere in mano la mia vita.

Tutta la mia famiglia era concentrata a farmi stare bene, in qualche modo. Mia sorella sosteneva che forse era il caso che mi sposassi di nuovo, altrimenti sarei ritornato apatico come prima. Un giorno, mia madre mi chiamò e mi disse che voleva farmi conoscere una signora per bene che abitava nella loro cittadina.

Io credevo che in un modo o nell'altro mia moglie sarebbe tornata e non riuscivo nemmeno a immaginare di poter vivere con un'altra donna. Inoltre, il mio amore per mia moglie non era cambiato, e mi era impossibile immaginare di amare un'altra persona.

«Figlio, solo una volta! Te lo chiedo come ultima speranza...» La voce supplicante di mia madre non mi consentiva ulteriori dinieghi. Così, la accontentai e accettai di incontrare questa donna, ma una sola volta. Ero determinato: avrei salutato questa signora in modo educato e formale e poi mi sarei congedato da lei. La provvidenza di Dio in tutto questo fu grande!

Mi recai nel luogo dell'appuntamento ed ecco che di fronte a me vedo apparire la donna ideale, il tipo che avevo sempre sognato. Indossava un meraviglioso completo bianco, aveva dei lunghi capelli scuri che si adagiavano dolcemente sulle spalle e sulla schiena. Stava seduta e a me parve di osservare un quadro. Non potevo credere ai miei occhi.

La mamma di questa ragazza era molto superstiziosa, e, siccome una cartomante le aveva predetto che sua figlia avrebbe incontrato la felicità solo sposando un uomo in seconde nozze, aveva cercato di organizzare a tutti i costi un incontro con me. La incontrai e ci piacemmo. Così, entrambe le famiglie si affrettarono a preparare il nostro matrimonio.

Fino al momento in cui avevo avuto questo incontro, ero rimasto in attesa del ritorno di mia moglie. Non avevo neanche mai guardato un'altra donna. Fu uno shock anche per me scoprire che ero in grado di cambiare idea, così da un giorno all'altra. Finalmente fu decisa la data e ci scambiammo i doni di nozze.

Poi, improvvisamente, mia moglie mi cercò. Aveva sentito che stavo per sposarmi di nuovo, e voleva vedere quale fosse realmente il mio atteggiamento e il mio cuore. Rimase molto sorpresa nello scoprire che io non la amavo più e stavo per sposare un'altra donna.

Perdonare mia moglie

Fino ad allora mia moglie credeva fermamente che, a differenza di altri uomini, il mio amore per lei non sarebbe mai cambiato. Fu scioccata nello scoprire che io mi stavo sposando con una bella signora single, nel realizzare che il mio cuore non le apparteneva più.

La mattina dopo, presto, arrivò a casa, con i suoi bagagli. Io stavo dormendo, e all'improvviso sentii un tonfo sul pavimento.

Era lei, era tornata, ritornata a casa. Ma, non era troppo tardi? Avevo già promesso di sposare un'altra donna, quindi buttai lei e le sue valige fuori di casa. Ne nacque una discussione animata, tra lei che riportava le valige dentro ed io che le ributtavo fuori.

«Provo molto risentimento verso i tuoi familiari, e per colpa tua mi sono vergognato molto davanti alla mia famiglia. Inoltre, ho già fissato la data del mio matrimonio, cosa diranno le nostre famiglie?»

«Chiederò e riceverò il perdono da parte delle nostre famiglie. In futuro mi limiterò a obbedire a qualunque cosa tu dica.»

«Anche se io ti perdono, i miei genitori, i miei fratelli e le mie sorelle non ti perdoneranno mai!»
Era davvero testarda.

«Riceverò il perdono di tutti. Morirò in questa famiglia.»

Era incredibilmente cambiata, sembrava una pecorella gentile. Il mio amore per lei era completamente scomparso, ma pensai che era la madre delle mie due figlie e che certamente per loro sarebbe stata la cosa migliore essere allevate dalla propria madre. Così, decisi di perdonarla, ma solo ad alcune condizioni: se accettava di obbedire incondizionatamente a me, se chiedeva perdono a tutti i miei familiari e a tutti i miei parenti. Non solo, pretesi anche che tutti i membri della sua famiglia venissero da me a scusarsi. Lei accettò le mie condizioni, e io accettai che la mia ex moglie ed io tornassimo di nuovo insieme. Tutto questo 120 giorni dopo che lei aveva lasciato la casa.

Raccontai con franchezza alla madre della donna che stavo per sposare e le chiesi di comprendermi... Inaspettatamente, capì la mia situazione. Fu solo dopo molto tempo che mi resi conto di quanto tutto questo era dovuto alla provvidenza di Dio.

Perché mia moglie ha dovuto divorziare da me?

Nel periodo in cui mia moglie dovette guadagnarsi da vivere e prendersi cura del marito malato, aveva sviluppato una disperazione nei confronti della vita. Nel frattempo, il suo cuore puro e gentile era scomparso per lasciare spazio ad una personalità piuttosto ruvida.

«Morte e vita sono in potere della lingua e chi l'accarezza ne mangerà i frutti.» (Proverbi 18:21).

«Del frutto della sua bocca l'uomo mangia ciò che è buono; l'appetito dei perfidi si soddisfa con i soprusi. Chi sorveglia la sua bocca conserva la vita, chi apre troppo le labbra incontra la rovina.» (Proverbi 13:2-3).

Mia moglie sapeva che l'amavo davvero con tutto il mio cuore, e anche se mi aveva lasciato un paio di volte, era tornata. Malgrado tutto, i nostri cuori erano sinceri. Lei non mi aveva mai veramente lasciato, malgrado fosse senza speranza per il futuro. Tuttavia, dopo aver ripetutamente dichiarato che mi avrebbe chiesto il divorzio non appena avessi recuperato la mia salute, dopo aver lasciato che parole negative si accumulassero, cadde nella trappola che Satana le aveva preparato il giorno del compleanno di mio padre.

Se proferiamo parole negative, il diavolo, il nemico, ci accuserà in base a ciò che abbiamo dichiarato, e l'Iddio della giustizia permetterà che ciò avvenga secondo le regole del regno spirituale. Mia moglie non era in grado a quel tempo di controllare il modo in cui pensava e sentiva, per questo volle il divorzio.

Dio, però, ci ha riportato insieme e tutto ha cooperato per il nostro bene.

Capitolo 3

La mia chiamata

L'inizio della mia vita cristiana

Durante una riunione di risveglio compresi che ero un peccatore

Dio aveva cambiato il temperamento di mia moglie fino a trasformarla in una dolce pecorella. Dopo esserci risposati abbiamo goduto di una pace e di una felicità che ci erano sconosciute. Lei era tornata a casa e faceva del suo meglio per servire tutti, e con un cuore pieno di rincrescimento, si dedicava interamente ai membri della nostra famiglia. Ciononostante, la mia primogenita, Miyoung, si rifiutava di chiamarla mamma, non lo voleva nel modo più assoluto, ed era molto fredda con lei. Per tanto tempo ho visto mia moglie versare molte lacrime e tentare l'impossibile per trasformare il cuore e i pensieri di Miyoung. Il 25 novembre 1974, rispondendo all'insistenza del nostro nuovo padrone di casa, abbiamo partecipato ad un incontro di risveglio presso la Chiesa di Oksu Dong. Mia moglie ed io frequentammo diligentemente tutti gli incontri che c'erano: all'alba, di giorno e di sera. Il dottor Byeong-ho Park, il pastore della Chiesa Evangelica della Santità, era il relatore. Quel giorno predicò un messaggio dal titolo: «Dona tutto e diventa un mendicante.» Poi, diede anche la sua testimonianza a proposito di questo, raccontando di come ogni volta che aveva dato tutto quello che poteva offrire – come quando aveva iniziato a costruire la chiesa – Dio, che sa ogni cosa, gli aveva riservato grandi benedizioni. Mia moglie ed io ci sedevamo sempre in prima fila e puntualmente ricevevamo molta grazia ascoltando le predicazioni. Attraverso i messaggi abbiamo anche appreso tante cose nuove: che dovevamo leggere la Bibbia, che Gesù Cristo è il Salvatore, e che dovevo smettere di fumare e di bere. Ho anche imparato a pregare, a dare le decime in modo corretto e le offerte di ringraziamento. In pratica, abbiamo appreso le basi della vita cristiana.

Ero molto fiero della vita che avevo vissuto fino a quel momento, pensavo di essere stato integro, c'erano addirittura alcuni conoscenti che mi chiamavano «l'uomo che non ha bisogno della legge.» Tuttavia, fin dal primo giorno di questa nuova vita, avevo ben compreso che ero un peccatore. Meditando su me stesso alla luce della Parola di Dio, quel giorno piansi con lacrime pesanti e singhiozzi. Ero una persona molto timida e introversa, era inimmaginabile per me singhiozzare davanti a dei perfetti sconosciuti. Fu tutto possibile per la grazia di Dio, che agì con forza nel mio essere.

Il principio della mia vita cristiana

L'ultimo giorno della riunione di risveglio avevo fatto il voto di donare un'offerta per il progetto della nuova chiesa in costruzione. A quel tempo vivevamo in una casa che avevo preso in affitto per 100.000 won (circa 100 dollari americani). Ero così grato per la grande grazia che avevo ricevuto da Dio che desideravo donargli tutto ciò che avevo, anche se in realtà, non avevo nulla da dare. Ero combattuto nel cuore e infine, presi la decisione di dare 300.000 won. Ne parlai con mia moglie ed anche lei aveva sentito nel suo cuore di offrire 300.000 won per la nuova chiesa. Li avremmo portati nelle offerte entro 3 mesi.

La data promessa si avvicinava, ma noi ancora non avevamo i soldi. Decidemmo quindi di chiedere un prestito, con degli interessi abbastanza alti, per mantenere il nostro impegno di 300.000 won verso la chiesa in costruzione. Era fondamentale per noi mantenere la promessa che avevamo fatto Dio, e l'avremmo onorata, − cosa che abbiamo fatto − anche a costo di pagare un alto tasso di interesse per il prestito. Dal momento in cui io e mia moglie avevamo partecipato alla riunione risveglio, la nostra vita cristiana era cominciata sul serio. Iniziando a vivere secondo la Parola di Dio, abbiamo iniziato anche a dare decime e offerte di ringraziamento. Io smisi di bere e di fumare e ogni mattina, all'alba, partecipavamo alle riunioni di preghiera. Era il periodo in cui lavoravo come muratore, e nei giorni in cui non dovevo presentarmi in cantiere, mi recavo sulla montagna di preghiera sin dalla mattina. Non avevo sufficienti conoscenze spirituali per comprendere la preghiera con digiuno e invocazione, obbedivo solo all'urgenza che sentivo nel cuore.

«Invocami e io ti risponderò!»

Una mattina molto presto, era il 1975, sono andato fino alla montagna di Chilbo vicino alla città di Suwon. Ho messo una coperta su una roccia e lì ho iniziato a pregare. All'improvviso, ho sentito la voce del Signore che veniva dal cielo. Era chiara, forte e autorevole: «*Leggi Luca, capitolo 22 versetto 44...*» Aprii la Bibbia immediatamente:

> «*Ed essendo in agonia, egli pregava ancor più intensamente; e il suo sudore diventò come grosse gocce di sangue che cadevano in terra.*».

La preghiera in cui Dio si compiace è l'implorazione fervente. Continuai a pregare, cercando di comprendere perché il Signore mi avesse dato proprio questo versetto da leggere, e con chiara ispirazione, ho ricevuto la seguente interpretazione.

Israele si trova in una zona desertica, quindi la temperatura scende drasticamente di notte. Inoltre, quando Gesù fu crocifisso, era aprile, e la temperatura in quel momento rende quasi impossibile sudare nelle ore notturne. Con queste nozioni in mente, pensate, quanto ferventemente e intensamente deve aver supplicato Gesù in preghiera, tanto da far trasformare il suo sudore in sangue? La sua preghiera era così forte e carica di angoscia che lo sforzo gli provocò lo scoppio dei capillari, tanto che sul suo viso si sono formate gocce di sangue che cadevano a terra. Se avesse pregato in silenzio, una cosa del genere non sarebbe mai potuta accadere.

Il segreto dell'invocare in preghiera

Da quel momento, leggendo la Bibbia, ho scoperto che in molti passaggi, sia dell'Antico che del Nuovo Testamento, si parla di invocare in preghiera. Compresi inoltre, che, numerose volte i padri della fede ricevevano le risposte alle loro preghiere dopo aver «invocato». La volontà di Dio per noi, è che noi lo invochiamo in preghiera. *«Invocami, e io ti risponderò, ti annuncerò cose grandi e impenetrabili che tu non conosci.»* (Geremia 33:3) Giona disobbedì a Dio e finì nello stomaco di un grosso pesce, ma in Giona 2:02 è scritto che fu salvato quando invocò il Signore. Giovanni 11:43-44 racconta che, quando Gesù comandò a gran voce a Lazzaro di uscire dalla tomba, Lazzaro, che era morto da quattro giorni, uscì vivo ancora con mani e piedi legati dalle bende di sepoltura. In realtà, fosse stato anche sottovoce non avrebbe fatto alcuna differenza perché Lazzaro era morto, ma poiché era nella volontà di Dio, Gesù pregò invocando Dio. Genesi 3:17 dice: *«Poiché hai dato ascolto alla voce di tua moglie e hai mangiato del frutto dall'albero circa il quale io ti avevo ordinato di non mangiarne, il suolo sarà maledetto per causa tua; ne mangerai il frutto con affanno, tutti i giorni della tua vita.»*

Prima che gli uomini mangiassero dell'albero della conoscenza del bene e del male, vivevano nell'abbondanza del giardino dell'Eden, con tutte le cose meravigliose che Dio aveva preparato. Nell'attimo in cui hanno disobbedito e mangiato dall'albero, il peccato è entrato in loro. Pertanto, la comunicazione con Dio è stata recisa, e per mangiare i frutti della terra dovevano lavorare con fatica e sudore. Per ottenere ciò che vogliamo e di cui abbiamo bisogno, siamo quindi disposti a faticare, sudare e lavorare duramente. Quanto più, dovremmo faticare e sudare in preghiera quando invochiamo Dio per ricevere qualcosa che non può essere compiuta dagli uomini?

Il significato spirituale della preghiera nella 'cameretta'

Alcuni di voi potrebbero chiedersi: «Gesù ci ha detto di andare nella nostra cameretta e pregare in segreto, perché dobbiamo pregare ad alta voce? L'Iddio Onnipotente non ci sente anche quando preghiamo in silenzio?» In Matteo 6:6 Gesù dice: «*Ma tu, quando preghi, entra nella tua cameretta e, chiusa la porta, rivolgi la preghiera al Padre tuo che è nel segreto; e il Padre tuo, che vede nel segreto, te ne darà la ricompensa.*» Eppure, da nessuna parte nella Bibbia troviamo un momento in cui Gesù abbia pregato nella sua «cameretta». Secondo Marco 1:35 Gesù pregava la mattina presto, se ne andava in un luoghi appartati a pregare. In realtà Luca 6:12 racconta che Gesù andava a pregare sui monti.

Daniele pregava con la finestra aperta rivolto verso Gerusalemme (Daniele 6:10), Pietro in terrazza (Atti 10:9) e l'apostolo Paolo 'in un luogo di preghiera'. Il motivo per cui tutti questi personaggi biblici avevano un luogo appartato e speciale, deputato alla preghiera, era per poter invocare, gridare e spandersi completamente davanti a Dio. Pregare nella propria «stanzetta» sta a significare pregare con tutto il cuore e dal profondo del cuore. Una stanza, in genere, è un chiaro riferimento al cuore dell'uomo. Entrare nella propria stanzetta sta a significare tagliare fuori tutte le conversazioni mondane e i contatti con l'esterno, vale a dire che quando preghiamo dobbiamo prima liberarci di tutti i pensieri e di tutte le distrazioni relative a questo mondo, riservando alla preghiera tutto il nostro cuore e la totale concentrazione.

Dio conosce la debolezza degli uomini

In principio, tutti hanno difficoltà a gridare e invocare in preghiera. Ma pregando tutti i giorni, presto si riceve potere dall'alto e pregare in questo modo diventa facile. Inoltre, perché possiate ricevere la pienezza dello Spirito Santo, occorrerà anche ricevere il dono di parlare in altre lingue. Se preghiamo in silenzio, è molto probabile che pensieri latenti e preoccupazioni possano distrarci e catturare la nostra attenzione. Se pensiamo al coniuge, ai figli, alle questioni personali e finanziarie ci si stancherà in fretta e probabilmente ci addormenteremo. Ma se gridiamo in preghiera con tutto il cuore, la nostra mente non avrà spazi oziosi in cui fare entrare pensieri umani, e in questo modo si potranno superare stanchezza o sonnolenza. Così otterremo vittoria nella nostra vita di preghiera.

Dio conosce le peculiari fragilità umane, ecco perché ci ha indicato di gridare e invocare in preghiera, in modo che potessimo ottenere vittoria certa. Dal momento in cui ho compreso la volontà di Dio a questo riguardo, ho anche cominciato a gridare in preghiera. Quando in chiesa si facevano le veglie notturne o i giorni interi di preghiera, non era semplice invocare gridando, perché il pastore in genere non voleva che disturbassi i vicini. È per questo motivo che ho iniziato a frequentare quelle che qui si chiamano 'montagne di preghiera' ogni volta che ne avevo il tempo. Mi dispiacque molto, perché se il mio pastore mi avesse lasciato pregare come sentivo, questa scintilla avrebbe infuocato anche gli altri, e insieme, pregando ferventemente, avremmo potuto contribuire ad una crescita più rapida della chiesa. Siccome, però, avevo un carattere molto introverso, non volendo disturbare nessuno, ho preferito andare fino in cima alle colline e pregare gridando e invocando, dalla mattina alla sera.

Dio mi ha guidato verso una posizione inferiore

Ho scelto di continuare a fare l'operaio edile per osservare il giorno del Signore

Durante i mesi che mia moglie era andata via di casa, le mie difficoltà finanziarie si erano fatte più aspre, a motivo degli interessi sul nostro debito. Fu in quei giorni che iniziai a lavorare come muratore, su suggerimento del responsabile del personale di un cantiere che mi consentì di iniziare lavorando in un'area dove il dispendio fisico non era così pesante, in modo che potessi recuperare le forze. Volevo riguadagnare tutta la mia salute in fretta dopo aver sofferto per sette anni. Scelsi di lavorare lì anche perché questo impiego mi permetteva di essere libero nel giorno del Signore. Inoltre, non lavorando proprio tutti i giorni, avevo del tempo libero da dedicare interamente alla preghiera con digiuno.

L'interesse sul mio debito era in aumento, ma io ero certo che Dio mi avrebbe benedetto se si fosse compiaciuto in me. I miei fratelli e le mie sorelle in più di un'occasione si erano offerti di aiutarmi economicamente ad aprire una qualsiasi attività commerciale, ma io rifiutai. Volevo iniziare con il piede giusto. Personalmente, ero stato allevato come l'ultimo di tanti figli, il cocco di casa, e per questo non avevo mai fatto lavori faticosi in famiglia. Lavorare in un cantiere, invece, richiedeva una notevole quantità di resistenza, e confesso di aver versato le mie lacrime. A volte per trasportare i laterizi da un piano all'altro inciampavo, cadevo, perché le mie gambe non erano così forti. Io però, ogni volta, mi rialzavo e continuavo a lavorare. Questo periodo mi ha trasformato da un uomo che non sapeva fare molte cose, a un uomo abile e in perfetta salute.

Ho cementato mattoni, spalato e portato carriole pesanti, tutto da solo. Quando non c'era lavoro manuale, durante l'inverno, mi adoperavo come amministratore del magazzino, controllavo il carico dei mattoni, del carbone, degli altri materiali e aiutavo presso l'ufficio dell'acquedotto. Ho vissuto molte cose. Mia moglie continuava a vendere insalata in salsa di vongole e alghe, ed anche lei a volte veniva ad aiutarmi in cantiere. Fu lo Spirito Santo che mi portò in quel luogo a lavorare duro come operaio, ma in quel momento non me ne rendevo conto. Da un punto di vista puramente fisico fu veramente arduo per me, ma in quel frangente ho compreso le difficoltà che vivono gli operai edili, fino ad arrivare a comprendere anche i loro cuori. Ogni volta che ho potuto, ho testimoniato della mia esperienza con Dio, predicando loro il Vangelo.

Nell'estate del 1975 nacque la nostra terza figlia, Soojin. Concepita durante il periodo in cui io e mia moglie stavamo scoprendo e vivendo la grazia di Dio e partecipavamo a tante riunioni di risveglio, anche lei, come me, quando è nata, non ha pianto. Non ricordo di averla vista mai piangere fino a quando ha compiuto sei anni. L'estate dell'anno in cui nacque – la piccola aveva circa due mesi – mia moglie ed io andavamo ad accatastare mattoni preso un cantiere su una collina. Non avendo nessuno che potesse guardarla, la portavamo con noi e lasciata sotto un ombrello in un angolo. Malgrado il parasole non schermasse bene né la luce né il calore, lei non ha mai pianto per tutto il tempo in cui mia moglie ed io siamo rimasti a lavorare lì.

Vivevamo in affitto in un villaggio collinare al confine tra Keum-ho Dong e Oksu Dong. Il proprietario della casa ci informò di aver ricevuto un avviso da parte del governo che la casa stava per essere demolita. Ci invitò a traslocare quanto prima. A quel tempo l'affitto mensile era di 100.000 won (circa 100 dollari). Ci disse di aver ricevuto 150.000 won come risarcimento e il diritto di prelazione per l'acquisto di un appartamento nel nuovo complesso abitativo che sarebbe stato costruito.

Ciononostante, non volle restituirci i soldi della caparra e neanche aiutarci a trovare una nuova casa. Era un momento difficilissimo, non avevamo dove andare, praticamente stavamo per accamparci sotto una tenda in strada. Rinunciai a tentare di farmi restituire i soldi, perché già sapevo che non me li avrebbe mai dati. Non sapevamo veramente dove poter vivere. In qualche modo mia moglie riuscì a farsi prestare 50.000 won, con cui prendemmo in affitto una piccola stanza vicino alla chiesa. Era un monovano squallido e senza finestre.

Digiuno e pentimento dopo le lamentele rivolte a Dio

Circa un mese dopo il trasferimento forzato, ricevemmo un altro avviso di demolizione. Questa volta il locatore ci avrebbe restituito i soldi della caparra, che in ogni caso non sarebbero valsi a nulla perché erano davvero pochi. Dove avremmo potuto trovare un altro alloggio ad un prezzo così basso? Cercammo ovunque, ci spingemmo fino a Bool-kwang Dong, ma i nostri sforzi risultarono tutti vani. Saltammo sia il pranzo che la cena quel giorno, e quando tornammo a casa, era già buio.

«Dio, come puoi non ascoltare la mia preghiera? Non ti sei preoccupato neanche di preparare una stanzetta per me?»

Fu un attimo e mi ritrovai a proferire parole di lamentela pesante contro di Lui. Avevamo cercato ovunque, anche presso un ufficio immobiliare, in cui mi recavo più volte al giorno per verificare se ci fossero novità.

«Una persona ha appena messo una stanza in affitto. Se volete potete andarci a stare già da domani.»

«Quanto costa?»

«50.000 won.»

Siamo andati immediatamente a vedere il monolocale, una bella camera davvero, ma soprattutto, aveva, attigua, anche una saletta dove, eventualmente, avremo potuto ospitare il nostro negozio. Era quella la stanza che Lui aveva preparato per noi, ed era perfetta, potevamo traslocare lì il giorno dopo! Quando sono tornato a casa ho pregato e ho pianto senza fine.

«Dio, perché non mi riesce di essere coerente! Perché ho un cuore così malvagio? Non è a causa tua che mi sono ammalato o diventato così povero, eppure io sono così stolto da prendermela con te! Se tu non avessi preparato per noi questo luogo, noi saremmo finiti a dormire per strada. Perché mi lamento quando dovrei esserti grato per sempre visto che tu hai guarito tutte le mie malattie?» Quel giorno ho davvero strappato il mio cuore davanti a Lui, spargendo lacrime di pentimento per aver espresso tutto quel risentimento verso Colui che mi aveva guarito. Iniziai tre giorni di digiuno e preghiera, perché, mi dissi, mai più la mia mente dovrà protestare verso Dio, qualsiasi saranno le mie circostanze.

Nessun compromesso sull'osservanza del giorno del Signore

Il motivo per cui avevo scelto di lavorare come muratore era per osservare il giorno del Signore, oltre che per fortificare il mio corpo debole. Un giorno, mentre ancora vivevamo nel monolocale buio e squallido, mi chiamò mia sorella. Aveva rilevato da poco un ristorante ben avviato e mi chiese di gestirlo. Non solo, avrebbe assunto anche mia moglie. Finalmente! Arrivare a fine mese non sarebbe stato più un problema, forse potevamo anche mettere dei soldi da parte, pagare i nostri debiti e vivere bene.

«Fratello mio, posso dare a te e a tua moglie il lavoro e un bell'appartamento in cui vivere. Dovrai solo lavorare due domeniche al mese...»

«Mi dispiace, sorella mia, la domenica devo andare in chiesa, a qualsiasi costo. Non posso farlo.»

La notizia che avevo rifiutato l'offerta di mia sorella, a motivo delle mie domeniche di chiesa, arrivò immediatamente a mia madre e ai miei fratelli e sorelle. Erano tutti molto delusi, soprattutto mia madre. Le mie scelte gli erano incomprensibili, in fondo, cosa sono due domeniche al mese? I miei fratelli e le mie sorelle scuotevano la testa di fronte al mio rifiuto verso questa possibilità di ripagare tutti i debiti e di iniziare a stare bene economicamente.

Come faccio a vivere secondo la Parola di Dio?

Come liberarmi della mia natura peccaminosa?

Quando le riunioni di risveglio che avevo frequentato così assiduamente terminarono, iniziai a leggere la Bibbia con molta attenzione. Prima di leggere, mi lavavo e indossavo abiti puliti, stavo in piedi e declamavo ogni verso ad alta voce con una postura eretta. Iniziai dal Vangelo di Matteo, e, man mano che leggevo notavo tutte quelle espressioni tipo 'evitare ogni sorta di male', 'gettare via la rabbia', 'non mentire', 'non odiare', 'amare i propri nemici', e così via.

Non passò molto tempo che controllavo come e quanto io osservassi davvero la Parola, prendendo nota su un quaderno delle cose che non riuscivo a mettere in pratica. Poi, pregavo Dio chiedendogli di rinforzarmi in Lui permettendomi di attuare tutte le azioni che non riuscivo ad osservare ma che leggevo nella Bibbia.

Poiché cercai di osservare la Parola sinceramente, Dio mi concesse la grazia di eliminare dalla mia vita tutte quelle cose di cui dovevo liberarmi.

«Io amo quelli che mi amano, e quelli che mi cercano mi trovano.» (Proverbi 8:17).

«Se voi mi amate, osserverete i miei comandamenti.» (Giovanni 14:15)

«Per questo è l'amore di Dio, che osserviamo i suoi comandamenti, e i suoi comandamenti non sono gravosi.» (1 Giovanni 5:3).

In seguito, dopo essere diventato un pastore, ho capito quanto segue: i peccati possono essere divisi generalmente in due categorie. Una è 'opere della carne' che implica delle azioni e l'altra è 'cose della carne' peccati commessi nella nostra mente. Se diamo modo alle 'cose della carne' di evolversi e svilupparsi, fuoriescono e si attuano sotto forma di azioni come 'opere della carne'.

I miei sforzi di liberarmi da ogni forma di malvagità

Quando ancora ero malato, mentre giacevo sul mio letto di dolore, a volte giocavo a carte coreane con i miei vicini di casa, tanto per passare il tempo. Ho continuato a praticare queste attività, anche dopo aver accettato il Signore, perché non conoscevo bene la Parola di Dio e non avevo capito che il gioco d'azzardo è un peccato. Prima di diventare un credente, in genere vincevo quasi sempre, ma da quando avevo accettato il

Signore, iniziai a perdere e perdere nonostante giocassi in modo impeccabile. Mi resi conto che Dio non era contento che io mi dedicassi a queste attività e ritenni che era opportuno smettere. Un giorno, però, non potei proprio resistere alla tentazione e mi misi a giocare a carte mettendo sul piatto della scommessa l'intero stipendio di quindici giorni. Persi fino all'ultimo centesimo, giocando d'azzardo per tutta la notte. La mattina dopo, quelli che come me avevano perso tutto, rimanevano ancora al tavolo di gioco tentando di recuperare almeno la cifra di partenza. A quel punto, udii una voce familiare venire da fuori: il pastore dalla chiesa era venuto a visitare la mia famiglia e a offrire un breve servizio di culto casalingo.

Compresi cosa stava succedendo ma continuai tranquillamente a giocare e, infine, persi tutto di nuovo. Il suono delle canzoni di lode provenienti dalla stanza accanto stava trafiggendo il mio cuore. Dopo i canti e l'adorazione il pastore diede un breve messaggio e lasciò la mia casa. I miei pensieri si affannavano vorticosamente, continuavo a ripetermi che avrei dovuto essere insieme con la mia famiglia e al servizio di culto invece che continuare a giocare... «Come avrei potuto presentarmi in chiesa da ora in poi cosciente di ciò che era successo?». Soffrivo, il mio cuore era turbato, mi annoiavo durante i servizi di culto in chiesa e non riuscivo più a pregare. Prima, durante il mio lavoro giornaliero di muratore ero sempre felice, ora non usciva più nessuna lode dalle mie labbra. Erano passate due settimane dall'episodio delle carte, ma io continuavo solo ad avere afflizione del cuore, passavo i miei giorni in completa agonia. Una notte, non riuscendo a dormire, aprii la finestra e guardai fuori. Vedevo il Tooksum e la riva del fiume Han. Alcune luci elettriche brillavano sulle acque del fiume, e quelle luci sembravano croci rosse. «Cosa stava succedendo?» Una strana sensazione mi pervase. Guardai di nuovo e le luci ora sembravano croci rosse tutte allineate. «Perché adesso le luci sembrano croci?» È stato in quel momento che l'Iddio d'amore mi ha concesso grazia dall'alto. Sapevo che avrei dovuto accogliere con favore il pastore che era venuto a visitare la mia casa, ma in quel momento il mio cuore era preso dai soldi che avevo perso, mi ero nascosto da lui e non avevo partecipato al culto domestico. Per la sua grazia, mi sono pentito, ho pianto molte e molte lacrime e mi ripromisi che mai e poi mai in tutta la mia vita avrei toccato di nuovo le carte. Dopodiché, Egli mi ha dato la pienezza dello Spirito Santo, che avevo perso e, dal momento che il muro di peccato che mi separava da lui era stato abbattuto, mi sembrava davvero di volare. Furono due settimane molto difficili e spaventose ma che m'insegnarono quanto sia terribile stare e vivere nel mondo. Smisi di praticare ogni tipo di gioco d'azzardo, non solo le carte.

Pregare per liberarmi dai peccati commessi con i pensieri

Se dotati di una ferma determinazione, è relativamente semplice liberarsi dalle 'opere della carne', vale a dire, dai peccati d'azione. In questo modo smettiamo di fare ciò che la Bibbia ci dice di non fare e facciamo solo quello che la Bibbia dice di fare. Io però ero in difficoltà nei riguardi di due soggetti: l'odio e la mente adultera. Questi pensieri piombavano nella mia mente nonostante la mia volontà, per questo ero abbastanza preoccupato.

A quel tempo, erano molte le persone di cui volevo vendicarmi. C'erano i miei fratelli, che si erano rifiutati di prestarmi i soldi per prendere in affitto una stanza mentre giacevo immobile e malato; c'era mia suocera, che per tutto il tempo della mia malattia si era riferita a me come al suo «genero andicappato», e tutti gli altri membri della famiglia di mia moglie che mi avevano disprezzato perché non ero stato in grado di guadagnare sufficiente denaro. Provavo un odio profondo verso quelle persone e tutto ciò che riuscivo a pensare era: «Non appena sarò sano voglio guadagnare molti soldi e dimostrare loro quanto valgo!»

Amare i miei nemici sembrava una cosa davvero difficile se provavo così tanto odio verso i membri della famiglia di mia moglie. L'altra difficoltà, per me, era rappresentata dalla mente adultera. Gesù ha detto che se guardiamo una donna avendo nei suoi confronti dei pensieri sconvenienti abbiamo, di fatto, già commesso adulterio con lei nel nostro cuore (Matteo 5:28). Non avevo mai commesso adulterio – non con le mie azioni – ma la mia mente si agitava se mi capitava di guardare foto di attrici molto avvenenti.

Se alimentiamo la nostra natura, che è già peccaminosa, riempiendo la nostra mente con immagini, filmati, sia su internet, in tv o in giro, di donne, non è forse anche questo adulterio davanti a Dio? Ero fiducioso che avrei potuto osservare tutto quello che la Bibbia mi richiedeva, ma confesso che questi due elementi mi preoccupavano.

Durante le riunioni di risveglio, il predicatore aveva detto che possiamo ricevere risposta a qualsiasi cosa, se davvero preghiamo con fede. Io credevo che niente è impossibile con la fede, per questo iniziai un periodo di digiuno e preghiera per liberarmi dalla natura peccaminosa del mio cuore.

«Dio, ti prego, fa che io non abbia né una mente adultera né alcun sentimento nei riguardi di qualsiasi donna io veda.»

Prima d'incontrare il Signore, nella mia casa facevano bella mostra dei calendari di attrici famose. Crescendo in conoscenza della Parola di Dio tolsi tutte queste cose dai muri del nostro monovano. Digiunai e pregai fino a quando mi liberai della natura peccaminosa, della mia mente adultera. Volevo che Dio facesse di me un anziano della chiesa, volevo aiutare i bisognosi, con la benedizioni finanziarie che Dio mi avrebbe concesso. Desideravo moltissimo poter essere di aiuto nelle opere missionarie e glorificare Dio attraverso le benedizioni che Egli mi elargiva.

Quando ci trasferimmo nel nuovo monolocale, quello con annessa la saletta per scopi commerciali, aprii un piccolo negozio di libri e fumetti. Mia moglie andò a vendere cosmetici, e io mi prendevo cura del negozio. I miei fratelli, coscienti della nostra condizione povera e precaria, mi offrirono il loro aiuto economico, in modo che io potessi fare qualcosa di diverso, ma io rifiutai. «Non appena il Signore mi avrà affinato, Egli certamente mi benedirà, anche sul piano economico.» Se io avessi accettato l'aiuto dei miei familiari sulla base dei miei bisogni momentanei, che cos'avrei potuto dire loro quando, in futuro, Dio mi avrebbe elargito le sue benedizioni finanziarie?

Rifiutai il loro sostegno per vivere secondo la volontà di Dio. Non volevo che i miei fratelli, una volta che la mia situazione si fosse normalizzata, mi potessero dire: «Ma quale benedizione di Dio, siamo noi che ti abbiamo soccorso mentre eri in difficoltà...»

Tre anni per liberarmi della mia mente adultera

Il negozio di fumetti non richiedeva investimenti importanti e io desideravo aprirne uno più grande. Digiunai e pregai per tre giorni, alla fine dei quali mi si posarono gli occhi su un locale nei pressi di un teatro, il Keum-ho Dong Theater. Mi piacque e firmai il contratto di locazione. Il mio negozio era circondato da locali e punti di ristoro e molti dei clienti abituali erano donne che lavorano nei bar.

Una certa signora in particolare si sedava accanto a me ogni volta che entrava nel negozio, e io, di contro, mi alzavo immediatamente. Se una donna agiva in modo seducente verso di me, io la evitavo nel modo più assoluto. Le loro reazioni erano varie, andavano da:

«M'ignori solo perché lavoro in un bar?»

«Ma sei fatto di pietra? Non hai sentimenti?»

«Perché non vieni a trovarmi a lavoro che ti do da bere gratis?»

Il mio cuore, però, non era più scosso. Sono stato oggetto di molte tentazioni, ma non ho mai lasciato che il mio cuore vi si abbandonasse rifiutando ogni tipo di approccio, da qualsiasi donna. In seguito ho poi constatato che la natura peccaminosa della mia mente a questo riguardo era completamente scomparsa. Attraverso la preghiera, che è stata la mia forza e mi ha potenziato per mettere in pratica ciò che cercavo di fare, ho superato tutte le tentazioni dandone prova con le mie azioni. Dopo tre anni dal momento in cui avevo cominciato a pregare per liberarmi da questo fardello, avevo finalmente ricevuto la risposta alle mie implorazioni.

Il mio unico desiderio

La Bibbia ha una sola interpretazione

Il mio desiderio più profondo era quello di poter comprendere in modo completo le parole della Bibbia e vivere secondo ciò che apprendevo. Così, ogni volta che sentivo di una riunione di risveglio, ci andavo per ricevere la grazia di Dio.

Erano molti i passaggi della Bibbia che non riuscivo ad afferrare, e quindi, mi recavo alle riunioni diligentemente, felice che attraverso i messaggi e le predicazioni potessi comprendere la Parola di Dio. Non partecipavo solo alle riunioni di risveglio, ma anche ai tanti incontri di preghiera che si tenevano nei vari centri di preghiera di Seoul.

Ciononostante, alcuni brani biblici erano davvero ostici per me, e quindi ogni volta che potevo, riempivo di domande il pastore della chiesa che frequentavo. La maggior parte delle volte mi rispondeva, ma su alcune domande non era in grado di offrirmi risposte chiare.

«Pastore, può consigliarmi un libro dove trovare una chiara e immediata comprensione della volontà di Dio?»

«Fratello Lee, se sei così trepidante di comprendere la Parola, potresti studiare i commentari biblici, sono opere che spiegano e interpretano la Bibbia.». Ero così felice di scoprire che di lì a poco tutto sarebbe stato chiaro per me. Data la nostra situazione debitoria, per me era veramente difficile riuscire a risparmiare finanche un centesimo, ma in qualche modo, misi insieme i soldi per acquistare un commentario biblico. Ne acquistai più di uno, in effetti, perché ero avido di scoprire tutto quello che potevo sulla Bibbia. Li leggevo con bramosia quando andavo a pregare sul fianco della montagna, ma alcune porzioni della Scrittura erano ancora difficili da comprendere per me. Non potendo afferrare le profondità della Parola di Dio, mi sentivo frustrato. Non solo, mi rendevo conto che questi testi, a volte, neanche testimoniavano della veridicità della Parola, ritenendo che alcuni racconti fossero, in realtà, dei miti. Le varie interpretazioni attribuite a determinati libri della Bibbia, piuttosto che farla aumentare, facevano diminuire la mia fede. La Parola deve avere una sola interpretazione, mi dicevo, ma questi commentari non facevano altro che confondermi.

Signore, ti prego, rendi chiara per me la Bibbia!

Nel 1976, proprio quando iniziai a desiderare ardentemente di comprendere la volontà di Dio contenuta nella sua Parola, sentii parlare di una cosa sorprendente da un fratello della chiesa appena ritornato da una riunione di risveglio tenutasi a Taegu.

«Un pastore ha digiunato 40 giorni per ben due volte. In

seguito, per tre anni consecutivi ha ricevuto le visite di un angelo che gli ha spiegato la Bibbia!» Nell'attimo in cui udii questo racconto il mio cuore iniziò a bruciare ed io sentì, fisicamente, un fuoco scendere su di me. So che avrebbe potuto sembrare assurdo che un angelo spiegasse la Parola di Dio ad un essere umano, ma io ci credevo. Mi ero riproposto di confidare e pregare. Ed infatti, da quel momento, non smisi più di chiedere a Dio di rivelarmi la Parola.

«Dio, io credo fermamente che tutti i sessantasei libri della Bibbia sono la tua Parola, scritta per ispirazione dello Spirito Santo, ti prego, guidami, illuminami e spiegami questi testi, donami comprensione. Che sia un angelo o che io capisca da me, ti prego, concedimi di afferrare il significato e l'interpretazione della tua Parola.»

Consideravo che, se ci fossero state porzioni incomprese della Bibbia, difficilmente sarei stato in grado di discernere la volontà di Dio. Sapevo che per iniziare a vivere secondo il volere divino dovevo comprendere fino in fondo il vero significato della Parola. Infatti, è solo dopo aver afferrato la Parola di Dio correttamente che possiamo anche osservarla in maniera irreprensibile.

Ero davvero disperato da quanto desideravo comprendere il significato della Scrittura, tanto che pregavo e digiunavo con fervore. Quando non avevo lavoro nel cantiere, mi recavo su una montagna a pregare, a chiedere a Dio di spiegarmi la Bibbia. Le preghiere e i digiuni continuarono per molti anni.

Le mani delicate di Dio

Nel giro di un paio di mesi avevo imparato a gestire bene

il mio negozio, e, con la fede che mi ero guadagnato, sentivo di poter fare qualsiasi cosa. Certo, con il negozio di fumetti riuscivo a malapena a guadagnare un poco di profitto, ma da quest'attività, in effetti, non era realistico aspettarsi qualcosa di più. Non possedevo molti soldi, ma considerando che avevo la fede di credere che ogni cosa è possibile, desideravo espandere la mia attività. «Dio, fammi prendere un posto migliore.»

Iniziai a pregare e digiunare per questo, e, al terzo giorno da quando avevo cominciato, una persona—il proprietario di un negozio più grande—venne da me e mi chiese se volevo cedergli il mio negozio per 150.000 won (150 dollari americani). Gli dissi di sì. In questo modo, fatta eccezione per i 50.000 won spesi per arredare il locale, avevo guadagnato 100.000 won. Qualche tempo dopo, io e mia moglie digiunammo per tre giorni, dopodiché visitammo un'altra attività, in una zona vicina. Avevamo sentito di un negozio che andava molto bene e che era stato messo in affitto al prezzo di 500.000 won. Conclusi il contratto con i 100.000 won guadagnati in precedenza, ma me ne restavano da pagare 400.000 won. Era una grande somma per me in quel momento. Mi ricordai di due fratelli della chiesa che conoscevo e domandai a mia moglie di chiedere loro del denaro in prestito. Rifiutarono immediatamente. Mia moglie si fece prestare, quindi, 150.000 won dai nostri vicini. Ce ne mancavano 250.000 won. A quel punto ci accordammo con il proprietario dell'edificio per pagare gli interessi sull'importo dei 250.000 won che gli avremmo in ogni caso saldato un po' per volta in aggiunta al canone di affitto.

I membri di una comunità non dovrebbero mai prestarsi denaro tra di loro. In seguito, attraverso la Parola, compresi la ragione per cui il Signore non consentì che dei fratelli della mia chiesa m'imprestassero del denaro, perché non è la volontà di Dio che questo accada. Anche fratelli di sangue diventano nemici per motivi legati a questioni di soldi, e, quando si presta o si prende in prestito del denaro tra fratelli di chiesa, il diavolo, il nemico, può lavorare con facilità. Ecco perché oggi, come pastore, io insegno alla mia chiesa a non prestare o prendere in prestito denaro tra di loro. Ho potuto constatare e riprovare nel tempo, infatti, che quando alcuni mettono in atto questo comportamento, cadono in prove e in difficoltà. Come fratelli nella fede, non dovremo mai avere alcun debito tra di noi, fatta eccezione del debito di amore.

Con ciò che guadagnavamo con il nuovo negozio riuscivamo a pagare gli interessi su tutti i nostri debiti, ma non il dovuto complessivo. Avevamo una forte concorrenza, perché in centro città c'erano diversi negozi come il mio – di libri e fumetti – ma gestiti su larga scala, da grandi aziende. Pregai Dio di realizzare il mio sogno e di farmi avere un negozio più grande.

Guidati sulla strada delle benedizioni finanziarie

A quel tempo, nel mercato di Keum-ho Dong era stato aperto un negozio che in breve divenne molto famoso. Era noto che le vendite di quell'attività erano le più elevate della zona. Venimmo a sapere che era in corso la cessione della sua gestione per 1 milione di won (1.000 dollari americani), a cui andava ad aggiungersi il canone mensile d'affitto. In quegli anni, il salario giornaliero di un operaio era intorno ai 1.500 won, quindi, un milione di won, per me, rappresentava davvero una cifra importante. Il proprietario mi disse che poteva scendere fino a 950.000 won, ma non di più. Dopo venti giorni dal momento in cui avevo parlato con lui, seppi che nessuno gli aveva più chiamato per vedere l'attività. A quel punto tornai dal proprietario del negozio per riformulare la mia offerta, anche perché ero venuto a conoscenza del fatto che aveva necessità di vendere velocemente per motivi personali. Da parte mia, io possedevo 500.000 won, ma era davvero umanamente impossibile riuscire a concludere con questa cifra. Non mi scoraggiai, e, la notte prima dell'incontro che avevo fissato con lui, pregai ardentemente per molte ore. La mattina dopo gli dissi subito che potevo prendermi il suo negozio per 500.000 won, essendo tutto quello di cui disponevo. Ci pensò un attimo e poi mi disse di sì. Andava bene, mi avrebbe dato la gestione del suo negozio in cambio dei miei 500 mila won.

Firmammo il contratto e io accettai di pagare il deposito cauzionale all'interno del canone mensile. E fu così che spostammo il nostro negozio all'interno del popolare mercato di Keum-ho Dong. Dal momento in cui abbiamo aperto, i clienti non smettevano di entrare, tutti ci dicevano che mancava un negozio come il nostro in zona. Ricevetti addirittura offerte per cedere la gestione della mia attività per 1milione e 200mila won. Io rifiutai, ma quando una terza persona mi avvicinò con la proposta concreta di acquistare la mia attività per 1milione e 300 mila won, ne parlai con mia moglie, perché con quella cifra avremmo potuto anche comperare una casa. Ci pensammo e concludemmo che non era opportuno liberarci di quanto Dio aveva provveduto per noi, non così in fretta.

Decidemmo che, con gli utili che questa nuova attività ci stava procurando, avremmo ripagato tutti i nostri debiti e sistemato una volta per tutte la nostra situazione finanziaria.

Abbiamo aperto e avviato il negozio nel luglio del 1977. Stavamo categoricamente chiusi la domenica, e non permettevamo a nessun cliente—i nostri erano principalmente studenti—di fumare o bere alcolici nel nostro negozio. La mia famiglia cantava tutto il tempo canzoni di lode e ai nostri avventori non dispiaceva sentire queste canzoni. Avevamo una mole di clienti maggiore rispetto a quella del vecchio proprietario. Il negozio era aperto tutto il giorno e noi si pregava di notte. Quella era la nostra routine quotidiana.

Addestrato a discernere la voce dello Spirito Santo

La casa di preghiera Osanri

Ero assetato di comprendere la Parola di Dio sempre più profondamente, come un cervo che vaga sui monti e brama dell'acqua. Nel 1977, mentre partecipavo ad una riunione presso la casa di preghiera Osanri, sentii la voce di Dio per la seconda volta. Stavo ascoltando il messaggio predicato dal pastore che in sostanza diceva: «Poiché Dio ci ha dato la saggezza di formulare la scienza medica, è la sua volontà che assumiamo farmaci e ci affidiamo agli ospedali e ai dottori.». Io non riuscivo proprio a dire 'amen' a quest'affermazione, perché la mia esperienza con l'Iddio onnipotente era ben diversa, io sapevo per certo che nulla gli è impossibile. Dopo il servizio di culto mi spostai nella sala di preghiera adiacente e con fervore gridai in preghiera quanto segue: «Signore, è davvero la tua volontà che noi assumiamo farmaci?»

Non so quanto tempo passò, ma tutto ciò che ricordo è che, improvvisamente, sentii la voce del Signore che mi diceva: «Leggi 2 Cronache 16!» Aprii la mia Bibbia e lessi di Asa, il re di Israele. Nei primi giorni del suo regno, invocò Dio e vinse tutte le battaglie, dopodiché regnò in un periodo di pace. Ma, nella fase successiva del suo governo, egli non confidò nell'Eterno ma in altri eserciti. Perse battaglie, e non solo, fece anche imprigionare il profeta che gli aveva mostrato i suoi errori. Poi, Asa si ammalò ai piedi. La sua malattia era grave, ma anche nel suo stato di crisi personale non cercò il Signore, ma i medici. Asa morì due anni dopo. Attraverso questa lettura, compresi, una volta per tutte, che è desiderio e volontà di Dio per i suoi figli che essi si affidino a Lui e non abbiano fede nelle cose di questo mondo.

Sentire la voce dello Spirito Santo

La voce di Dio, la voce del Signore, e la voce dello Spirito Santo sono, tra loro, ben distinte. Nel mio caso, ho sentito chiaramente la voce di Dio soltanto in casi molto particolari, in realtà solo un paio di volte. La voce dello Spirito Santo, invece, dopo aver accettato Gesù Cristo, soprattutto se si continua a pregare con fervore per liberarsi dei propri peccati, della propria malvagità e dei propri pensieri carnali, diventerà sempre più nitida e presente.

Sin dai primi giorni del mio cammino cristiano, non appena accettai Gesù, iniziai anche a sentire la voce dello Spirito Santo. A questo riguardo, ho imparato come riconoscere la voce dello Spirito Santo a mie spese. Una domenica mattina, durante il servizio di culto, mentre stavo ascoltando con attenzione il messaggio della Parola, sentì un forte impulso nel mio cuore. Sentii che dovevo dare 30.000 won (30 dollari americani) a uno dei pastori della chiesa. Dissi a Dio: «...ok, prenderò 30.000 won e li darò al pastore che tu mi hai indicato!» Tenni a mente questo pensiero per tutto il servizio di culto.

Al termine della riunione uscii dalla chiesa, e, tra un pensiero e l'altro mi dimenticai di questa cosa. In realtà, 30.000 won non erano pochi per noi. Se li avessi avuti, glieli avrei pure dati, ma ora, non sapevo proprio dove poter prendere questi soldi. Tra le altre cose, avevo anche fatto diverse considerazioni, e la famiglia di questo pastore era di certo più abbiente della mia, non aveva davvero bisogno di me per questioni economiche. In ogni caso, tra la fine del servizio e il mio arrivo a casa, mi ero completamente dimenticato di questa questione.

Il giorno seguente, la suocera del pastore che avevo avuto in mente, che era una diaconessa anziana della chiesa, venne nel mio negozio, quello presso il mercato di Keum-ho Dong. «Mia figlia ha avuto le doglie per tutta la notte. Ora l'ho portata in ospedale, ma abbiamo urgente bisogno di 30.000 won altrimenti non potranno tenerla lì, purtroppo non sappiamo proprio dove prendere questi soldi...» Le sue parole mi sconvolsero. «Diaconessa, devi sapere che ieri mentre ero al culto lo Spirito Santo ha detto qualcosa al mio cuore, ma io non l'ho obbedito pensando che probabilmente fossero solo i miei pensieri e me ne sono dimenticato, solo che ora mi rendo conto che non era affatto così...»

Mi pentii subito, mi ripromisi di obbedire la prossima volta. Pensai, amaramente, «che lo Spirito Santo mi aveva fatto sentire la sua voce e io non avevo obbedito, e questo era il risultato.» Se avessi ascoltato la sua voce, di certo per me sarebbe stato facile trovare i 30.000 won—Dio certamente li aveva già preparati—e la famiglia del pastore non avrebbe dovuto soffrire per tutta la notte a causa di quella somma di denaro. Io, dal canto mio, per aver ascoltato la sua voce, avrei ricevuto abbondanti benedizioni da Lui... Mi rammaricai molto di non aver ubbidito a causa dei miei pensieri. Da allora, grazie a ciò che questo episodio mi aveva insegnato, iniziai a porre molta attenzione nel distinguere tra la voce dello Spirito Santo e quella dei miei pensieri.

Comprendere l'importanza dell'obbedienza

Fu attraverso un'esperienza simile alla precedente che capii l'importanza dell'ubbidienza. Servivo la chiesa che frequentavo con diligenza, e un giorno, il mio pastore mi chiamò per chiedermi: «Siamo a corto di insegnanti per la Scuola Domenicale, perché non lo fai tu?» Risposi negativamente «Pastore, mi dispiace, non credo di poter insegnare ai bambini, non ho esperienze in questo senso, io stesso non ho mai frequentato la Scuola Domenicale. Lo farò dopo che avrò acquistato una certa fiducia...» Sapevo che avrei dovuto rispondere positivamente alla richiesta del pastore, ma mi sentivo così inadeguato che, invece, rifiutai immediatamente. Non avrei mai immaginato che una cosa del genere, in fondo così piccola, avrebbe costruito un imponente muro di peccato tra «Dio e me. Era il tempo in cui pregavo con fervore per ricevere il dono delle lingue.»

Vedevo i fratelli e le sorelle pregare fluentemente in altre lingue e li invidiavo. Da parte mia, io continuavo a pregare per ricevere questo dono, ma non lo ricevevo mai. Un giorno, mentre ero a pregare sulla montagna di preghiera Han Ol San, sentii che quello era il giorno, che avrei parlato in altre lingue. Sono andato e ho partecipato all'incontro, ma il dono non è venuto su di me. Quel giorno, predicava il pastore Chun Lee Suk, che disse scherzando: «Anche il mio cane parla in altre lingue, per cui, coloro che non hanno ricevuto questo dono non sono migliori di lui...» Alla fine dell'incontro io davvero pensavo che un cane fosse più degno di me e dalla rabbia presi a calci una grossa pietra che mi stava di fronte. Iniziai a vagare per ore su e giù per la valle, saltai pure il pranzo finché, stremato, mi appoggiai ad un albero e pregai Dio di darmi il dono delle lingue. Improvvisamente, qualcosa attraversò la mia memoria, come un flash, e mi resi conto che, sebbene non mi sentissi pronto, avrei dovuto dire «sì» quando il mio pastore mi aveva chiesto insegnare nella Scuola Domenicale. Dio mi avrebbe ascoltato se avessi obbedito. Ma io avevo disubbidito.

«Dio, ti prego, perdonami per non aver ubbidito alla richiesta del mio pastore. Non succederà mai più.»

Avevo compreso e mi ero pentito profondamente nel cuore. Improvvisamente iniziai a parlare in lingue. Quanto lo avevo desiderato! «Dio, ti ringrazio!» Avevo capito a mie spese che l'obbedienza è meglio del sacrificio e che Dio si compiace di noi quando gli obbediamo.

Come per l'altra esperienza, anche stavolta mi ripromisi di obbedire incondizionatamente alla volontà di Dio, senza badare alla realtà della situazione. A questo punto avevo profondamente compreso l'importanza dell'obbedienza, ciononostante, rimaneva ancora qualcosa per cui obbedire mi risultava davvero difficile.

Capitolo 4

La chiamata di Dio

Signore, come puoi scegliere uno come me?

Era il maggio 1978, ero in preghiera ed ho sentito la voce di Dio come un tuono:

«*Servo mio, che ho scelto prima dell'inizio del tempo! Ti ho affinato per tre anni, e ora ti equipaggerò con la Parola per altri tre anni. Io mi userò di te. Attraverserai montagne, fiumi e mari per predicare il vangelo. Io sarò con te e tu sarai il mio servo che mostrerà a tutte le nazioni, attraverso segni e prodigi, che io sono l'Iddio vivente.*»

La sua voce chiara e potente continuò:

«*Ti ho scelto prima dell'inizio del tempo, sin da quand'eri nel grembo di tua madre, ti ho protetto con i miei occhi fiammeggianti e guidato fino a questo momento. Tua moglie può prendersi cura del negozio, e da ora in poi tu percorrerai il cammino per diventare il mio servo. Non devi avere preoccupazioni, guadagnerete più di quando entrambi lavoravate. I soldi nella vostra cassetta non si esauriranno e il vostro piatto di riso non solo non sarà mai vuoto ma sarà sempre troppo pieno. Aiuterete i bisognosi. Sono io che ti ho messo tra gli ultimi, io che ho condotto la tua vita nel percorso che hai intrapreso e sempre io da ora in poi continuerò a guidare i tuoi passi. Comprenderai anche perché ti ho relegato in posizioni così basse e sarai testimone di come, con il mio potere, ti innalzerò ai vertici. Mi hai amato prima e più dei tuoi genitori, prima e più di tua moglie, prima e più delle tue figlie. Hai amato me sopra ogni cosa e per questo io ti ricompenserò per cento volte con una porzione pigiata, scossa e traboccante.»*

Ascoltai queste parole nella pienezza e sotto l'ispirazione dello Spirito Santo ricevendole con 'Si' e 'Amen'. Ma nel ripensarci trovavo tutto quello che era successo veramente sorprendente. Il mio sogno fino a quel momento era, al massimo, di diventare un anziano della chiesa, un aiuto per quanti vivevano in povertà e malattia, io che le conoscevo potevo di certo contribuire ad alleviare delle sofferenze. Quindi, fino ad ora avevo pregato per qualcosa di sbagliato? Avevo tante domande nella testa. Innanzi tutto avevo ancora un grosso debito da assolvere, e per noi, bene o male, non era neanche facile sbarcare il lunario ogni giorno. La mia memoria non era ancora stata ristabilita completamente, come avrei potuto studiare teologia? Che cosa sarebbe accaduto alla mia famiglia? Queste preoccupazioni impegnavano tutti i miei pensieri. Considerato il tempo che stavo attraversando, obbedire a questa Parola era inverosimile per me, anche se mi rendevo conto che disobbedire non era una scelta possibile. Tutto ciò a cui riuscivo a pensare era: «Se è la tua volontà, fammi sentire il suono della tua voce ancora una volta.»

Parlai con mia moglie e le passai tutte le consegne amministrative del negozio. Iniziai a chiedermi se davvero avessi sentito la voce di Dio, a dubitare. Pregai di nuovo. E se forse nel perseguire questi pensieri avrei mandato la mia vita a monte? «Dio, io ti pregavo per diventare un anziano, ma tu mi stai dicendo che io sarò un tuo servo! Io sono così introverso che non riesco nemmeno a immaginare di predicare davanti a della gente, non sono più un ragazzino, non ho una buona memoria.» Se Dio mi voleva come suo servo anche con queste limitazioni, gli chiesi: «Ti prego lasciami sentire la tua voce una volta ancora!»

Dopodiché, mi recai nuovamente nel centro di preghiera per ascoltare la voce di Dio. Ho pregato per una settimana. Nessuna risposta. Sono andato a visitare un paio di ministri che avevano le reputazione di essere dei profeti, ma non c'erano risposte per me. Vagavo da un luogo di preghiera a un altro, di montagna in montagna e trascorrevo le mie giornate con il cuore straziato tentando di scoprire se fosse veramente la volontà di Dio che io divenissi un suo servo, soprattutto come pastore. Passarono tre mesi, stavo sul punto di arrendermi. Il sabato successivo il mio pastore mi venne a trovare in negozio. Quella domenica dovevo fare la preghiera di apertura in chiesa ma proprio non me la sentivo. Gli dissi: «Pastore, non ho ricevuto la risposta ormai da molti mesi. Non posso davvero fare questa preghiera domani per il servizio domenicale.» Il pastore mi disse: «Diacono Lee, anche se non te la senti, lo devi fare.»

Udire la voce di Dio

Il pastore mi disse che dovevo fare la preghiera d'apertura del servizio, ma nel mio cuore non riuscivo a dire 'Amen' a questo. Alla fine del giorno, mia moglie e io chiudemmo il negozio e c'incamminammo verso casa. Diluviava e per questo motivo mia moglie ed io pensammo di pregare in casa invece che in chiesa come era nostra abitudine. A mezzanotte, dopo aver coperto con un telo il nudo pavimento di cemento della nostra camera, ci inginocchiammo e iniziammo a lodare Dio. Pregavo con gli occhi chiusi, ma improvvisamente vidi il soffitto spalancarsi e delle luci vividissime arrivare dal cielo e riempire la stanza.

Sembrava davvero che il tetto fosse sparito. E poi, proprio come racconta l'Apocalisse, ho sentito la Voce che aveva il suono di molte acque che mi diceva: *«Domani dovrai fare la preghiera di apertura del servizio.»* Ok, era una risposta anche quella, ma completamente diversa da quello che avevo chiesto, io volevo una conferma riguardo al diventare un servo del Signore. Questa volta, quella voce era calda e accogliente, autorevole e al tempo stesso piena di amore e gentilezza. Disobbedire era impossibile.

Ancora oggi sento il suono di quella voce in modo molto chiaro dentro di me.

Non appena udii quella voce, quel giorno piovoso del 1978, tutte le mie disperazioni si sciolsero come neve al sole. Tutti i pensieri carnali erano scomparsi ed io ero così pieno di Spirito Santo tanto da sentire il mio corpo leggero come il cotone, quasi mi sembrava fossi in grado di volare, di attraversare i muri, di oltrepassare il tetto se avessi voluto farlo. Gioia, gratitudine e felicità traboccavano dal punto più profondo del mio cuore. In quel momento pensai che forse era questa la sensazione da cui saremo attraversati quando il Signore tornerà nell'aria e ci rapirà! Quando aprii gli occhi, le luci non c'erano più e il soffitto era al suo solito posto.

Mia moglie, che era seduta accanto a me, non aveva sentito la voce ma era ripiena di Spirito Santo e sapeva che stavo ascoltando la voce di Dio nelle luci. Abbiamo lodato e reso gloria a Dio per tutta la notte.

Ripieno di Spirito Santo

La mattina dopo andai in chiesa e controllai l'ordine del servizio: la preghiera di apertura era ancora a mio nome. Dopo l'esperienza della notte appena trascorsa, ancora mi sembrava di volare sebbene fossi seduto. Avevo vissuto qualcosa di incredibilmente stupefacente! Presi in mano il microfono per fare la preghiera e nel momento in aprii la bocca per pregare, le mie labbra non erano più le mie labbra. Lo Spirito Santo catturò il mio cuore e miei pensieri completamente. Colto dall'ispirazione dello Spirito Santo, la preghiera uscì da me come un fiume, e, anche se avessi voluto, non avrei potuto smettere.

Rimasi molto sorpreso anche dal contenuto della preghiera che rimproverava i membri della chiesa con queste parole: «Guai a voi che rubate le decime che sono del Signore, voi uomini dal cuori ostinato e privo di gratitudine. Dite di credere in Dio, ma la vostra fede è vana.»

Riuscivo a malapena ad avere il controllo del mio corpo. Finii e mi resi conto di aver pregato per più di 10 minuti. Se qualcuno pregava per più di tre minuti all'apertura del servizio, immediatamente tra le panche si sarebbero sentiti brontolii riguardo alla lunghezza di quella preghiera. Ritornai al mio posto e non avevo il coraggio di guardare il pastore in faccia. Non sapevo cosa fare. Tutto quello che riuscivo a pensare era: «Come mi sono permesso, io, un diacono, rimproverare l'intera congregazione!»

Immediatamente dopo il servizio, il pastore, che non era solito fare alcun tipo di commento, venne da me e mi disse: «Sono stato molto toccato dalla tua preghiera.» Quello che era successo mi aveva intimidito, per questo volevo lasciare l'edificio in fretta e in silenzio, ma molte persone cominciarono a salutarmi dicendo cose del tipo: «Diacono Lee, eri pienamente ispirato dallo Spirito Santo... La tua preghiera mi ha commosso.»

Soltanto obbedienza

Alla fine, ebbi la certezza che Dio mi stava davvero chiamando ed essere un suo servo. «Dio, mi hai chiamato a servirti, ed io lo farò, ma tu dovrai prenderti cura delle mie lacune, come la scuola teologica e la mia memoria, e di tutte le altre cose che mi preoccupano.».

All'età di 36 anni, convinto che Dio mi aveva chiamato a servirlo, presi in affitto una stanza a cinque minuti da casa mia dove passare del tempo da solo. In quel luogo solitario digiunavo, leggevo attentamente la Bibbia e pregavo Dio di rendere la mia memoria forte ed efficace. Volevo crocifiggere la carne con le sue passioni e suoi desideri, piegare la mia mente e seguire solo la volontà di Dio. Non fu facile isolarmi dai miei familiari, ma tutte queste cose sono state fatte sotto la guida dello Spirito Santo. Consultai il pastore della chiesa che frequentavo in quel momento, la chiesa di Oksu Dong, mi iscrissi al seminario teologico di Sung-Kyul (SS) e iniziai a studiare per l'esame di ammissione.

Finalmente arrivò il momento di sostenere l'esame. Risposi alle domande su temi che riguardano direttamente la conoscenza della Bibbia, ma per gli altri soggetti, sentivo di non poter dare risposte chiare, per cui firmai e presentai il formulario con alcune caselle vuote. Durante l'esame orale, il rettore del seminario mi chiese perché avevo risposto solo parzialmente alle domande. Allora gli raccontai dei miei problemi con la memoria.

«Senza una buona memoria, come pensi di poter diventare un pastore?», mi chiese.

Risposi: «Sono arrivato fino qui perché Dio ha guidato la mia vita su questi passi.»

Benissimo, esclamò il rettore, per poi dirmi: «...hai ottenuto un punteggio perfetto, 100 sulla prova biblica!»

Ero l'unico che ha aveva ottenuto un punteggio di 100 all'esame biblico e in virtù di questo, ero qualificato per l'ingresso in seminario. In realtà ancora non mi rendevo neanche conto di aver superato la prova di ammissione senza troppa fatica e malgrado le ansie che da sempre avevo riguardo gli esami.

Dio permette che raccogliamo ciò che seminiamo

La vita in seminario

I servitori di Dio dovrebbero vivere una vita che sia palesemente diversa da quella del resto del mondo, ma i miei compagni di seminario sembrava non fossero d'accordo con quest'affermazione, infatti, non esitavano a seguire le tendenze del mondo. Dopo le lezioni si ritrovavano puntualmente nei bar per parlare di cose del mondo. Nei giorni festivi, invece di pregare e leggere la Bibbia, pensavano solo a come divertirsi. Io consigliavo loro di non perdere tempo in questo modo e di concentrarsi sulla preghiera, ma nessuno mi prestava attenzione. Naturalmente, ero sempre da solo e messo da parte dal resto dei miei compagni di corso.

Era il 1979 e io avevo 37 anni. Nel corso del primo anno di seminario pregai Dio di darmi il nome della chiesa che Lui avrebbe voluto che io aprissi. Mia sorella mi disse che mi avrebbe aiutato, e così iniziammo a cercare una possibile location ma senza risultati.

Compiacere Dio e «immagazzinare» nel Regno celeste

Credevo fermamente che Dio mi avrebbe fatto raccogliere quello che avevo seminato e che sarei stato ripagato secondo le mie azioni con dei premi nel regno dei cieli. Anche quando lavoravo come muratore, quando durante le riunioni di risveglio ricevevo benedizioni, davo le mie offerte di gratitudine con tutto il cuore. Se non disponevo materialmente dei soldi, facevo un voto a Dio impegnandomi a darli in un certo lasso di tempo. Naturalmente, ho sempre assolto ai miei voti, e, quando proprio non riuscivo ad avere i liquidi per dare le offerte per cui mi ero impegnato, chiedevo un prestito per essere sicuro che ciò che avevo promesso a Dio gli fosse dato.

Ogni volta che mi presentavo davanti a Lui non l'ho mai fatto a mani vuote. Ogni volta che guadagnavo qualcosa la mia «decima» era sempre molto di più di un decimo, spesso il 20 o il 30 per cento. Mai e poi mai ho pensato che il denaro dato a Dio fosse sprecato, per questo non facevo mai i calcoli esatti quando si trattava di Lui.

Un giorno il mio pastore venne a trovarci a casa. Premesso che non era a conoscenza della nostra difficile situazione finanziaria e debitoria, ci disse che la chiesa aveva dei bisogni, soprattutto in vista della costruzione della nuova chiesa. Ci chiese un rinnovato e maggiore impegno economico, una cifra da poter distribuire nel corso dei mesi. La nostra risposta fu: «Amen, lo faremo» e con gioia rispettammo la richiesta del pastore. Avevamo dei debiti e non disponevamo della somma che avevamo promesso al pastore. Questo non ci ha impedito di chiedere un prestito per rispettare i nostri impegni con la chiesa. Sapevamo che in questo modo stavamo immagazzinando premi celesti, e, quando arrivò il momento, Dio aprì la porta delle benedizioni.

Seguendo la volontà di Dio anche nelle piccole cose

Per il nostro negozio di libri avevamo un collaboratore che faceva le consegne a domicilio. Non smetteva di ripetermi quanto gli sembrasse strano che lasciassi il mio negozio chiuso la domenica. Non solo, mi disse molto onestamente che pensava io sarei fallito per questo motivo. Anche se eravamo una piccola azienda, Dio era soddisfatto del nostro negozio e ci benediceva tanto, anche perché osservavamo il giorno del Signore e davamo offerte e decime con regolarità.

Il negozio era sempre pieno dalla mattina fino a tarda sera. Spesso ci rendevamo conto che le persone arrivavano da ogni parte della città e non solo dalle zone limitrofe, proprio per venire a vedere questa strana libreria che non chiudeva la domenica, non vendeva materiale per adulti, dove non si poteva fumare ma che, malgrado tutto, andava bene! I nostri clienti principali erano gli studenti, probabilmente proprio perché essendo vietato fumare e non vendendo materiale per adulti si respirava un'aria pulita, in tutti i sensi.

«Qual era il segreto del successo del nostro negozio?» Siamo chiusi la domenica, e invece di lavorare andiamo in chiesa. Così rispondevamo a tutti quelli che ce lo chiedevano, ed erano molti, sebbene quasi nessuno comprendeva le nostre scelte. Quel negozio a contatto costante con così tante persone ci consentiva di evangelizzare. Infatti, quando aprii la prima chiesa, i primi a frequentarla furono proprio i nostri giovani clienti.

La benedizione di Dio. Cosa vuol dire?

A distanza di pochi mesi dall'apertura del negozio fummo in grado di restituire l'intero debito, cosa davvero anomala, in quanto il dovuto era davvero di grossa entità. Tutto questo prima di iscrivermi al seminario. Non avevamo più debiti, eravamo finalmente liberi di partecipare alle offerte, di aiutare famiglie che erano nel bisogno etc. Una volta che iniziai a frequentare la scuola biblica, se si organizzavano pic-nic o cene fuori, in genere provvedevo io, sia per gli studenti che per i professori. La domenica noi portavamo il pranzo a tutti i membri del coro, e, segretamente, senza farlo sapere a nessuno, neanche ai diretti interessati, aiutavamo gli studenti del seminario che erano nel bisogno. Vivevamo in una casa presa in affitto, in fondo non eravamo né ricchi né benestanti, ma per fede, durante le feste, ci preoccupavamo delle famiglie della città in generale. Se una famiglia era troppo povera e non aveva di come preparare i pasti durante le festività, glieli portavamo noi, a tutti, credenti e non credenti. Dopo aver seminato così, il giorno dopo Dio ci permetteva di raccogliere ciò che avevamo seminato portandoci entrate straordinarie e clienti in numero maggiore del normale.

Veglia notturna di preghiera per 200 giorni consecutivi

Dopo aver accettato il Signore ho prestato molta attenzione a non compromettermi mai con il mondo in nessuna situazione, provando a seguire la legge di Dio rigorosamente, nella misura in cui comprendevo la sua Parola. Per tutti i quattro anni in cui ho frequentano la scuola biblica non c'è stata una notte in cui io non abbia pregato e spesso anche digiunato per diversi giorni consecutivi. Nei periodi di vacanza, facevo i bagagli e mi trasferivo nelle case di preghiera in montagna dove passavo tutto il mio tempo a pregare.

Molto spesso, anche quando frequentavo il seminario, mi impegnavo a vegliare in preghiera la notte, da mezzanotte alle 4 del mattino, e mai sono arrivato in ritardo a una lezione, neanche di un minuto.

Dopo la preghiera, ritornavo nella mia stanza intorno alle 5 e dormivo fino alle 7, quando mi svegliavo e iniziavo la mia giornata tipo. Alle 7:20 Miyoung, mia figlia, che allora andava alle elementari, mi portava la colazione, poi prendevo il cestino del pranzo e mi avviavo verso la scuola, alla fine delle lezioni tornavo a casa, facevo i compiti e a volte mi dovevo occupare del negozio. C'erano molte cose da fare e dopo qualche tempo, iniziai ad esser stanco, soprattutto era molto difficile per me andare a dormire alle 5 e alzarsi alle 7, ogni giorno. Poi, una mattina, il Signore mi svegliò alle 7.

«Papà!» ...Sentii mia figlia chiamarmi dietro a porta. «Sei tu, Miyoung?» Ero certo che fosse stata lei a chiamarmi, così aprii ma fuori non c'era nessuno. Mi guardai intorno cercandola, ma non riuscivo a trovarla da nessuna parte. Mi lavai la faccia e alle 7:20, puntuale come ogni giorno, arrivò Miyoung. Il giorno dopo, di nuovo, alle 7 mi sentii chiamare: «Papà!». Aprii la porta ma era tutto deserto. In quel momento capii che Dio mi aveva svegliato con un angelo.

Nel tempo divenni sempre meno sensibile a questa voce finché non riuscivo proprio più a svegliarmi. Allora Dio usò un altro metodo. Sentivo rumore di passi di molte persone fuori dalla mia porta, ma quando aprivo per controllare, non c'era nessuno. Erano esattamente le 7 in punto.

Avevo fatto un voto: 100 giorni di preghiera in veglia notturna. Il novantesimo giorno mi arrivò notizia che mio suocero era scomparso. Sono andato con mia moglie a casa dei suoi genitori, a Mokpo dove abbiamo pregato insieme dalla mezzanotte fino alle 4 del mattino. Dopo il funerale siamo tornati a casa dove continuavo a mantenere il mio voto di preghiera, ma non ero soddisfatto. Sentivo che non stavo compiacendo il Signore, così, rinnovai il voto di altri 100 giorni. In totale avevo speso 200 notti di veglia.

Buttare quel denaro nel WC

La mia famiglia era ben consapevole che non avrei mai accettato di trasgredire la Parola di Dio.

Ci fu una particolare domenica in cui mia moglie e le mie tre figlie mi chiesero di comprare loro degli snack, qualcosa di sfizioso da mangiare, dopo essere stati in chiesa. Mia moglie cercò di interpretare le mie espressioni facciali e mi disse:

«Le bambine vorrebbero solo uno spuntino, una cosina da mangiare...»

Chiesi loro: «Figlie, volete veramente che vi compri qualcosa da mangiare?»

«Sì!» mi risposero tutte e tre con entusiasmo.

Le mie tre figlie pensarono che era arrivata la domenica delle eccezioni. Dissi loro di portarmi i soldi dal cassetto del comodino. Così fecero, immaginando che fossero per gli snack.

A quel punto le guardai dicendo: «Tutte e tre, andate in bagno e buttate via questi soldi nel wc...», e così fecero. (Stiamo parlando di un paio di centinaio di won, circa 2 dollari di allora).

«Sapete perché vi ho chiesto di fare una cosa del genere?»

«Sì, lo sappiamo...», risposero all'unisono.

«La domenica è il giorno del Signore, in cui Dio vieta sia l'acquisto che la vendita di qualsiasi cosa. Vogliamo forse noi violare i suoi comandamenti? Perché, vedete, se non riuscite a superare la tentazione di mangiare qualcosa di semplice, dopo diventerà sempre più difficile e Dio sarà insoddisfatto di noi. Venendo da me a chiedere di acquistare degli snack avete già violato il giorno del Signore, perché è come se voi aveste già acquistato e mangiato gli spuntini nei vostri cuori. Ecco perché vi ho detto di buttare via i soldi.» In seguito le mie tre figlie mi confessarono che questo episodio rimase a lungo nel profondo del loro cuore e contribuì a costruire la loro fede.

Sempre più persone

Il nostro negozio era situato all'angolo di una strada molto trafficata, motivo per cui ricevevamo visite frequenti non solo dai nostri clienti, ovvio, ma anche dai vari pastori o dai membri della chiesa. In particolare, quando ancora frequentavo il seminario, alcune diaconesse presero un appuntamento per una sessione di counseling con me. Mi dissero che alcuni credenti stavano facendo una sorta di cooperativa di credito presso la chiesa e volevano sapere io cosa ne pensavo. Le invitai a non entrare quel gruppo, con le seguenti motivazioni:

«Gesù ha detto che la sua casa è una casa di preghiera, rimproverò aspramente i mercanti che vendevano nel Tempio, per cui non è giusto fare qualcosa che cerchi del lucro fine a sé stesso all'interno della chiesa. Dio ci dice di non avere alcun debito se non quello di amarci l'un l'altro, quindi non si devono intrattenere transazioni monetarie nella chiesa e tra membri, perché quando dei soldi sono coinvolti nelle vostre relazioni in qualità di fratelli in Cristo, Satana comincia a fare il suo lavoro e in breve tempo la chiesa avrà un problema.».

Ben presto, quella cooperativa di credito causò molti problemi e la chiesa si trovò a fronteggiare una situazione difficile. Da quando io ho iniziato ad aprire chiese, ho sempre vietato i rapporti economico-commerciali tra fratelli e gli scambi finanziari tra credenti. In breve la notizia della consulenza che avevo dato alle diaconesse si sparse e sempre più persone venivano da me per consigli e pareri. In particolare mi ricordo di una credente che venne da me con un fazzoletto sulla testa. Soffriva di un'alopecia importante, in pratica era calva. Nel giro di un paio di mesi, dopo aver ricevuto la mia preghiera, i suoi capelli tornarono a crescere e non ebbe più bisogno di portare il fazzoletto in testa.

Una volta ci fu un uomo, un credente, che spesso consultava cartomanti e non manteneva il giorno del Signore, che in seguito ad un incidente stradale venne da me. Mi chiese di pregare per lui perché l'incidente gli aveva lasciato dei dolori insopportabili. Dopo aver pregato intensamente per lui, testimoniò che in effetti il suo dolore era sparito, era guarito.

Se rispettiamo il giorno del Signore in completezza riconosciamo la sua completa autorità spirituale su di noi ed Egli ci proteggerà per tutta la settimana da qualsiasi tipo di incidente. Ma, se non osserviamo il sabato correttamente, l'Iddio della giustizia non potrà proteggerci. Soprattutto, poi, riguardo quest'uomo, dal momento che aveva consultato degli indovini stava commettendo adulterio spirituale davanti a Dio, e Dio questo lo odia.

Attraverso la Parola di Dio provavo a piantare la fede nel cuore delle persone che mi venivano a visitare. Una volta, un pastore, mentre si stava recando su una montagna di preghiera per chiedere a Dio di risolvere un certo problema, si fermò da me. Dopo la visita fu in grado di tornare a casa ripieno di gioia, perché aveva ricevuto le risposte e il suo problema si era risolto. Erano così tante le persone che venivano da me per un consulto o per ricevere la preghiera – in pratica ormai la mia casa era un costante viavai di gente che andava e veniva – che spesso non riuscivo neanche a frequentare le lezioni al seminario.

Ecco perché durante i periodi di vacanza facevo i bagagli e mi trasferivo in montagna dove, in solitudine, potevo concentrarmi sulla Parola di Dio e sulla preghiera, come si conviene a un seminarista.

Il digiuno protratto per ispirazione dello Spirito

Possiamo anche liberarci dei peccati che risiedono nei nostri pensieri

Nel mese di agosto del 1979, durante le vacanze estive del mio primo anno al college teologico, partecipai alla scuola estiva dei pastori della Canaan Agricultural School insieme con il pastore della mia chiesa. Stavo guardando l'acqua che zampillava da una bellissima fontana in giardino, quando sentii alcuni pastori che parlavano fra di loro. Rimasi molto sorpreso nel sentirli parlare di molte cose mondane. A quel tempo, io pensavo genuinamente che tutti i pastori fossero santi come santo è il Signore. Ero deluso nel sentirli dire cose come:

«Anche se siamo pastori, non possiamo davvero fare nulla riguardo la natura peccaminosa dei nostri pensieri adulteri, io non credo che questo sia un peccato.»

«Proprio così» rispose un altro: «È solo dopo che abbiamo messo in atto l'azione peccaminosa che legittimamente ci può essere imputato il peccato. Il mero pensiero non può effettivamente essere un peccato.»

Ero un po' sbalordito perché, dal canto mio, io mi ero di fatto liberato dalla natura peccaminosa della mente adultera digiunando e pregando prima di entrare alla scuola biblica. Poiché la radice del peccato originale era stata estirpata, il diavolo, Satana, il nemico, non poteva portare alcun pensiero vizioso in me. Credete forse che Dio ci avrebbe richiesto di non commettere adulterio se non fossimo davvero in grado di osservare questo comando? Mi chiedevo perché dei pastori, pur consapevoli che il peccato può essere eliminato attraverso digiuno e preghiera, dovessero affermare questo genere di cose. Gesù l'ha detto in modo inequivocabile: chiunque guarda una donna per desiderarla, ha già commesso adulterio con lei nel suo cuore. Egli ha anche affermato, però, che nulla è impossibile per chi crede, il che vale a dire, siamo in grado di liberarci dal peccato lottando fino al punto di versare sangue se necessario.

Il medesimo argomento venne riproposto dagli studenti del college teologico al professore, il quale fornì la stessa risposta: gli uomini non possono fare nulla per combattere i propri pensieri, il che equivaleva ad affermare che il solo pensiero non è un peccato. Mi riproposi fermamente di insegnare ai credenti che siamo in grado di liberarci dai peccati se riceviamo da Dio grazia e forza.

«Dio, ti ringrazio. Se non avessi saputo che è possibile liberarsi della propria mente peccaminosa avrei semplicemente continuato a commettere adulterio nei miei pensieri. Tu mi hai portato a pregare e a vivere secondo la Parola, permettendomi di liberarmi dalla mia mente adultera attraverso la preghiera e il digiuno, Grazie, Dio!»

Compresi che il digiuno era nella volontà di Dio

Mentre frequentavo la scuola biblica trascorsi molti giorni—a volte 7, a volte 15 giorni e altre volte 21—immerso nella preghiera e nel digiuno. Da novello credente non sapevo neanche perché dovevo digiunare, lo facevo e basta, in ubbidienza allo Spirito Santo. Dopo essere diventato un diacono, ho compreso il perché del digiuno e quali benefici ne conseguono. Se scoprivo della falsità in me, digiunavo per tre giorni, cinque giorni o sette giorni, finché non ero certo di essermene liberato. Ad esempio, cosciente che avevo l'abitudine di mentire, ho iniziato un digiuno di tre giorni. Era veramente difficile digiunare in tale maniera all'inizio del mio cammino cristiano, ciononostante ero cosciente che questo avrebbe aiutato a liberarmi rapidamente dalla natura che mi portava a raccontare bugie e falsità.

È importante cibarsi correttamente per far recuperare il corpo dopo un periodo prolungato di digiuno. Soprattutto è opportuno ingerire degli alimenti leggeri, come il semolino, la crema di riso o di farina d'avena, almeno per un numero di giorni pari a quelli in cui si è osservato il digiuno. Digiunando molto spesso, ho trascorso diversi mesi senza mangiare del cibo solido. Nella riunione di risveglio a cui partecipai per la prima volta nella mia vita, compresi la realtà della preghiera e del digiuno, ma ero ignaro riguardo al recupero del corpo. Io, in realtà non sapevo neanche perché stessi digiunando, ma seguendo la guida dello Spirito Santo, a quel tempo decisi di osservare 7 giorni di digiuno. Per questo mi recai sulla montagna di preghiera di Chung-gye con solo una coperta e la mia Bibbia.

Nei pressi del centro di preghiera vi erano delle stanzette private, chiamate 'celle di preghiera' fatte apposta per l'orazione individuale. Il luogo era umido e il pavimento composto da tavole di legno molto usurate e gremite di ogni tipo di insetti. In quel luogo pregai e piansi per 7 giorni, al termine dei quali mi alzai e scesi dalla montagna. Mi tremavano le gambe, ma ero felice di aver terminato il digiuno. Quando arrivai alla fermata dell'autobus vidi un venditore ambulante che preparava patatine fritte e ciambelle. Ne comperai e mi incamminai verso casa.

«Tesoro, mi cucini qualcosa?»

Mia moglie mi preparò un pasto—due ciotole di riso—e prima di mangiare pregai che non mi facessero male. In effetti, avrebbero potuto essere pesanti da digerire, ma andò tutto bene. Qualche tempo dopo venni a conoscenza della casa di preghiera Osanri, nei pressi di Paju, Kyeong-gi Do, e mi riproposi di andarci per digiunare e pregare. Partecipai quindi a una riunione di tre giorni di digiuno e preghiera. Fu in quel periodo che sentii parlare del 'cibo di recupero' e di quanto fosse importante osservare queste regole alimentari. Il pastore ribadì più volte che una volta terminato il digiuno avremmo dovuto mangiare dei pasti leggeri, come passato di verdura o semolino. Io, però, avevo un'opinione ben diversa in proposito.

Al mio ritorno a casa, come la volta precedente, mia moglie mi preparò due ciotole di riso, io pregai ed inizia a mangiare. Improvvisamente la mia faccia si gonfiò e in brevissimo tempo tutto il mio corpo era sottoposto a delle strane reazioni.

Immediatamente mi inginocchiai e pregai. Udii la voce dello Spirito Santo.

«Quando non sapevi nulla del 'cibo di recupero' io ti ho protetto a motivo della tua fede, ma ora malgrado tu sappia come occorre alimentarsi, a causa della tua arroganza, hai preferito fare di testa tua.» Mi pentii completamente di non aver obbedito a quello che avevo imparato ed inizia un nuovo periodo di digiuno.

Vantaggi della preghiera con il digiuno

La preghiera con digiuno è fondamentale per ricevere le risposte alle nostre suppliche, e inoltre, ha molti vantaggi. In primo luogo, privando il corpo di cibo, lo si forza ad obbedire. Digiunando, infatti, ci eleviamo rispetto ai bisogni carnali e ne guadagniamo forza per imparare a controllare noi stessi. Il nostro spirito diventa più attivo, più percettivo, e questo giova all'uomo spirituale. Non solo, ragionando in termini puramente biologici, lo stomaco si riposa e quindi digiunare fa bene non solo alla salute fisica, ma anche a quella mentale, perché grazie alla temporanea assenza di cibo il nostro intelletto si acuisce. Quando il nostro spirito è più attivo potrà sperimentare pienezza dello Spirito Santo e forza divina. La preghiera fervente ottiene sempre risposta ed evita anche prove future. Dio opera per il bene di tutto.

Alternavo periodi di digiuno a periodi di alimentazione e non ho mai cambiato idea, se avevo deciso di entrare in una fase di digiuno non mi tiravo mai indietro per nessuna ragione. Possiamo confidare in Dio completamente quando manteniamo ciò che abbiamo scelto di fare davanti a Lui. Ricevendo risposte attraverso la preghiera e il digiuno, otteniamo la certezza della fede, ma anche coraggio e forza per la nostra vita. Il digiuno e la preghiera rappresentano una vera e propria 'scorciatoia' nel percorso delle esperienze reali della vita cristiana, oltre che un ottima modalità per condurre una vita vittoriosa nella fede.

Pertanto, la preghiera con digiuno è parte della volontà di Dio, in quanto rappresenta il modo migliore perché il suo regno venga e la sua giustizia sia perseguita.

Come offrire la preghiera e il digiuno

Pregare digiunando significa pregare senza ingerire nulla fatta eccezione per l'acqua, vale a dire, pregare con la determinazione e l'attitudine di chi dice: «Se muoio, morirò!» Ecco perché non dovremmo mai intraprendere un digiuno per più di 10 giorni con leggerezza e senza la dovuta considerazione, oltre che seguendo la volontà di Dio e la guida dello Spirito Santo.

Isaia 58:6 dice: *«Il digiuno che io gradisco non è forse questo: che si spezzino le catene della malvagità, che si sciolgano i legami del giogo, che si lascino liberi gli oppressi e che si spezzi ogni tipo di giogo?»* Le catene della malvagità a cui il profeta si riferisce sono tutte quelle difficoltà causate dalla mancata osservanza della Parola di Dio. Letteralmente, se offriamo a Dio il digiuno in cui Egli si compiace, i nostri problemi saranno risolti. Tuttavia, alcune persone digiunano per 40 giorni di testa propria e invece di risolvere i loro problemi vanno a complicarsi ulteriormente la vita. Quindi, qual è il digiuno che Dio gradisce?

In primo luogo, dobbiamo farlo con un cuore immutabile.

Una volta che abbiamo deciso per quanti giorni osserveremo il digiuno, non dobbiamo cambiare idea o fermarci a metà strada solo perché è difficile. Se sussistono ragioni inevitabili per cui interrompere il digiuno, una volta risolte, sarà necessario iniziarlo da capo, avendo bene in mente che il tempo per cui avevate deciso di osservare l'astinenza dal cibo è stata una promessa fatta davanti a Dio. Se prometti davanti a Dio e poi cambi idea a motivo di questa o di quella ragione, come può Dio fidarsi di te? Qualunque impegno prendiamo solennemente di fronte a Dio, dobbiamo mantenerlo. In questo modo, comprendiamo meglio la sua volontà, apprendiamo resistenza e gli dimostriamo che può fidarsi di noi.

In secondo luogo, durante il digiuno, dobbiamo gridare in preghiera.

Alcune persone non pregano correttamente, anzi, hanno la tendenza a dormire di più mentre digiunano, ma privarsi del cibo in questo modo non ha alcun significato e non ottiene nulla. Solo quando gridiamo in preghiera la volontà di Dio Egli ci concederà grazia e forza per continuare il nostro digiuno, oltre che risposte e benedizioni.

Così come siamo soliti mangiare tre volte al giorno, quando digiuniamo, dovremmo pregare ferventemente almeno tre volte. In questo modo, verremo cibati da manna spirituale e acqua viva dall'alto e saremo riempiti di Spirito Santo e il diavolo, il nemico, se ne andrà. In caso di digiuno a lungo termine, dobbiamo raccoglierci in preghiera almeno cinque volte al giorno, in modo che Dio possa davvero riempirci di pane spirituale. Va tenuto presente che per digiuno non si intende solo il perdurare di un'azione 'esterna' ma anche la persistenza di atti 'interni', quali strappare il proprio cuore e pregare dal profondo dell'animo. (Gioele 2:12-13).

In terzo luogo, il periodo di digiuno sarà un lasso di tempo in cui non ci avvarremo di alcuna distrazione.

Isaia 58:3 dice: *«Perché»*, dicono essi, *«quando abbiamo digiunato, non ci hai visti? Quando ci siamo umiliati, non lo hai notato?»* Ecco, nel giorno del vostro digiuno voi fate i vostri affari ed esigete che siano fatti tutti i vostri lavori.» Se nei giorni in cui avete deciso di digiunare guardate la TV, vi arrabbiate, o parlate male dei vostri fratelli, Dio non può ricevere il vostro digiuno con gioia, quindi, non aspettatevi di ricevere alcuna risposta da Lui. Astenetevi, quindi, dagli intrattenimenti, dalle conversazioni senza senso o dal fare qualsiasi cosa che non sia veritiera. È solo attraverso questo tipo di cuore che Dio potrà essere soddisfatto.

Quarto, quando preghiamo, dobbiamo prima pregare per il regno di Dio e per la Sua giustizia.

Se preghiamo con avidità seguendo i nostri desideri dettati dalla carne, Dio non accetterà la nostra preghiera e di conseguenza, non riceveremo le risposte che aspettiamo. Piuttosto, il digiuno da solo danneggerà il nostro corpo e quindi faremmo meglio a stare molto attenti. Non dobbiamo mai pregare per la nostra fama, autorità terrena, o conoscenza, ma solo per essere santificati e divenire vasi adatti ad essere utilizzati da Dio. Dobbiamo pregare per la salvezza delle anime, per ottenere maggiore forza da Dio e per ricevere i doni dello Spirito Santo. Dio accetterà le nostre preghiere per il regno e la sua giustizia e per i pastori delle chiese.

Quinto, dobbiamo pregare con amore spirituale.

Isaia 58:7 dice: «*Non è forse questo: che tu divida il tuo pane con chi ha fame, che tu conduca a casa tua gli infelici privi di riparo, che quando vedi uno nudo tu lo copra e che tu non ti nasconda a colui che è carne della tua carne?*» L'Eterno sarà affettuosamente preoccupato quando i suoi figli smettono di mangiare per pregarlo. Se agiscono in bontà e mostrano amore per gli altri, non sarà questo piacevole davanti i suoi occhi? Egli quindi accetterà il vostro digiuno con gioia e vi risponderà.

Sesto: l'alimentazione per il recupero durante il periodo post digiuno.

Al termine del digiuno è fondamentale cibarsi con degli alimenti da recupero per lo stesso numero di giorni per cui abbiamo messo in atto il digiuno completo. Questo perché, rinforza il nostro controllo e aiuterà il nostro corpo a recuperare, a farlo ritornare in forma in modo sano, oltre che illuminare la nostra comprensione spirituale.

Alcuni dicono: «Ho lo stomaco forte, quindi non ho bisogno di attraversare la fase con il 'cibo da recupero'.» Questa, purtroppo, è un'opinione davvero scorretta, perché, durante il periodo di recupero, Dio renderà il vostro stomaco di nuovo forte e guarirà qualsiasi disturbo intestinale si fosse venuto a creare durante l'assenza di cibo.

Anche se abbiamo portato a termine il digiuno in modo impeccabile, se non recuperiamo correttamente, esporremmo il nostro corpo a problemi, a cali di energia o addirittura a lesioni interne. Inoltre, è opportuno che durante il periodo di recupero non vengano svolte attività lavorative faticose. In conclusione, siate coscienti che alla fine del digiuno potrebbe presentarvisi una prova, quindi siate pronti e pregate anche per questo.

Recupero alimentare corretto

Se mangiamo troppo durante il periodo di recupero, il nostro viso si gonfierà, oltre che andremo a danneggiare il nostro stomaco. Per questi motivi occorre cautela. Convenzionalmente, tutti siamo soliti mangiare tre volte al giorno, in questo frangente però, visto che introdurremo solo creme di riso o avena o del semolino, possiamo anche farlo quattro volte al giorno.

Vanno evitate carne, uova, pane, bevande gassate, cibi dal sapore forte o grassi, piccanti, salati o acidi, oltre che le spezie. È preferibile mangiare delle verdure.

Dopo un digiuno di tre giorni, va anche bene mangiare del semolino o della crema di riso. Diversa è la questione dopo un digiuno molto lungo, perché lo stomaco di un adulto diventa come quello di un neonato. In questo caso occorre che per almeno due giorni prendiamo del semolino ma molto diluito con acqua, almeno quattro volte al giorno. Forse potremmo anche bere solo il succo (e non la polpa) di una mela, quattro volte al giorno.

Dopo tre o quattro giorni di questo procedimento, potrete passare ad una zuppa di riso un po' più consistente, e man mano aggiungere più riso e qualche verdura leggera, come la zucca. Ripeto, anche in questo caso dovremmo evitare la carne e le spezie forti. Se vogliamo delle proteine, è possibile mangiare un poco di pesce, ma in questo caso assicuratevi che sia leggermente salato.

Con moderazione, a questo punto potete introdurre nell'alimentazione di recupero delle zuppe con alcune verdure, oppure, potete aggiungere dei semi di sesamo spellati alla crema di riso o al semolino. Se si seguiranno queste semplici regole per il recupero, riguadagneremo energia in modo rapido e resteremo sani.

Pregare per la guida dello Spirito Santo

Sono sempre stato un uomo introverso. Se mi trovavo accanto a qualcuno, non riuscivo a pregare ad alta voce. Ecco perché ho sempre pregato tutta la notte da solo. In genere, dopo circa 30 minuti, ricevevo la pienezza e l'ispirazione dello Spirito Santo e iniziavo ad avere una profonda comunicazione spirituale con Dio. A volte, se l'ispirazione mi investiva completamente, iniziavo a cantare in altre lingue e qualche volta ho anche ballato spinto dallo Spirito Santo sulle note di Alleluia.

Principalmente pregavo per il pastore senior della mia chiesa, per gli altri pastori, per gli anziani, per il risveglio della chiesa, per le altre chiese, per le anime, per la nostra nazione e per il nostro popolo. Verso la fine del mio tempo di preghiera, brevemente, pregavo anche per la mia famiglia e per la mia attività commerciale. Quando avevo tempo, andavo nei centri di preghiera e partecipavo agli incontri dell'alba e quando finivano, me ne salivo verso la cresta delle colline. Avevo sempre l'impressione che fosse una perdita di tempo aspettare fino al termine del mio pranzo, per cui, portavo con me una coperta la mattina presto e in genere saltavo il pranzo.

La sera, poi, cenavo presso il centro di preghiera e partecipavo alla riunione serale. Se sentivo una spinta forte nel mio cuore di digiunare, continuavo con il digiuno anche la sera.

> *«Allo stesso modo ancora, lo Spirito viene in aiuto alla nostra debolezza, perché non sappiamo pregare come si conviene; ma lo Spirito intercede egli stesso per noi con sospiri ineffabili; e colui che esamina i cuori sa quale sia il desiderio dello Spirito, perché egli intercede per i santi secondo il volere di Dio.» (Romani 8:26-27).*

A quel tempo io non sapevo nulla riguardo lo Spirito Santo, seguivo solo la sua guida e pregavo. Dio esamina il cuore. Lo Spirito Santo pregava in me ed io seguivo la sua ispirazione.

L'impronta di Dio nel prepararmi verso l'apertura di una Chiesa

Superare prove di fede

Dio permise che io attraversassi delle prove, in modo che la mia famiglia potesse avere una fede perfetta. Nel 1980, quando mia figlia minore, Soojin aveva sei anni, mentre camminava per strada con sua sorella, incrociò alcuni ragazzi delle scuole superiori che giocavano a pallone. Uno dei ragazzi, nel tentativo di rincorrere il pallone, urtò violentemente Soojin che cadde sul cemento battendo rovinosamente la testa. I genitori dello studente che erano lì presenti presero immediatamente Soojin per portarla in ospedale.

Qualcuno avvertì mia moglie che si precipitò in ospedale dove i medici le dissero che Soojin doveva essere portata in un policlinico specializzato perché il suo cervello era stato danneggiato in misura considerevole e avrebbe potuto anche avere dei problemi con le sue facoltà intellettive. Avevano riscontrato dei danni cerebrali, e, anche effettuando un'operazione, permaneva la possibilità che Soojin restasse una disabile mentale per sempre.

Soojin delirava, stava malissimo, malgrado l'evidenza però, io avevo fiducia che la mia bambina poteva guarire con la preghiera e mi presi la responsabilità di riportarla a casa invece di andare al policlinico.

La madre dello studente non sapeva cosa fare. Lei lavorava come cameriera e la loro situazione finanziaria non era rosea, come del resto non lo era la nostra.

Confortai questa donna e le chiesi di restare tranquilla, rassicurandola sul fatto che sarebbe andato tutto bene. Dopo di che ho imposto le mani su Soojin – che delirava e si lamentava – e ho pregato per lei. Il giorno seguente mia figlia non si svegliò ed io e mia moglie continuammo a a pregare per tutta la notte. Il mercoledì, due giorni dopo, stavo per uscire di casa per andare alle lezioni presso il seminario, quando improvvisamente sentì la voce chiara di Soojin che mi diceva: «Papà, ma oggi dobbiamo andare in chiesa?» Era tornata in sé!

«Dio, ti ringrazio! Hai risposto alla mia preghiera e Soojin ha ripreso conoscenza.» Quando sono tornato a casa da scuola Soojin era uscita con la mamma e le sorelle per andare in chiesa, come era solita il mercoledì.

La mia seconda figlia fu investita da un camion

Nel 1981, Mikyung, la mia seconda figlia, rimase coinvolta

in un brutto incidente stradale. Mikyung era appena scesa dall'autobus e stava attraversando la strada, quando un camionista, che non la vide, la investì in pieno. Era ancora viva, e l'autista la prese e la portò in un ospedale.

Quando mia moglie arrivò in ospedale il volto di Mikyung era così gonfio che sembrava avesse due menti. Aveva la bocca tutta strappata, e all'interno del cavo orale era anche peggio che fuori. Era semplicemente terribile. I medici ci hanno detto che doveva essere ricoverata in ospedale, ma mia moglie la portò a casa. Mikyung era una maschera di sangue, non poteva tenere gli occhi aperti tanto il suo viso era un disastro, pieno di ferite, graffi e lesioni.

Ovvio che non poté mangiare, a malapena riuscì a bere un po' di latte e a sorseggiare una zuppa con una cannuccia. Pregai su di lei con tutto il mio fervore. Malgrado tutte queste ferite Mikyung volle andare a scuola. La maestra rimase sconvolta nel vedere la bimba in queste condizioni e ci invitò ad andare in ospedale. Mia moglie ed io digiunammo e pregammo intensamente per tutta la notte. Mikyung continuò a frequentare la scuola. Il giorno seguente, il volto della bimba era blu, come se fosse un unico grande livido. Dopo cinque giorni, le caddero le croste dei tagli e lei si riprese completamente. La bocca tornò al suo posto normale, il gonfiore era scomparso, l'interno del cavo orale guarito e completamente pulito.

Durante le vacanze estive di quell'anno, ricevemmo una lettera dall'insegnante di Mikyung. Ci raccontava che, dopo aver visto la guarigione veloce di nostra figlia senza alcun intervento umano, né medici né medicine, si era resa conto che Dio è vivo e la sua potenza è grande. Concludeva la lettera dicendo che grazie a quest'episodio aveva iniziato a frequentare una chiesa.

La nostra primogenita guarisce dopo il pentimento di mia moglie

Nel 1981 Miyoung, la primogenita, frequentava le elementari. Erano le vacanze estive e per questo io mi trovavo a digiunare presso la casa di preghiera Osanri. Quando ritornai trovai Miyoung che aveva il corpo pieno di bolle. Aveva un rash cutaneo così acuto e violento che la sua pelle di bambina pareva la corteccia di un albero di pino, e sotto la pelle così ruvida e spezzata, era visibile un'infezione galoppante e da queste fessure fuoriuscivano liquidi di scarto. Fu orribile! Se volevamo spostarla, girarla per farla stare meglio, non potevamo perché al minimo movimento Miyoung sanguinava.

Mia moglie aveva fede che Dio l'avrebbe guarita, pertanto sin dall'inizio non aveva applicato alcuna medicina e non aveva neanche pensato per una volta di portarla in ospedale. Pregai per Miyoung ma non guarì. Pregai di nuovo, ma non c'era nessun miglioramento.

> «Ecco, la mano del SIGNORE non è troppo corta per salvare, né il suo orecchio troppo duro per udire; ma le vostre iniquità vi hanno separato dal vostro Dio; i vostri peccati gli hanno fatto nascondere la faccia da voi, per non darvi più ascolto.» (Isaia 59:1-2).

Riguardavo me stesso cercando di trovare qualcosa di cui pentirmi ma non mi riusciva di pensare a niente. Ero sicuro che Miyoung non avesse avuto episodi di cattiva condotta. Era sempre stata una brava ragazza. Ne parlai con mia moglie, la quale mi disse che lei era stata pigra negli ultimi giorni durante le riunioni di preghiera all'alba perché occupata in altre cose. Si pentì immediatamente di questo davanti a Dio. Dopo il suo pentimento pregai nuovamente per Miyoung, e Dio mostrò la sua opera questa volta. La pelle che era stata assalita da quest'infezione così devastante, in una notte, da gialla e infetta, tornò di nuovo bianca, e le croste che si erano formate caddero. Prima che il periodo di vacanza fosse finito Miyoung era completamente guarita.

Ogni volta che lo abbiamo invocato, Dio non ci ha mai lasciati soli ad affrontare situazioni difficili. Comprendemmo che queste erano prove di fede, che servirono ad aumentare la fiducia della mia famiglia. Prima che io aprissi la chiesa, Dio permise che tutte e tre le mie figlie passassero delle prove per darci maggiore fiducia.

Che cosa devo fare?

Ho riconosciuto Dio in tutto quello che ho fatto e ho sempre gioito nello scoprire e compiere la sua volontà, obbedendogli. I passaggi della Parola di Dio che mi commuovevano di più erano quelli in cui Davide si rivolge a Dio per ogni minima cosa:

«*Dopo questo, Davide consultò il SIGNORE, e disse: 'Devo salire in qualcuna delle città di Giuda?' Il SIGNORE gli rispose: 'Sali'. Davide chiese: 'Dove devo andare?' Il SIGNORE rispose: 'A Ebron'.» (2 Samuele 2:1).*

«*Allora Davide consultò il SIGNORE, e disse: 'Devo*

salire contro i Filistei?' Me li darai nelle mani? Il
SIGNORE rispose a Davide: 'Sali'; perché certamente
ti darò i Filistei nelle mani.» (2 Samuele 5:19).

Davide chiedeva sempre il parere di Dio, come fa un bambino
che chiede ai suoi genitori cosa fare, anche nelle cose più piccole.
Davide chiese e Dio lo guidò, come fa un padre generoso. Anche
io ho chiesto a Dio di mostrarmi la sua volontà in ogni frangente
della mia vita, e Lui mi ha sempre fatto sentire chiaramente la
voce dello Spirito Santo.

Quaranta giorni di digiuno

Durante le vacanze invernali del secondo anno di scuola
biblica, era il 1981, Dio mise nel mio cuore il desiderio di offrire
un digiuno di 40 giorni. Iniziai quindi a preparami e infine misi
nel mio zaino la Bibbia, un innario e alcuni libri di sermoni.
Quando stavo per partire, improvvisamente, sentii la voce dello
Spirito Santo che fermamente mi diceva:

«Non portare con te alcun libro. Tieni con te solo la
Bibbia e l'innario. Non leggerai altro in questi 40 giorni
di digiuno.»

Disfai subito lo zaino e lasciai a casa tutti i libri che intendevo
portarmi e mi incamminai verso la casa di preghiera di Osanri.
Durante i periodi di vacanza questo luogo si riempiva di un
numero grandissimo di credenti, ed anche nel 1981, pur essendo
quello l'inverno più freddo degli ultimi 60 anni, c'erano migliaia
di persone che come me erano venute a pregare. Frequentavo

tutti i servizi di culto tenuti nel centro preghiera, e mi ero impegnato anche ad offrire tre momenti di preghiera intensa al giorno (alba, pomeriggio e prima della mezzanotte). Le celle di preghiera erano freddissime, ciononostante non ho mai trascurato un incontro di preghiera tantomeno accorciato di un solo giorno il digiuno che mi ero impegnato ad osservare.

Le piccolissime stanze destinate alla preghiera individuale erano prive di riscaldamento e una volta entrati sembrava di essere all'interno di un gigantesco cubo di ghiaccio. Invocavo il Signore per 30, 40 minuti, dopodiché Egli mi concedeva la sua grazia e io iniziavo ad intercedere. Dal momento in cui avevo accettato il Signore a quel giorno avevo già osservato molti digiuni, anche di 5, 7, 15 e addirittura di 20 giorni. In questo periodo non avevo mai smesso di frequentare il college e di fronteggiare le mie normali responsabilità. Sapevo che questi 40 giorni sarebbero stati facili solo se Dio mi avrebbe aiutato. Pregavo per il regno e per la giustizia di Dio, pregavo che Lui mi spiegasse la sua Parola. Ero stato chiamato ad essere un suo servo, ma non potevo fare niente con le mie sole forze, così pregavo ardentemente di ricevere il vigore necessario per lavorare per Lui. Pregavo anche riguardo la mia intenzione di aprire una chiesa, e Dio mi diede il sogno di una chiesa che avrebbe compiuto la missione mondiale:

«Ci sono molte anime affette da malattie e povertà. Lascia che la tua chiesa aiuti i bisognosi, che curi lo spirito e il corpo delle persone, che sia un testimone, che predichi questa buona notizia a tutto il mondo e compia la missione mondiale. Lascia che la tua chiesa sorga e splenda. Io ti ho scelto e ti guiderò dall'inizio alla fine.

Ecco perché io voglio che tu apra una chiesa.»

Certo, dal momento che io stesso avevo sofferto dolori e malattie per un lungo periodo ero in grado di comprendere i sofferenti. Ma, per piantare la fede nei non credenti in modo che credessero alla guarigione divina e alla liberazione dalle catene dell'ingiustizia che li tiene legati in questo mondo pieno di peccato, avevo bisogno di ricevere un grande potere senza limiti da parte Dio.

Così, pregai:

«Dio, dammi la tua potenza in modo che quando i malati saranno toccati dalla mia ombra o dal bordo dei miei vestiti possano essere guariti, in modo che al solo comandando della Parola, il diavolo, il nemico, fugga via.»

In seguito a questa mia fervente preghiera ricevetti la promessa che Lui mi avrebbe dato il potere di scacciare il diavolo, il nemico. Il mio sogno era quello di ricevere più potenza da Dio, di predicare la buona notizia e di piantare la fede in coloro che non lo conoscono e sono affetti da malattie, povertà e che vivono schiacciati dalle preoccupazioni di questo mondo. Desideravo con tutto il mio cuore di stabilire una chiesa che sarebbe cresciuta e avrebbe predicato il vangelo in tutti gli angoli del mondo. Al fine di realizzare il sogno di una missione mondiale dovevo ricevere il potere sconfinato di Dio, così ho desiderato e ho pregato perché Egli mi concedesse di ricevere la stessa potenza che avevano quegli uomini di Dio riconosciuti e amati da Lui, come Mosè, Giosuè, Elia, Eliseo, Pietro, e Paolo. Loro avevano ricevuto potenza per fare miracoli, segni e prodigi. Io desideravo

di poter compiere le stesse cose.

Inoltre, in qualità di servo di Dio, pregavo ardentemente di ricevere non solo il potere e l'autorità di vincere il mondo, ma anche tutti e dodici i doni dello Spirito Santo. Arrivato al sesto giorno, Dio non mi sostenne più, e, dal momento che non mi stava aiutando, il diavolo iniziò a disturbarmi. Sia al settimo sia all'ottavo giorno ebbi forti vertigini e crampi a mani e piedi. Mi sembrava di impazzire e non riuscivo a dormire la notte. Faticai molto per mantenermi lucido e sognai che qualcuno mi aveva portato del riso per nutrirmi. Non appena mi svegliai mi pentii di aver sognato una cosa del genere.

Pensai seriamente di abbandonare il digiuno perché sentivo che continuando in tal modo avrei solo dispiaciuto Dio, ma sapevo che se mi fossi fermato in quel momento avrei dovuto ricominciare tutto da capo. Decisi piuttosto di lottare contro i dolori, ogni giorno.

Al nono giorno questi sintomi si fermarono. Dopo venti giorni, non riuscivo neanche a leggere la Bibbia, quindi comprai alcuni libri in cui c'erano trascritte delle predicazioni di un pastore. Ne lessi un paio di capitoli ma ogni forza, anche solo quella di leggere, mi aveva abbandonato. Mi recai nella mia cella di preghiera e mi resi conto che ero privo di ogni energia, riuscivo a malapena a sussurrare e per pregare dovetti lottare molto. Pregai: «Dio, dammi la forza di gridare nella preghiera.»

Avevo perso completamente la cognizione del tempo, e mentre ancora lottavo in quella condizione, una voce bussò alla porta del mio cuore dicendo: «*Ti avevo detto di non portare con te nessun libro, solo la Bibbia e l'innario. Perché hai letto un libro scritto da un uomo?*»

Non appena sentii questa voce la mia lucidità tornò. Gli chiesi di perdonarmi, gli dissi che ero sinceramente pentito della mia disobbedienza. Dopodiché, ricevetti nuovo vigore e continuai a pregare.

Il ventottesimo giorno ero pelle e ossa. Avevo perso molto peso. Il trentesimo giorno il mio intestino era asciutto e percepivo chiaramente che le pareti del mio stomaco erano appiccicate, tant'è che anche l'acqua non scendeva. Mi sentivo strapieno, come se avessi un'indigestione e l'acqua che avevo tentato di bere pochi minuti prima mi stava risalendo su. Vomitai e buttai fuori del sangue morto, secco. Penso che fosse perché alcune vene del mio stomaco si erano rotte durate i giorni e il sangue secco ora stava uscendo insieme con l'acqua.

Il trentaduesimo giorno, la mia primogenita, che allora frequentava le elementari, venne a trovarmi. Condividevo la stanza con molte altre persone e pensai che non era il caso che vedessero il mio contenuto gastrico. Tornai a casa con lei e proseguii il digiuno nella stanza che avevo preso in affitto vicino alla mia casa. Fu una pura e semplice lotta contro la mia volontà. Al trentanovesimo giorno, alle 11 di sera, come un miracolo, tutti i dolori erano scomparsi! Avevo la forza di una persona in perfetta salute. Ho fatto un bagno e mi sono cambiato i vestiti. A mezzanotte, ho offerto a Dio un servizio di adorazione e ho terminato il digiuno.

Come un'aquila che prepara i suoi aquilotti

Ero molto curioso di sapere perché Dio non mi aveva sostenuto durante il mio digiuno di 40 giorni. Fino a quel momento, avevo sempre digiunato senza troppe difficoltà, perché Lui mi aveva sempre sostenuto. Così gli chiesi perché aveva lasciato che questo accadesse.

«Non volevo nascondere il mio volto da te ma prepararti. Se pensi al digiuno che hai concluso facilmente con il mio aiuto e al digiuno che hai finito con le tue forze e la tua personale resistenza, comprenderai che ora sei molto più forte e pronto.»

Come ho sentito queste parole, mi sono ricordato di Deuteronomio 32:11-12.

«Come un'aquila che desta la sua nidiata, svolazza sopra i suoi piccini, spiega le sue ali, li prende e li porta sulle penne.»

Le aquile fanno il loro nido sulla cima delle montagne più alte. Quando i piccoli sono abbastanza grandi, l'aquila li spinge fuori dal nido. Mentre cadono, gli aquilotti muovono le ali spinti dall'istinto di sopravvivenza. Grazie a questa formazione gli aquilotti si rinforzano e vengono preparati all'attività principale della loro vita: volare in alto nel cielo.

Non mi restava che versare lacrime di gioia per l'more di Dio che mi stava preparando proprio come un'aquila con i suoi aquilotti.

Capitolo 5

L'inizio della Chiesa

Tre anni di preparazione nella Parola di Dio

Ti ho raffinato

9 luglio del 1974, il giorno del compleanno di mio padre, ma anche il giorno in cui ebbe inizio il divorzio tra me e mia moglie; 10 luglio 1977 data in cui abbiamo aperto il negozio nel mercato di Keum Ho Dong che ci ha permesso di ritrovare una stabilità finanziaria. Erano passati esattamente tre anni, senza neanche la differenza di un giorno. Nel febbraio del 1982, su richiesta del pastore della Chiesa di Ilman Masan, condussi una riunione di risveglio nella sua comunità. Avevo appena finito il primo corso del seminario teologico, vale a dire esattamente tre anni da quando avevo iniziato a frequentare la scuola biblica.

Poi, un anziano di una comunità mi chiese:

«Pastore, potresti venire a predicare nella mia chiesa a delle riunioni di risveglio che stiamo organizzando?»

«Ma io non sono neanche stato ancora ordinato pastore, sono solo un seminarista, come potrei predicare per un incontro di risveglio? Forse è meglio se chiedi a un'altra persona.»

«No, prego per queste riunioni da diverso tempo e Dio ti ha portato alla mia mente. È la sua volontà che tu venga a predicare nella mia chiesa.»

«Va bene, pregherò a questo proposito e ti farò sapere.»

Digiunai per tre giorni presso la casa di preghiera di Osanri e presi fiducia e sicurezza. Dopo essere tornato a casa, pregai per preparare i messaggi da predicare nelle riunioni di risveglio. In quel momento, con chiara ispirazione, Dio mi donò 11 messaggi completi di riferimenti, titoli e dettagli, compresi i messaggi per le riunioni all'alba. Non solo, Egli mi ricordò che avevo letto un libro e mi disse di citarlo nei miei sermoni. Terminai tutti i preparativi, dall'introduzione alla conclusione, di ciascuno dei sermoni. Ero davvero impressionato. Ancora una volta compresi che nulla è impossibile a Dio.

Fu per la sua grazia che predicai con fervore e slancio durante tutte le riunioni di risveglio. I membri della chiesa mi ringraziarono dicendo che avevano ricevuto grandi benedizioni. Molti testimoniarono che mai prima di allora avevano compreso così chiaramente la Parola della Vita. Altri mi dissero che qualcosa era cambiato nel loro spirito e che i loro problemi erano stati risolti.

In seguito a queste riunioni di risveglio fui invitato da molte altre chiese a predicare. Ogni volta, lo Spirito Santo, come un vento forte e vorticoso, faceva seguire alla predicazione della Parola segni e prodigi.

Quando Dio mi aveva chiamato come suo servo mi aveva detto: *«Per tre anni, ti preparerai con la Parola, per tre anni.»*.

Un ministero trionfante

Durante l'ultimo anno di seminario, anche i miei compagni di corso si stavano preparando a fondare delle chiese. Tutti erano impegnati nell'acquisizione di conoscenze e di informazioni riguardanti l'apertura delle chiese, frequentavano conferenze sulla crescita della chiesa e ne studiavano i vari modelli. I miei compagni mi dissero: «Pastore, come puoi immaginare di fondare un ministero potente solo con il digiuno e la preghiera, stando tutto il tempo in montagna? Perché non vieni con noi per saperne di più su alcune cose?» Certo, ottenere informazioni e conoscenze specifiche per l'apertura di una chiesa era utile, io però avevo un'idea diversa.

Non erano i metodi degli uomini sulla crescita della chiesa quelli che volevo imparare, ma il metodo di Dio, quello che si trova nella Bibbia. Mentre leggevo la Parola, notavo che i padri della fede, come Pietro e Paolo, erano sempre impegnati nella preghiera. Avevo iniziato a comprendere la Parola di Dio, meditando sulla Bibbia, e per questo potevo predicare il Vangelo con diligenza.

Da Atti 8:26 in poi, leggiamo di come Filippo andò nel deserto, sotto la guida dello Spirito Santo e incontrò un eunuco etiope, un funzionario del tribunale di Candace, regina degli Etiopi. Era il responsabile di tutti i tesori della regina. L'eunuco stava leggendo il rotolo di Isaia e desiderava comprendere a fondo la Parola di Dio. Filippo lo ammaestrò su Gesù e lo battezzò. Quando l'apostolo Paolo voleva andare a predicare in Asia, lo Spirito Santo non lo lasciò, ma lo guidò per la Macedonia (Atti 16:6-10).

Ciò che mi era stato rivelato, meditando la Parola, era che Dio in persona guida e conduce i suoi servi. Avevo compreso che per vivere un ministero trionfante era fondamentale che io avessi una comunicazione profonda con Dio e seguissi la Sua volontà. Questo è il motivo per cui ogni volta che avevo tempo pregavo, cercando di comprendere a fondo la Parola di Dio.

L'amore e la cura di mia moglie per le anime perdute

Nel marzo del 1982, al termine dei 40 giorni di digiuno e del conseguente recupero, stava per iniziare il nuovo anno accademico. Era anche il momento in cui nella chiesa che frequentavamo venivano riorganizzate le cellule in casa. Mia moglie fu nominata leader di un servizio di cellula con la diaconessa Aeja Ahn, che era la responsabile del nostro gruppo. Abbiamo iniziato in marzo che eravamo 5 persone, a metà aprile eravamo già 25.

Mia moglie evangelizzava diligentemente e si prendeva cura dei membri della nostra cellula. Non solo, insieme con la diaconessa Aeja Ahn avevano stabilito dei momenti di preghiera giornalieri a casa nostra. Grazie a queste invocazioni, i problemi delle famiglie venivano risolti, i membri non credenti delle famiglie venivano evangelizzati e quindi c'era un grande risveglio.

Inoltre, poiché mia moglie è una brava cuoca, a ogni riunione cucinava dei piatti deliziosi e li serviva ai frequentatori della nostra cellula.

La domenica mattina mandavamo le nostre tre figlie a bussare alla porta di ogni famiglia del nostro gruppo con questo messaggio: «Oggi si va in chiesa, quindi, per favore, venite a casa nostra entro le 10.00 così ci andiamo tutti insieme.» Se per le 10.00 non arrivavano tutti, le bimbe ritornavano a bussare, e, come rifiutare l'invito di tre deliziose bambine... Così, la domenica, dalla nostra cellula in casa arrivavamo in chiesa in 30. Mia moglie si prendeva cura di loro con amore, ed è stato in questo modo che il Signore l'ha preparata a essere la moglie di un pastore.

Con soli sette dollari

Qualcosa di incredibile

Nel momento esatto in cui iniziai l'ultimo anno presso la scuola biblica, il primo marzo, il mio negozio, che era stato sempre pieno di clienti, improvvisamente, li perse tutti. Vuoto. Più nessuno. In un primo momento ho esaminato le nostre vite, se avevamo costruito un muro di peccato tra noi e Dio, se avevamo qualcosa di cui pentirci. Non trovai nulla e pensai che fosse solo un caso e il giorno dopo sarebbe tornato tutto normale. Mi sbagliavo. Negozio vuoto, come il giorno prima. Mia moglie ed io pregavamo senza nessuna risposta. Non avendo guadagnato nulla, il canone mensile del negozio fu detratto dal deposito cauzionale. Solo in seguito comprendemmo che tutto questo faceva parte della provvidenza di Dio.

Il 25 luglio abbiamo chiuso il negozio per aprire una chiesa. Tutto il deposito cauzionale non c'era più. Di ciò che avevamo messo da parte, dopo aver pagato tutte le tasse, restavano solo sette dollari. In mano avevamo letteralmente solo ed esclusivamente sette – 7 – dollari! Sette dollari!

Dio aveva fatto sì che tutto ciò che avevamo guadagnato nel mondo svanisse e posso testimoniare che abbiamo aperto la chiesa con soli sette dollari.

I malati furono i primi a venire

«Perché la mamma di Miyoung è sempre felice?»

Dal momento che io avevo vissuto in attesa della morte per molto tempo, mia moglie iniziò la sua vita cristiana testimoniando la mia completa guarigione. Era sempre felice e pieno di gioia. Anche se non avevamo nulla da mangiare eravamo comunque grati. Qualsiasi cosa faceva, in casa o fuori casa, cantava sempre canzoni lode. Testimoniava del suo incontro con l'Iddio vivente e predicava il Vangelo a chiunque incontrava. I suoi giorni scorrevano nella pienezza dello Spirito Santo.

Ancora prima dell'apertura della chiesa, le notizie riguardo la mia famiglia e la mia guarigione si erano diffuse rapidamente e sempre più persone venivano nella nostra casa per ricevere preghiera. Nel mese di aprile del 1982, una donna, una credente, venne a visitarmi. Era così magra che sembrava avesse addosso solo la pelle sopra le ossa. Mi disse che, a causa di malattie cardiache congenite, qualsiasi movimento le era impossibile, figurarsi correre o camminare veloce.

«Pastore, tre giorni dopo aver dato alla luce mio figlio, mi sono gonfiata a dismisura e le mie condizioni sono diventate pessime. Non riesco nemmeno a tenere il mio bambino in braccio.» «Ricevi la preghiera con la fede. Dio ti guarirà!»

Questa donna ricevette la preghiera solo una volta e fu guarita completamente dai suoi problemi al cuore. Oggi è la diaconessa Seong Ja Kim, devoto membro della nostra chiesa e leader di un fervente gruppo di preghiera. In un'altra occasione, una donna di mezza età venne a visitarmi al negozio, dicendomi che aveva sentito di me e della mia famiglia e per questo desiderava incontrarmi. Aveva una figlia appena ventenne il cui femore era slogato. La slogatura aveva causato una lunghezza diversa tra le sue gambe e la ragazza era claudicante, ma questo non era il problema serio. Il fattore difficile era affrontare il dolore, visto che ora era così insopportabile che la medicavano con la morfina. Purtroppo il corpo si era assuefatto alla morfina e questa sostanza non sortiva neanche più l'effetto desiderato. La madre mi chiese di pregare per lei. Decisi di andare presso la loro abitazione e di offrire un servizio di culto in casa. Lo Spirito Santo mi ha spinto a pregare per quella famiglia per 21 giorni.

In quel periodo stavo frequentando il seminario e mi ero anche impegnato a pregare diverse ore la notte, ciononostante, predicai loro la Parola di Dio e pregai per questa famiglia per 21 giorni. Poi, lentamente, la fede della ragazza iniziò a crescere, smise di prendere tutte quelle medicine e iniziò a fidarsi di Dio. Il ventesimo giorno, tutto il dolore era scomparso e il giorno dopo, testimoniò quanto segue:

«Pastore, questa casa è così vecchia, ci sono molti topi in soffitta che fanno rumore. La notte, i ratti scendono e scorrazzano anche nelle nostre stanze. Questo, in aggiunta ai miei dolori, ha reso la mia condizione insopportabile per molto tempo, ma ieri sera ho fatto un sogno e quando mi sono svegliata qualcosa era cambiato!»

La loro casa era davvero infestata dai ratti, e, sebbene la famiglia avesse posto trappole e veleno specifico per eliminarli, niente sembrava funzionare. La situazione, in aggiunta ai forti dolori, rendeva la ragazza molto ansiosa e nervosa, perché a causa dei rumori dei roditori non riusciva a dormire. La notte prima della sua testimonianza ebbe un sogno. Sognò di ricevere la mia preghiera, e non appena io finii di pregare, nel sogno, topi di varie dimensioni si disposero in gruppi e, infine, arrivò un topo molto grosso con andatura da 're dei topi'. Nel sogno il dolore era scomparso, così come i topi. Il fatto incredibile fu che, al suo risveglio, realmente tutto il dolore era scomparso ed erano scomparsi anche i topi dalla soffitta e dal resto della casa. Questa sorella era così sorpresa e meravigliata dal lavoro di Dio che non riusciva a nascondere le sue emozioni.

Alcuni giorni dopo, la madre della giovane donna venne ancora da me in lacrime dicendo: «Pastore, mia figlia sta morendo! Ti scongiuro vieni subito a pregare per lei!»

Era il cuore della notte. La ragazza si contorceva per terra dal dolore. Aveva fatto un digiuno di 3 giorni, e, dopo il digiuno, invece di osservare l'alimentazione da recupero, aveva mangiato del pollo fritto. Ora era in preda a un indigestione molto acuta e pericolosa. Imposi le mie mani su di lei per pregare, e, per ispirazione dello Spirito Santo, vidi chiaramente un osso all'interno del suo stomaco, continuando a pregare vidi l'osso sciogliersi e scomparire. Non appena finii di pregare la ragazza vomitò, fece un respiro profondo, e il suo viso tornò normale.

Essere un vaso pulito

Ho digiunato molto spesso, ho fatto del mio meglio, e ho lottato in ogni modo che ho potuto per liberarmi da ogni forma di malvagità nel tentativo di osservare tutti i comandamenti di Dio. In me erano visibili tutti e nove i frutti dello Spirito Santo e scoprivo giorno dopo giorno che la potenza dello Spirito Santo si rivelava attraverso di me. In questo periodo, cioè, dopo aver pregato Dio per sette anni per comprendere chiaramente la sua volontà, Dio mandò una profetessa a parlarmi. Nell'aprile del 1982, una donna che mia moglie aveva evangelizzato e stava frequentando la nostra cellula in casa, venne da me e mi disse:

«Pastore, stanotte, mi sono sentita chiamare tre volte, era proprio se qualcuno gridasse il mio nome. Ho aperto gli occhi e c'era una luce così forte nella mia stanza che facevo fatica a tenerli aperti. Dopodiché mi è apparso Dio che mi ha detto: 'Io ti ho scelto, ti farò conoscere tra le nazioni testimonierai di me al mondo intero.' Io non ho la minima di cosa tutto questo significhi...»

A quel tempo lei non sapeva nemmeno cosa fossero Genesi e Matteo, sapeva solo che era stata guarita da una brutta malattia allo stomaco. Quando all'inizio della nostra chiesa facevamo gli incontri di preghiera, la Parola di Dio mi veniva attraverso le labbra di questa donna, e io ero così sorpreso di sentire esattamente le stesse parole che Dio mi aveva dato quando mi aveva chiamato come suo servo. Questa donna profetizzò su di me dicendo:

««Non hai tu chiesto i 12 frutti dello Spirito

Santo? Io te li ho dati tutti, quindi offri preghiere di
ringraziamento!»

Dio mi parlava attraverso la profezia e mi confermava cose
di cui solo io ero a conoscenza e di cui non avevo ancora parlato
nemmeno con mia moglie. Grazie a questo, compresi che Dio
mi aveva dato il dono della profezia. Fino a quel momento avevo
chiesto di ricevere i 12 doni inclusi i nove dello Spirito Santo,
come descritti in 1 Corinzi 12, tra cui anche il dono delle visioni
e il dono di amore.

Che cosa'è la profezia?

La Bibbia dice che la voce di Dio può essere udita in vari
modi. La voce di Dio stesso, la voce dello Spirito Santo, a volte
Dio ci parla attraverso un angelo con l'aspetto di uomo e a altre,
Egli ci parla anche attraverso la profezia.

«La mano del SIGNORE fu sopra di me e il SIGNORE
mi trasportò mediante lo Spirito e mi depose in mezzo
a una valle piena d'ossa. Mi fece passare presso di
esse, tutt'attorno; ecco erano numerosissime sulla
superficie della valle, ed erano anche molto secche. Mi
disse: 'Figlio d'uomo, queste ossa potrebbero rivivere?'
E io risposi: 'Signore, DIO, tu lo sai.' Egli mi disse:
'Profetizza su queste ossa,' e di' loro: 'Ossa secche,
ascoltate la parola del SIGNORE! Così dice DIO, il
Signore, a queste ossa: Ecco, io faccio entrare in voi lo
spirito e voi rivivrete; metterò su di voi dei muscoli, farò
nascere su di voi della carne, vi coprirò di pelle, metterò

in voi lo spirito, e rivivrete; e conoscerete che io sono il
SIGNORE.'Io profetizzai come mi era stato comandato;
e come io profetizzavo, si fece un rumore; ed ecco un
movimento: le ossa si accostarono le une alle altre.»
(Ezechiele 37:1-7).

«*Perché la testimonianza di Gesù è lo spirito della*
profezia.» (Apocalisse 19:10).

Profetizzare significa parlare in nome di qualcun altro. Tra i profeti ci sono alcuni che hanno parlato per gli uomini e altri che hanno parlato per conto di Dio.

In Ezechiele capitolo 37, lo Spirito di Dio era con Ezechiele e l'Eterno parlò attraverso la bocca del profeta, per questo le frasi proferite dall'uomo erano in forma imperativa. La profezia non è qualcosa che viene dagli uomini, ma dallo Spirito di Dio, cioè lo Spirito Santo. Lo Spirito Santo opera in armonia con l'uomo per comunicare la volontà di Dio. Pertanto, è parola vera riconosciuta e garantita da Dio. Qual è, allora, lo spirito della profezia?

Dal momento che proferisci la verità attraverso lo Spirito Santo, stai testimoniando di Gesù, che è la verità. Quindi, quando Gesù viene testimoniato attraverso un uomo, che afferma la verità attraverso lo Spirito Santo, allora quell'uomo sta profetizzando. Questo è lo spirito della profezia. Proprio come il profeta Ezechiele obbedì alla Parola di Dio e profetizzò, se c'è una persona che può profetizzare la Parola di Dio, siamo in grado di ricevere molte rivelazioni. Gesù vuole che noi riceviamo rivelazioni come disse in Matteo 11:27: «*Ogni cosa mi è stata*
data in mano dal Padre mio; e nessuno conosce il Figlio, se

non il Padre; e nessuno conosce il Padre, se non il Figlio, e colui al quale il Figlio voglia rivelarlo.»

Anche l'apostolo Paolo in 2 Corinzi 12:1 dice: «*Bisogna vantarsi? Non è una cosa buona; tuttavia verrò alle visioni e alle rivelazioni del Signore.*»

Posto che riceviamo la rivelazione come l'apostolo Paolo, comprendiamo Dio in modo molto più chiaro e possiamo persino arrivare a conoscere le cose future e a prepararci per il ritorno del Signore, che, verrà come un ladro.

La risposta per l'apertura della chiesa

Ti vogliono espellere dal seminario

Mentre mi preparavo all'apertura della chiesa, avevamo diversi incontri di preghiera, alcuni di guarigione, ed uno in particolare lo abbiamo tenuto presso l'abitazione della diaconessa Aeja Ahn. La casa, però era affollata di persone, così, il secondo incontro di preghiera si tenne presso il mio negozio. Un uomo che aveva il gesso per via del braccio rotto, fu guarito e si tolse il gesso. Anche una donna che non era in grado di concepire figli ricevette la preghiera. Non passò molto tempo e venni a sapere che era rimasta incinta. Il terzo incontro si svolse in una località di montagna. C'erano più di 40 persone. Alcuni di loro erano seminaristi altri pastori. C'era una donna che aveva subito un intervento chirurgico sulla colonna vertebrale che purtroppo non aveva risolto i suoi problemi.

Era stata avvertita che muovendosi avrebbe potuto peggiorare la sua situazione, ciononostante volle partecipare alla riunione di preghiera in montagna. Fu aiutata dai fratelli che a malapena riuscirono a portarla sù. Pregai per lei durante la sessione di preghiera e fu guarita completamente, lì, sulla montagna, tant'è che scese da sola!

Il quarto incontro di preghiera si svolse nuovamente in montagna, ed anche questa volta c'erano molti seminaristi. La Parola di Dio venne su di noi:

> *«Dopo questa riunione passerete una prova, ma voi, non preoccupatevi, credete in me e pregate e io vi ripagherò con abbondanti benedizioni.»*

Ben presto, vi fu un processo a mio carico. Nel giugno del 1982 sostenni gli esami finali del semestre e tornai a casa. Qualche giorno dopo, uno dei professori del seminario teologico venne a trovarmi. Sapevo che non era una cosa usuale.

Mi parlò dicendo così: «Sono stato in molte montagne preghiera e ho pregato molto, conosco qualcosa del mondo spirituale anche io. So che hai una profondità spirituale che è innegabile e so che sei stato benedetto con molti doni spirituali. A motivo del fatto che stai per aprire una chiesa, Satana si sta alzando contro di te. Pastore, oggi abbiamo avuto una riunione straordinaria del collegio dei professori, vogliono espellerti. Credo che forse sia meglio se abbandoni il progetto di aprire una chiesa per ora... so che non sei il tipo di persona che si ritira da qualcosa, ma io volevo dirtelo lo stesso.»

Il Diavolo disturba l'apertura della Chiesa

Mentre ascoltavo le sue spiegazioni, mi resi conto che vi erano stati molti malintesi e non solo con il mio professore, ma anche con il pastore della mia chiesa. Poi, il professore mi chiese: «Pastore, durante gli incontri di preghiera in montagna hai detto che eri il Cristo? Hai preso una donna con te e hai lasciato che imponesse le mani su altri pastori?»

Non ho mai detto che sono il Cristo, e non ho mai lasciato una donna imporre le mani su altri pastori.

Poiché durante le riunioni di preghiera vi erano state molte guarigioni, un mio compagno di corso che si era ingelosito, fece un report con false accuse al mio professore di orientamento. Aveva detto cose come: «Il Pastore Jaerock Lee sta causando fazioni e divisioni, e alle sue riunioni dice di essere Cristo.»

Queste false voci si diffusero rapidamente. Non solo, i professori che erano stati i miei insegnanti per ben quattro anni, decisero che io andavo espulso sulla base di questo chiacchiericcio, senza neanche convocarmi una volta. Ciononostante non perorai mai la mia innocenza. Sentivo che era una situazione difficile, ma dopo aver pregato Dio, Egli mi disse di ringraziare, di gioire e di pregare con amore per le persone che stavano causando tutto questo.

Nel mese di settembre iniziava il nuovo semestre. Recandomi a scuola nei corridoi pareva che l'unico argomento di discussione fosse la mia situazione. Dio operò in modo che in breve tempo tutti i problemi che questa situazione aveva causato vennero risolti senza complicazioni. Il compagno di classe che mi aveva falsamente accusato si pentì e raccontò tutto. Venni a sapere che non intendeva registrarsi per quel semestre come segno tangibile del suo pentimento. Andai a fargli visita e gli chiesi di iscriversi, perché io non avevo alcun risentimento verso di lui. Dopo che aprii la chiesa, molti professori, compresi quelli che mi avevano frainteso, vennero alla riunione di inaugurazione e festeggiammo insieme. Quando arrivò il tempo in cui la mia classe si laureò, abbiamo anche ospitato una festa di ringraziamento per i professori della scuola teologica proprio nella mia chiesa.

Risposta alle mie domande: «Manmin - tutta la creazione»

A motivo del fatto che ero entrato in seminario ad un'età piuttosto avanzata, ci tenevo a sbrigarmi ad aprire la chiesa. Non avevo molto tempo, non ero giovanissimo, quindi ho iniziato a pregare per conoscere il nome da dare alla chiesa sin del mio primo anno da matricola. Non avevo ancora ricevuto nessuna risposta. La risposta arrivò immediatamente prima dell'apertura della chiesa.

> «Chiamerai la chiesa che stai per aprire 'Manmin', arriverà un momento in cui farai un pellegrinaggio e capirai perché ti ho dato questo nome.»

In seguito, nel 1989, sono andato in pellegrinaggio in Terra Santa. Ho visitato il Getsemani, dove Gesù ha pregato così tanto intensamente che il suo sudore divenne sangue e gocciolava a terra. Tutto per soddisfare la provvidenza della croce e salvare tutti i popoli e tutte le nazioni. È qui che ho visto la «Chiesa di tutti i Popoli», con grande emozione. Dio ha mandato Gesù

Cristo come sacrificio espiatorio per salvare tutte le nazioni e tutte le persone. Dio vuole compiere la sua provvidenza durante gli ultimi giorni, Egli desidera che sia compiuta la missione mondiale attraverso il vangelo della santità. Ecco perché ci aveva dato quel «Manmin», che significa «tutta la creazione».

All'inizio abbiamo chiamato 'Chiesa Manmin' la nostra comunità, ma dal momento che ci aspettavamo di aprirne molte altre, denominammo la nostra chiesa 'Chiesa Manmin Joong-ang (Centrale)'.

Perché lo vuoi fare alla maniera più difficile?

«Pastore, perché vuoi aprire una chiesa? Sai quanto sia difficile cominciarne una?» «Finirete con il mangiare solo semolino per molti anni. Non volete che le vostre figlie ricevano un'educazione? Sai quanto sia difficile raccogliere anime in questi giorni?». Tutti che mi davano consigli: «Pastore, non lo sai forse che i credenti di oggi sono molto disobbedienti?» «Probabilmente sarebbe meglio che tu ti occupassi di una chiesa già aperta e consolidata. Pastore, una volta aperta la chiesa, verserai tante lacrime...»

Nei mesi precedenti all'apertura della chiesa ci furono tante persone che, certamente in buona fede, cercarono di fermarmi. Io sapevo che i consigli e le problematiche a cui molte chiese andavano incontro erano davvero reali. Alcuni pastori, per poter aprire una chiesa, per sopperire alla costruzione e agli impianti, si erano fatti intestare dei mutui considerevoli e quando la chiesa non era cresciuta come previsto, si sono dovuti sobbarcare il debito. Molti di loro sono vittima della disperazione e di un sentimento di impotenza. Io avevo creduto nel Dio onnipotente, il mio cuore non era affatto scosso. Non potevo non essere d'accordo con coloro che mi offrivano consigli in buona fede, ma solo perché non volevo metterli in imbarazzo. Dentro di me l'unico pensiero reale era: «La chiesa che aprirò sarà prospera e non avremo alcun problema. Io condurrò tante anime alla salvezza e la chiesa crescerà rapidamente e renderemo grande gloria a Dio.»

Avevo fatto mio Filippesi 4:13: «*Io posso ogni cosa in colui che mi fortifica...*», Matteo 9:29: «*Vi sia fatto secondo la vostra fede...*» e Matteo 13:8: «*Un'altra cadde nella buona terra e portò frutto, dando il cento, il sessanta, il trenta per uno*». I servi amati di Dio, come Mosè e l'apostolo Paolo, poiché Egli era con loro, in più di un'occasione sono stati scambiati per degli dei dal popolo (Esodo 7:1; Atti 14:11).

Se Dio è con noi, non c'è nulla di impossibile. Io avevo creduto. Credevo che, come Suo servo, se mi fossi concentrato sulla Parola, se pregavo e seguivo la Sua volontà, Dio mi avrebbe risposto e si sarebbe sempre preso cura di tutte le questioni finanziarie, del luogo e degli operai della chiesa. A motivo di questa fede ebbi una visione. Pregai su ogni dettaglio delle cose che avevo visto e lo proclamai con le mie labbra.

In obbedienza alla guida dello Spirito Santo

Nel maggio del 1982 Dio mi disse che io avrei aperto una chiesa quando il sole scottava e mi guidò in una zona di Seoul che non conoscevo nel distretto di Dongjak, nel quartiere di Shindaebang. Non ero mai stato in questa zona della città e quindi mi informai con molte persone su come arrivarci. Non essendo un'area molto ben sviluppata in quel periodo, non c'erano molti edifici e neanche tanto traffico. Trovai un locale di circa 900mq il cui affitto mensile era di 150.000 won (circa 150 dollari americani) e la richiesta di deposito cauzionale di 3 milioni (circa 3.000 dollari americani). Incontrai il proprietario per firmare il contratto e negoziai fino a che ci ridusse il canone di locazione a 120.000 won.

Il denaro necessario all'apertura della Chiesa

Dio ci donò il denaro necessario per l'apertura della chiesa attraverso la diaconessa Aeja Ahn. Questa donna, che aveva l'abitudine di pregare per circa cinque ore al giorno, aveva ricevuto la somma di 3 milioni di won a titolo di risarcimento per un incidente stradale in cui era rimasto coinvolto il figlio. Nel suo cuore si era impegnata ad offrire questo denaro a Dio come voto per la costruzione di una chiesa ma il marito—che non era un credente—aveva speso quei soldi a sua insaputa. Nel suo cuore, però, la diaconessa sentiva che aveva preso un impegno e in qualche modo avrebbe dovuto trovare i 3 milioni di won da offrire verso la nuova chiesa. Fu in quel periodo che incontrò la mia famiglia.

La fabbrica di mobili di suo marito andava male e, nel tentativo di aumentare il business, avevano contratto un mutuo ipotecando la loro casa di proprietà. Purtroppo, non erano riusciti a ripagarlo e di lì a poco la banca avrebbe messo la loro casa all'asta. Avevano tentato di vendere la casa prima che la banca se ne impossessasse, prima a 20 milioni di won e poi, non avendola ancora venduta, ridussero il prezzo di vendita a 15 milioni di won. Purtroppo non c'era nessuno che volesse comprarla. Nel frattempo, la Parola di Dio fu rivolta alla diaconessa Aeja Ahn, durante la riunione di preghiera presso la montagna Sam Gak. La Parola era la seguente:

«Offri un digiuno di tre giorni e metti di nuovo in vendita la vostra casa. Aumenta il prezzo fin quanto la tua fede te lo consente e aggiungi al prezzo che hai pensato i 3 milioni di won che vuoi donare per l'apertura della nuova chiesa.»

Misero nuovamente la casa in vendita, malgrado negli ultimi anni nessuno fosse stato interessato all'acquisto. La diaconessa Aeja Ahn pensò con cura al prezzo di vendita da stabilire e aggiunse i 3 milioni di won. Fissò il prezzo a 18 milioni di won. Infine, si recò dall'agente immobiliare per comunicarglielo. L'agente era sbalordito a dir poco.

Mentre stava tornando a casa dall'ufficio dell'immobiliare, qualcuno la seguì e le chiese di visitare la casa. La casa gli piacque moltissimo, quell'uomo le disse che era proprio il tipo di abitazione che stava cercando e firmarono il contratto da 18 milioni di won. La diaconessa fu solo dispiaciuta di non aver avuto la fede di vendere la casa a 20 milioni di won. Dio aveva lavorato per lei consentendole di sbloccare la vendita della loro casa. Ora la diaconessa poteva ripagare il debito della sua famiglia e offrire i 3.000.000 won come aveva promesso, per l'apertura della chiesa. Che poi, era esattamente il denaro che occorreva per fare il contratto.

Pentimento profondo per aver confidato nell'uomo

Mentre stavo ultimando i preparativi per l'apertura della chiesa, mentalmente ripercorrevo il numero di membri con cui mi aspettavo di iniziare, e pensai che, uno più uno meno, dovevano essere all'incirca 40 le persone che per un motivo o per l'altro—c'era chi mi conosceva da tempo, chi mi voleva bene, chi era stato benedetto attraverso il ministerio—avrebbero aperto la chiesa con me. La realtà era ben diversa però. Il 25 luglio 1982, abbiamo tenuto il culto di apertura, ma inaspettatamente, nessuna delle persone a cui io avevo pensato si presentò al servizio. Quando poi mi resi conto che neanche le mie amatissime sorelle maggiori, che avevano promesso di venire, non erano presenti all'inaugurazione, compresi che in tutto questo c'era la mano di Dio. Egli non voleva che in nessun modo io facessi affidamento su nessuno dei miei conoscenti o familiari. A quel punto pregai: «Dio grazie che mi fai comprendere quanto ancora io mi appoggio sui miei parenti. Ti prego di perdonarmi per aver fatto affidamento sugli uomini. Ora ho capito la tua volontà: non devo contare su nessun uomo, solo su di Te e sulla preghiera.»

Mi pentii profondamente per questo, poi, pregai Dio di aggiungere membri alla chiesa, e il santuario era pieno di fedeli mandati da Lui ogni settimana.

A partire da niente

Nove adulti e quattro bambini

Il giorno del culto di apertura l'edificio non era ancora completo, non c'erano i vetri alle finestre, il pulpito e il pavimento era di cemento grezzo. Quel luogo era come una terra sterile. Abbiamo diviso lo spazio in due con una tenda. Una metà era da utilizzare come residenza per la mia famiglia e l'altra per il santuario e la preghiera. Inclusi noi, al culto di apertura c'erano nove adulti e quattro bambini, di cui alcuni erano miei familiari. Ho predicato il messaggio dal titolo 'La fede è il tesoro più prezioso'. La Chiesa Centrale Manmin ha avuto inizio dal nulla. Avendo appena aperto, non avevamo fondi ma solo tantissime spese, ciononostante non ho mai chiesto in prestito un solo centesimo, né a familiari né a conoscenti. Ho solo pregato Dio. Ero pronto a digiunare se non avessimo avuto da mangiare, anche se, quando la dispensa era vuota, il Signore provvedeva per noi attraverso le mani di qualcuno. Quell'estate mangiai pure l'anguria, che a me piace tanto, molto spesso.

Pregare insieme da cinque a sei ore al giorno

Dopo il servizio di apertura, l'offerta settimanale era di circa 30/40 mila won, ma con questi soldi, non riuscivo nemmeno a coprire il canone mensile del santuario. Insieme ad alcuni fratelli della chiesa, quando 4 quando 5, malgrado il caldo, ci riunivamo per pregare 5-6 ore al giorno. Dato che non c'erano dei membri di chiesa, non dovevo fare visite pastorali, per cui, mi dedicavo costantemente alla preghiera. Geremia 33:3 dice: *«Invocami, e io ti risponderò, ti annunzierò cose grandi e impenetrabili che tu non conosci.»* Abbiamo gridato a Dio in preghiera ed Egli ha portato la gente in chiesa e tutto ciò di cui avevamo bisogno.

«Dio, abbiamo bisogno di un microfono!»

Dopo una settimana di preghiera, avevamo un microfono. La settimana seguente, abbiamo ottenuto il telefono che ci serviva. Dato che non eravamo in molti in chiesa, il servizio più frequentato era la veglia del venerdì, quando credenti di altre chiese venivano a farci visita. Ricevendo benedizioni, ognuno portava cose necessarie alla comunità. In questo modo, abbiamo ricevuto le tende, il pulpito, il pianoforte, i ventilatori elettrici e anche il campanile con una croce. A distanza di soli due mesi dal servizio di apertura, possedevamo tutto ciò di cui la chiesa aveva bisogno.

Il Libro degli Atti è chiaro: il servo di Dio dovrà concentrarsi sulla Parola e la preghiera. Ecco perché ho lasciato tutte le questioni riguardanti la manutenzione e la logistica della chiesa ai fratelli della chiesa. Non conoscevo ancora profondamente la Parola in quel periodo, e tutto ciò che comprendevo riguardo la volontà di Dio, per ispirazione dello Spirito Santo, lo predicavo ogni venerdì sera alla veglia di preghiera e nel servizio della domenica.

Non avevo le competenze di un buon oratore, ma chi veniva ad ascoltarmi acquisiva e accresceva la propria fede perché i sermoni che predicavo erano dei messaggi puri e spirituali, ma soprattutto, alla Parola seguivano i fatti. I fratelli che frequentavano la chiesa mettevano in pratica la Parola che ricevevano, la loro fede cresceva, e cominciavano a ricevere risposte alle loro preghiere. Dal momento dell'apertura in poi Dio ha mandato nuovi credenti ogni settimana. Vedendo i miracoli che Dio manifestava durante il venerdì ricevevano benedizioni e la loro fede cresceva.

Trovare le risposte nella Bibbia

Le prime chiese furono fondate dagli apostoli, i quali seguivano la volontà di Dio come l'avevano ricevuta direttamente da Gesù. Egli si compiacque con loro e accresceva ogni giorno il numero dei salvati. La chiesa primitiva divenne subito il mio modello e il mio obiettivo, non solo allora, ma anche oggi e fino al giorno del ritorno del Signore, perché so che Lui non si compiace nella comunità che sfoggia il più bell'edificio o un numero elevato di frequentatori, ma in quella che ricorda più da vicino quella degli Atti.

Quando seguiamo l'esempio delle prime comunità, quelle che in sostanza si sono attenute al volere dell'Eterno, Egli ci benedice e ci concede un risveglio costante.

«Ognuno era preso da timore; e molti prodigi e segni erano fatti dagli apostoli. Tutti quelli che credevano stavano insieme e avevano ogni cosa in comune; vendevano le proprietà e i beni, e li distribuivano a tutti, secondo il bisogno di ciascuno. E ogni giorno andavano assidui e concordi al tempio, rompevano il pane nelle case e prendevano il loro cibo insieme, con gioia e semplicità di cuore, lodando Dio e godendo il favore di tutto il popolo. Il Signore aggiungeva ogni giorno alla loro comunità quelli che venivano salvati.» (Atti 2:43-47).

Prendendo l'esempio delle prime chiese che si radunavano nel santuario tutti i giorni, anche noi avevamo incontri di preghiera quotidiana, diffondevamo la Parola di Dio, condividendo il pane dell'amore, cioè la Parola di Dio (Giovanni 6:48) e cercando di metterla in pratica. Dio era con noi, mostrava segni e prodigi, e, siccome molti nuovi credenti si aggiungevano ogni settimana, la chiesa crebbe molto rapidamente.

La Parola, unica guida

In seguito all'apertura della chiesa dovemmo risparmiare ogni centesimo che ci passava dalle mani. Io conoscevo il segreto per ricevere benedizioni, come riferito in Luca 6:38: *«Date, e vi sarà dato; vi sarà versata in seno buona misura, pigiata, scossa, traboccante; perché con la misura con cui misurate, sarà rimisurato a voi.».* Sulla base di quanto promesso in questo passaggio, cercavo di aiutare i bisognosi come potevo.

In quel momento 10 seminaristi frequentavano la nostra chiesa, e noi dovevamo aiutarli, malgrado non fosse facile pagare l'affitto per il santuario, che era di 120.000 won (120 dollari americani). Dopo un paio di settimane dall'apertura della chiesa, ricevemmo alcune offerte da credenti che avevano promesso di farlo, così, certi della benedizione divina, abbiamo donato una porzione di queste offerte a delle chiese che la nostra denominazione stava aprendo.

Quando poi, in seguito, celebrammo il servizio di inaugurazione, ogni membro della nostra chiesa aveva votato di donare nel corso dell'anno 1 milione di won per la costruzione della scuola teologica della denominazione a cui la nostra chiesa apparteneva. Facendo del nostro meglio e basandoci sulla Parola di Dio, diventammo così una chiesa che aiuta gli altri.

Il modello che ho sempre seguito e sempre seguirò nell'apertura di nuove chiese è soltanto quello indicato nella Bibbia negli Atti degli Apostoli.

Se non vedono segni e prodigi non crederanno

Il Servizio di inaugurazione

Era passato del tempo e chiesi a Dio quando avrei dovuto celebrare il servizio di inaugurazione. Egli mi rispose così:

«Offrirai la cerimonia ufficiale d'inizio della chiesa quando il raccolto sarà maturo, prima che arrivi il gelo.»

Così, il 10 ottobre 1982, celebrammo il servizio di inaugurazione. Eravamo un centinaio. Dal quel momento in poi, Dio ha aggiunto ogni giorno nuovi fedeli alla nostra comunità e in breve tempo il santuario era già diventato piccolo. La veglia di preghiera notturna del venerdì era frequentata da oltre 100 persone, che rimanevano a invocare Dio tutta la notte in soli 540 metri quadrati di spazio, tant'è vero che si mettevano

Istituzioni

dappertutto, fino in piedi sulle scale. A quel punto prendemmo in affitto anche il seminterrato.

Stava arrivando Natale e io desideravo che la nostra chiesa offrisse un evento speciale. Dio ci mandò molte persone di talento che in breve tempo furono in grado di preparare una magnifica rappresentazione teatrale. Non solo, il Signore condusse da noi un professionista delle composizioni floreali e un'attrice, che era anche una coreografa, la quale insegnò alcuni passi di danza alle varie classi di Scuola Domenicale. Ben presto fummo autosufficienti da questo punto di vista e producevamo noi gli eventi. Offrivo oltre 10 sermoni a settimana, suddivisi nei vari servizi, tra cui anche le sessioni di preghiera all'alba. Continuavo a frequentare anche la scuola teologica, perché quello era l'anno della laurea. In chiesa si teneva la veglia notturna costante, ed io presiedevo il servizio delle 4, quello che chiamavamo la preghiera dell'alba. Ben presto la notizia delle tante guarigioni che avvenivano nei nostri culti si diffuse in tutta la nazione e, malati da ogni dove, si presentavano a tutti i servizi del giorno per ricevere guarigione e io pregavo per ognuno di loro.

Un cambiamento in Famiglia

Youngsuk Kim, prima di arrivare a conoscere Gesù, era un forte bevitore. In ospedale, dove si recò a causa di un forte tosse, gli fu diagnosticata la tubercolosi al sistema linfatico. Erano necessari un intervento chirurgico e più di un anno di riposo, ma lui non poteva permettersi né uno né l'altro.

Non solo, sua moglie soffriva di un'infiammazione alla vescica da quando aveva partorito ed in preda alla tristezza, un giorno, tentò di suicidarsi, ma fortunatamente non ci riuscì. Era l'ottobre del 1982 quando Youngsuk Kim sentì parlare della nostra chiesa e decise di venire a visitarci. Si impegnò ad osservare un digiuno giornaliero di 10 giorni e a frequentare le preghiera dell'alba. Aveva la febbre alta e una tosse massiccia, ma, nel vedere le altre persone malate ottenere la guarigione, la sua fede crebbe fino a che fu certo che anche lui sarebbe guarito. Pregai per lui spesso. Il decimo giorno la sua febbre diminuì e la tosse si fermò. Aveva la certezza di essere stato guarito e per questo chiese una visita medica di controllo. Il responso fu lampante: la tubercolosi era sparita, era stato guarito completamente dal fuoco dello Spirito Santo! A quel punto sua moglie iniziò a frequentare la chiesa e anche lei fu immediatamente guarita dall'infiammazione alla vescica. Non solo, da allora la loro bambina non ebbe mai bisogno di un medico. Colmo di gratitudine verso Dio, Youngsuk Kim iniziò a studiare teologia ed oggi serve il Signore come pastore.

Le veglie del venerdì, segni e miracoli come nella Bibbia

La veglia di preghiera del venerdì notte era sempre gremita di persone provenienti da tutto il paese. Era diventata una sorta di servizio inter-confessionale. Il servizio iniziava alle 23:00 e andava avanti fino alle 6 del mattino. Gli adoratori cantavano e portavano la presenza di Dio, lo Spirito Santo si manifestava con il suo grande calore, la temperatura del santuario, già colmo di fedeli, diventava altissima. Più miracoli Dio mi dava la grazia di operare, più visitatori avevamo.

Arrivavano da noi con le condanne a morte firmate dagli ospedali, sulle stampelle, ciechi, muti, donne sterili. Tutti, ma proprio tutti, venivano guariti. Testimoniavamo miracoli immediati, come ad esempio, un uomo con la mano rotta che subito dopo la preghiera ha riacquistato la piena autonomia dell'arto.

Guarire dalla leucemia

Quel che segue è una storia vera. Un giorno arrivò da me una signora con un viso così pallido da fare paura. Mi riferì che i medici le avevano dato quindici giorni di vita. Questa donna era sempre stata una cristiana sin da quando frequentava le elementari. Mi raccontò che a un certo punto ricevette una proposta di matrimonio da un uomo che non era un cristiano. Lei rifiutò, dicendogli che avrebbe sposato solo un credente, così lui si impegnò a frequentare la sua chiesa e di lì a poco convolarono a nozze.

La donna pensò che il marito avrebbe condotto una buona vita cristiana, ma, dopo diversi mesi, sua suocera andò a trovarla intimandole quanto segue: «La nostra famiglia è una famiglia buddista da molte generazioni, pertanto, anche tu dovrai credere in Budda!». Lei si rifiutò e continuò a frequentare la comunità finché suo marito si inasprì per dare supporto alla madre, e iniziò a perseguitarla, a picchiarla, minacciandola ogni volta che si recava in chiesa. Se qualcosa accadeva alla loro famiglia, era sempre colpa sua.

Non solo, fu cacciata fuori di casa molte volte. Sopportò tutto senza mai ribellarsi ma continuando a frequentare i servizi di culto, fino a quando, un giorno, venne a sapere che suo marito aveva da tempo una relazione con un'altra donna. Smise di andare in chiesa, sebbene sapesse che non avrebbe dovuto farlo. Viveva nella disperazione a causa delle sue circostanze e, infine, scoprì di essere malata di leucemia.

Anche se ormai non frequentava più da tempo la comunità, suo marito non aveva smesso di picchiarla e di avere relazioni con altre donne.

Sebbene fosse affetta da leucemia, sia il marito sia la suocera erano sempre molto freddi con lei e non le prestavano alcuna cura.

In seguito alla sua condanna a morte, in pratica dopo aver compreso di essere entrata in una fase terminale della malattia, qualcuno le parlò della nostra chiesa. Venne al santuario per ricevere la mia preghiera, come atto di ultima speranza verso Dio. Dopo qualche tempo, ritornò da me con un viso sano, mi ringraziò e se ne tornò a casa sua. Dio aveva guarito questa donna dalla leucemia terminale.

Gesù ha guarito i malati e resuscitato i morti, manifestando miracoli di ogni tipo durante il Suo ministero. Egli disse: «*Se non vedete segni e miracoli, voi non crederete.*» (Giovanni 4:48).

Un miracolo è un'opera di Dio che provoca il rapido cambiamento nella situazione per cui è stato invocato o un mutamento delle condizioni meteorologiche. Al tempo di Giosuè, nel corso della battaglia di Gabaon, il sole si fermò nel cielo (Giosuè 10:31). Al tempo di Isaia, l'ombra del sole tornò indietro di 10 gradi (2 Re 20:11), quando nacque Gesù i tre Magi arrivarono a Betlemme seguendo una particolare stella in movimento (Matteo 2).

Due diversi tipi di segni

I segni sono le opere di Dio che lasciano una traccia visibile, una prova tangibile di ciò che è successo. Nell'operare segni, a volte Dio Padre interpreta il ruolo principale, come nel caso dei segni dei tempi descritti nell'Antico Testamento o quelli di cui si parla in Apocalisse 15:01. In Marco 13:22 si legge: «*...perché sorgeranno falsi cristi e falsi profeti e faranno segni e prodigi per sedurre, se fosse possibile, anche gli eletti.*» Questo versetto dice: 'se fosse possibile' affermando che quest'azione è, in realtà, impossibile, cioè a dire, i falsi profeti non hanno il potere di compiere segni, ma 'se possibile,' avrebbero cercato di farlo per ingannare anche gli eletti di Dio. Gli esempi di segni di Dio Padre sono le dieci piaghe d'Egitto (Deuteronomio 6:22), e la fiamma che sale verso il cielo (Giudici 13:19-20).

Poi, ci sono anche altri segni, quelli che si verificano quando il Signore e lo Spirito Santo lavorano insieme. Di questi ne parla principalmente il Nuovo Testamento: Gesù che trasforma l'acqua in vino, la guarigione dei malati, la resurrezione dei morti, il ripristino della vista ai ciechi, dell'udito ai sordi e la parola che torna dai muti. Questi segni sono quelle «cose» che non possono essere compiute dagli uomini (Giovanni 6:2). Gesù, dopo aver predicato, compì molti segni, così che coloro che li testimoniavano potessero credere che la Parola di Dio è assolutamente vera. Sebbene sia molto più soddisfacente credere senza vedere, riconosco che non è affatto semplice impossessarsi della vera fede senza verificare di prima mano. Dove il peccato ha prevalso, il cuore delle persone diventa più ostinato, ed è maggiormente difficile possedere la vera fede. Oggi, per diffondere il Vangelo e salvare le anime, è più utile ed efficace manifestare segni e prodigi

Questi segni accompagneranno quelli che hanno creduto

Alcuni cristiani non credono, o meglio, trovano sia strano affermare che i segni descritti nella Bibbia possano essere manifestati anche oggi. Altri si fanno prendere dal dubbio e pensano: «Io ho pregato con fede, ma non è successo nulla...».

Ma, Gesù, non ha forse detto: «*Questi sono i segni che accompagneranno coloro che avranno creduto: nel nome mio scacceranno i demòni; parleranno in lingue nuove; prenderanno in mano dei serpenti; anche se berranno qualche veleno, non ne avranno alcun male; imporranno le mani agli ammalati ed essi guariranno.»* (Marco 16:17-18). Chi sono «coloro che avranno creduto»? Quelli che possiedono una fede spirituale perfetta. Romani 12:3 parla della misura della fede. Così come un seme che germoglia attraversa un processo – cresce, fiorisce e porta frutto – una volta che il seme della fede è piantato in noi, crescerà secondo la cura che gli riserviamo, motivo per cui la misura della fede di ognuno è diversa. Nella porzione in cui permettiamo alla Parola di cambiare il nostro cuore, Dio ci dà la fede spirituale dall'alto (Ebrei 10:22). Pertanto, se diamo alla nostra fede la possibilità di crescere fino a diventare perfetta, quei segni accompagneranno anche noi.

In che modo? Scacceremo i demoni nel nome di Gesù Cristo e parleremo in lingue nuove. Demoliremo le opere di Satana con la Parola di Dio, questo infatti è la giusta interpretazione di 'prendere dei serpenti in mano'. Non solo, coloro che possiedono la fede perfetta non soffriranno di nessuna malattia, non saranno attaccati da germi, e se, involontariamente berranno del veleno mortifero, questo non farà loro alcun male, perché Dio lo brucerà attraverso il fuoco dello Spirito Santo, come nel caso dell'apostolo Paolo che fu morso da una vipera sull'isola di Malta (Atti 28:5). Se però, proviamo Dio, bevendo del veleno coscientemente, Dio non ci potrà proteggere. Attraverso la fede perfetta, inoltre, la potenza di Dio guarirà malattie incurabili.

Cosa sono esattamente le 'Lingue Nuove'?

Cosa si intende quando leggiamo 'parleranno in lingue nuove'? Parlare in altre lingue è un dono dello Spirito Santo che Dio vuole che tutti i Suoi figli ricevano (1 Corinzi 14:05).

Di solito noi preghiamo Dio nella nostra lingua. Questa è la preghiera del cuore. Quando preghiamo in altre lingue, quella è la preghiera dello spirito (1 Corinzi 14:15).

Nel momento in cui ci rendiamo conto che siamo dei peccatori, ci pentiamo e accettiamo Gesù Cristo nel cuore, riceviamo lo Spirito Santo, e, in molti casi, congiuntamente, anche la facoltà di parlare in altre lingue, che è uno dei doni dello Spirito Santo. Quando riceviamo lo Spirito di Dio, il nostro spirito che era morto a causa del peccato originale di Adamo, torna a vivere. Se noi riceviamo il dono di parlare in lingue, è il nostro spirito vivificato che prega Dio per noi, in modo diretto. Se riceviamo questo dono e preghiamo in altre lingue, riceveremo più potenza nella preghiera, e la nostra anima prospererà.

Come novello credente, pregavo con tutto il cuore durante le mie sessioni notturne, ma quando ho iniziato a pregare in spirito, cioè in altre lingue, a cantare in altre lingue sotto l'ispirazione dello Spirito Santo, la mia vita ha preso tutto un altro corso. Cantando lodi in altre lingue, capitava che le mie mani si muovessero sole e addirittura, a volte, mi ritrovavo a danzare. Parlare in nuove lingue è una preghiera molto potente perché ci consente di raggiungere un livello spirituale molto più profondo.

Ti comando nel nome di Gesù Cristo

Anche le piante

Non siete anche voi grati a Dio che le stesse opere sorprendenti mostrate da Gesù sulla terra circa 2.000 anni fa sono possibili anche oggi per chi crede con fede? Dal momento in cui ho creduto nel Signore, pur non conoscendo molto della Parola di Dio, ho accumulato innumerevoli preghiere in cui chiedevo a Dio di manifestare attraverso di me le opere potenti che i profeti e gli apostoli avevano compiuto. Al tempo dell'apertura della chiesa, i segni che accompagnano quelli che credono, erano chiaramente manifestati tra di noi.

Subito dopo l'apertura della chiesa, nel 1982, le nostre offerte settimanali oscillavano tra i 30.000 e i 40.000 won (30-40 dollari americani). Avremmo voluto acquistare delle decorazioni floreali per l'altare, ma, non avevamo né una persona in grado di farle né abbastanza soldi per comprare i fiori. Nel mese di agosto, qualcuno ci portò un vaso che conteneva un piccolo albero con molte foglie. Non c'erano fiori, ma l'albero era carino e il vaso prezioso. Dopo circa due settimane, le foglie ingiallirono e sembrava che l'albero stesse morendo. Mi dispiacque molto, perché questo alberello aggiungeva bellezza al nostro luogo di culto. Mi chiesi se Dio, che può resuscitare un morto, mi avrebbe risposto se avessi pregato per l'albero... Con questo pensiero che mi lampeggiava nella mente, ho messo la mia mano sul tronco e pregai: «Rivivi, nel nome di Gesù Cristo!»

La mattina dopo, quando mi recai al santuario per condurre il servizio di preghiera all'alba, le foglie gialle erano diventate di nuovo verdi. Il giorno seguente l'albero si era ripreso completamente ed era tutto pieno di verdi foglie fresche. I fedeli che sapevano quello che era successo gioirono insieme con noi e glorificarono Dio. Ero davvero soddisfatto di aver visto l'albero morente tornare in vita. Nel mese di settembre, un vaso di crisantemi fu offerto alla chiesa. Guardando quei bellissimi fiori pensai: «...chissà se funziona anche al contrario, se comando ai fiori di morire chissà se mi ubbidiranno...» In fondo, pensai, anche Gesù maledisse il fico e l'albero si seccò.

Quindi pregai verso i fiori comandando alla pianta di morire, solo per fare quest'esperienza. Immediatamente fui colto da una sensazione di disagio nel cuore. Quella sera, Dio mi rimproverò aspramente, anche se nessuno mi aveva visto fare quella folle preghiera.

«Mio servo, anche una semplice pianta ha la sua vita e cresce perché Dio vuole che lo faccia. Come hai potuto maledirla? Volevi provarmi? Sei malvagio! Pentiti! Non puoi benedire o maledire a tuo piacimento. Devi farlo solo quando lo Spirito Santo muove il tuo cuore!».

Ero così sorpreso che stavo sudando. Ho subito iniziato un digiuno di tre giorni perché il mio pentimento doveva essere accurato. Da allora, anche quando sono stato perseguitato, calunniato, o maledetto, io non ho mai odiato e mai ho pensato nel mio cuore di pregare contro chi mi perseguitava. Come la Parola di Dio dice, ho pregato per coloro che mi hanno perseguitato e li ho benedetti con amore.

L'impegno verso la Missione Mondiale

«Invocami, e io ti risponderò, ti annunzierò cose grandi e impenetrabili che tu non conosci...» (Geremia 33:3). Aggrappato a questo versetto, ho pregato e lottato con Dio come fece Giacobbe. Ho invocato, ho digiunato in obbedienza alla Parola e ho cercato con tutto me stesso di viverla. Per questo Dio l'ha adempiuta. Ho ascoltato la voce di Dio, e, di tanto in tanto, Egli mi ha mostrato cose grandi e potenti, mettendomi addirittura a conoscenza di ciò che sarebbe successo nel mio paese e nel corso di situazioni mondiali con largo anticipo. Al momento dell'apertura della nostra chiesa, Dio ci fece sapere che, attraverso di noi, avrebbe compiuto la missione mondiale e ci avrebbe permesso di costruire un grande santuario per Lui.

Dal momento in cui sono stato chiamato ad essere un suo servo, ho pregato perché potessi diffondere il vangelo a tutti i popoli della terra e condurre molte anime alla salvezza. Poi, Dio mi ha dato il compito di compiere la missione mondiale, e ho ricevuto la sua Parola che mi è stata posta in questi termini: *«Attraverserai montagne, fiumi e mari e compirai segni e prodigi!»* Inoltre, Egli mi ha anche lasciato il dovere di predicare il Vangelo al popolo eletto, a Israele, negli ultimi giorni. Mi ha fatto sapere che il Vangelo sarebbe tornato alla sua patria di origine e anche gli ebrei, che oggi non riconoscono Gesù come loro Salvatore, si pentiranno.

Visione della costruzione del grande santuario

Subito dopo l'apertura della chiesa, avevamo sessioni di guarigione per tutta la notte del venerdì, e Dio dava una visione ad un membro della comunità ogni settimana. Verificavo personalmente se il dono ricevuto fosse effettivamente da Dio. Egli ci dà i doni dello Spirito Santo per la nostra edificazione, però, a volte, le persone ricevono ciò che non è un dono di Dio ma l'opera di Satana, e vedono cose strane che turbano la chiesa. Ecco perché abbiamo bisogno di discernere gli spiriti correttamente.

Un giorno, nel settembre 1982, durante un incontro di preghiera, Dio mostrò la stessa visione contemporaneamente a 17 tra fratelli e sorelle. Riguardava il grande santuario che dovevamo costruire. Alcuni videro il tetto dall'esterno, altri l'interno, altri l'entrata, alcuni ancora i pilastri di marmo. Nel soffitto si stagliava un grande lucernario a forma di croce in modo che il sole potesse entrare. Il pulpito era posizionato al centro e ruotava lentamente. Uno dei fedeli mi ha visto predicare all'interno di questo santuario pieno di gente.

Mettendo insieme tutte le immagini che i fedeli avevano visto in ogni dettaglio, ci siamo recati da un esperto che ha provveduto ad una modellazione dell'edificio e ad una veduta aerea del santuario. Ancora oggi abbiamo quella foto sulla prima pagina del nostro bollettino settimanale. Al fine di realizzare il sogno che Dio ci ha concesso sin dall'inizio del nostro ministerio, non abbiamo mai spesso di pregare con fede.

Egli ci ha anche spiegato perché il Gran Santuario è necessario proprio ora che sono gli ultimi giorni e che questo luogo, attraverso il quale Dio sarà glorificato, non verrà costruito solo in funzione del fatto che abbiamo i soldi per farlo. Egli desidera che il suo santuario venga fabbricato tramite i suoi figli che con passione e amore per Lui, hanno circonciso il loro cuore e si sono santificati.

Il primo risveglio nel mio paese di origine

Nel febbraio del 1983, ho portato il risveglio, per la prima volta, nella mia città natale. Tutto iniziò in una chiesa nel comune di Haeje myeon, Muan Gun, nella provincia di Jeonnam. La chiesa era vuota, vale a dire, non c'era nessuno dei fedeli che la frequentavano, ma, al contrario, era gremita di persone del villaggio.

Questa comunità aveva una storia molto triste. Una chiesa di un villaggio vicino, che apparteneva a una denominazione molto più grande, aveva allettato i membri della comunità del villaggio con il denaro e altre facezie, ragione per cui si stava svuotando. Il pastore aveva pensato che organizzando delle riunioni di risveglio i fedeli non avrebbero lasciato la chiesa, ma purtroppo, nessuno aiutò il pastore nell'organizzazione di queste riunioni, non solo, nessuno vi partecipò. Volete sapere il motivo di tanto ostracismo? Il pastore non aveva invitato un oratore famoso, ma un perfetto sconosciuto, non ancora ordinato neanche pastore dalla scuola teologica, di nome 'Jaerock Lee.'

Sin dalla prima riunione Dio ha manifestato grandi miracoli. Una donna, che non camminava da 10 anni e non dormiva a causa dei forti dolori alle ossa, ascoltò il messaggio e la sua fede crebbe. Attraverso la preghiera si alzò in piedi e camminò, non solo, andava in giro saltando su e giù. La notizia si diffuse rapidamente in tutti i villaggi della provincia e dal giorno successivo, le riunioni di risveglio continuarono gremite di credenti e visitatori ma anche di pastori provenienti da tutta l'area.

C'era una signora anziana la cui schiena era piegata a 90 gradi. La poverina camminava costantemente guardando a terra, ciononostante era lei che mi aveva assistito con bevande calde durante tutti gli incontri, all'alba, di giorno e nelle riunioni di preghiera serali, anche quando faceva molto freddo. In realtà, quello che mi portava da bere non mi piaceva, ma a motivo del suo impegno e dello sforzo che faceva, io lo bevevo sempre. L'ultimo giorno delle riunioni di risveglio anche la sua schiena fu raddrizzata completamente. Furono molte le persone che sperimentarono le opere di guarigione di Dio, dandone gloria a Lui. I membri ribelli di quella chiesa vennero a sapere ciò che Dio aveva compiuto, giungendo a comprendere che avevano fatto del male alla comunità, si pentirono davanti al loro pastore, e continuarono a frequentare le ultime riunioni di risveglio.

Comandare al monossido di carbonio nel nome di Gesù Cristo

A quel tempo, la maggior parte delle abitazioni utilizzavano il carbone per il riscaldamento casalingo, ragione per cui, in inverno, si verificavano sempre molti incidenti. Ogni giorno, infatti, sentivamo notizie di persone che erano morte o in fin di vita in ospedale a causa di avvelenamento da gas. Il 12 febbraio 1983, era un venerdì, l'inizio del nuovo anno lunare. Come di consueto la chiesa era piena di gente per la veglia di preghiera notturna. Utilizzavamo il seminterrato dell'edificio come mia residenza. C'erano le nostre stanze da letto, un soggiorno, la camera del custode e gli uffici.

Poco prima che la veglia cominciasse, un giovane di nome Suk-ki Park iniziò a sentire una forte sonnolenza e, volendo fare un breve pisolino per poi ritornare al servizio, andò nel piano interrato. Voglio premettere che questo ragazzo, pensava che, essendo il giorno dopo – sabato – una festa nazionale, il servizio domenicale a motivo di questo fosse sospeso. Aveva, infatti, pianificato di stare fuori con i suoi amici quel sabato e quella domenica.

Pensava di riposare solo per un po' e di ritornare alla veglia, ma cadde in un sonno profondo. Anche le mie tre figlie piccole stavano dormendo. Il santuario, che era solo di 540mq, poteva a mala pena ospitare 150 persone, e quindi non c'era spazio per i bambini. La chiesa era gremita di persone che riempivano tutte le stanzette adiacenti e che restavano in piedi sulle scale esterne del santuario.

Poiché quel giorno il cielo era coperto da nuvole molto fitte, il monossido di carbonio prodotto dal carbone, che è un gas, non veniva adeguatamente ventilato verso l'esterno. Il servizio di veglia del venerdì iniziava alle 23.00 e terminava alle 6.00. Ciò significa che le mie tre figlie rimasero esposte al gas mortale per oltre 7 ore. Il giovane ci disse in seguito di aver ripreso conoscenza una volta, ma siccome il suo corpo era già rigido, non riuscì a muoversi e in breve ripiombò in un torpore grave. Al mattino, quando i fedeli stavano tornando a casa, il custode fu il primo a scendere e a testimoniare quello che era succsso.

«Sono morti, aiuto, sono tutti morti!" I fratelli che erano ancora nella chiesa sentirono le grida del guardiano e accorsero. In breve portammo tutti sopra, le mie tre figlie e il giovane. Erano tutti privi di sensi, con gli occhi rivolti all'indietro completamente bianchi e la schiuma alla bocca. Una vista terribile!

Le mie tre figlie respiravano appena, ma il giovane, Suk-ki Park, non respirava più, il suo corpo era già rigido. Era, di fatto, cadavere. Conoscevo molto bene il pericolo del monossido di carbonio, ma non avendo mai avuto quel tipo di esperienza, non pensavo che potessero essere rianimati. Trovavo inimmaginabile che Dio riportasse in vita quattro persone attraverso la mia preghiera. Non solo, ero perfettamente cosciente che, dopo tutto quel tempo, anche se fisicamente si fossero ripresi e avessero ricevuto cure repentine in ospedale, il loro cervello era già stato danneggiato. Se fossero sopravvissuti sarebbero stati dei vegetali per il resto della loro vita.

Avevo appena iniziato il mio ministero, e continuavo a pensare che non avrei potuto in nessun modo tenere aperto il santuario dopo un incidente del genere, in cui ben quattro persone avevano perso la vita. Sarebbe stato come portare disgrazia al nome di Dio. Andai all'altare e pregai: «Dio, Tu sei colui che dà la vita e quello che se la riprende. So che le mie figlie saranno con il Signore in cielo, dove non ci sono lacrime, dolore, o sofferenza. Per questo ti ringrazio. Ma questo ragazzo, lui è un giovane membro della chiesa, se lui muore, questo porterà una grande vergogna al tuo nome. Ti prego, Dio, restituiscigli la vita.»

Dopo aver reso grazie a Dio nella preghiera, molti fratelli e sorelle pregavano in ginocchio perché il giovane si rianimasse. Pregai una prima volta sul cadavere del giovane e posai la mia mano su di lui: «Io ti comando nel nome di Gesù Cristo, gas velenifero, monossido di carbonio, vai via! Padre, riporta in vita il suo spirito e che tu sia glorificato!» Poi ho pregato sopra ognuna delle mie tre figlie, una alla volta. Ho pregato una seconda volta per il ragazzo e poi mi sono spostato su mia figlia più giovane, Soojin. Mentre stavo pregando per lei, il giovane si alzò e si mise a sedere sulle sedie del coro. Sembrava come se non capisse cosa stava succedendo, ricordava solo di essersi addormentato nel seminterrato. Poi, mentre stavo pregando per la mia secondogenita, Soojin, la piccola, riprese conoscenza e si mise a sedere. Neanche un minuto dopo tutte e tre le mie figlie erano coscienti e sedute. I fedeli che videro tutto questo succedere davanti ai loro occhi iniziarono a dare gloria a Dio carichi di emozione. Più tardi il giovane ci disse che il suo spirito aveva lasciato il suo corpo, e lui aveva osservato tutto quello che era successo sospeso nell'aria: il guardiano che l'aveva trovato, i fratelli che lo avevano trasportato fino in chiesa e io che avevo pregato per lui.

Il monossido di carbonio distrugge le cellule del cervello ed era assolutamente logico aspettarsi che i quattro morissero dopo averlo respirato per sette ore continue. Anche se fossero arrivati in ospedale in fin di vita e se, per assurdo, fossero sopravvissuti, le conseguenze sarebbero state devastanti. Invece, Dio li ha guariti ripulendoli del gas e da ogni possibile effetto collaterale. Il giovane e le mie tre figlie hanno continuato a vivere una vita sana senza alcuna conseguenza. Quando questo test mi si è presentato ho invocato Dio come primo e unico pensiero, non ho neanche immaginato di fare affidamento sul mondo. Dopo aver superato questa prova, compresi che il Signore mi aveva anche donato il potere di controllare e governare elementi privi di vita, come il monossido di carbonio ad esempio.

Dio mi aveva quindi insegnato a cacciare il monossido di carbonio. Il gas inizialmente paralizza le cellule cerebrali e in seguito i nervi. I sintomi di questa intossicazione sono prima la perdita di coscienza e poi l'indurimento del corpo. Dio mi ha insegnato che dovevo pregare così di fronte a intossicazioni da gas veleniferi: «Io ti comando, nel nome di Gesù Cristo, esci velocemente attraverso le narici, la bocca, le orecchie e attraverso tutte le cellule.» In questo modo, il gas obbedirà al comando del Signore, libererà il corpo e la persona guarirà in fretta.

Non sono stati guariti in dieci? Dove sono gli altri nove?

Ho pregato e Dio mi ha mostrato

Nei primi due anni dall'apertura della chiesa il mio impegno principale era quello di prendermi cura dei fedeli. Se qualcuno non veniva al servizio della domenica o se era affetto da qualche difficoltà, io digiunavo e pregavo e mi pentivo con lacrime per loro. La maggior parte di quelli che frequentavano la mia chiesa abitava abbastanza lontano dal locale di culto, nessuno tra di loro era benestante, alcuni erano addirittura in bancarotta e in preda alla disperazione.

Fino a che la chiesa era frequentata da un centinaio di persone, ero in grado di capire a colpo d'occhio se qualcuno non era presente la domenica. Digiunavo e pregavo sempre per i fratelli della mia chiesa, cercando di andare a far visita a tutti, e, quando non ci riuscivo mandavo qualcuno al mio posto. Ho cercato di non perdere nemmeno un'anima di quelle che il

Signore mi aveva affidato.

Consigli con Amore

Con amore a volte davo dei consigli o facevo notare qualcosa ai fratelli, spinto dal desiderio che crescessero nella fede. Quando ero preoccupato per qualcuno, se pregavo per lui o per lei, dopo dieci minuti il Signore mi faceva vedere cosa non andava nella vita di quella persona, nella famiglia o nel posto di lavoro.

Una domenica mi accorsi che un fratello che non aveva mai saltato neanche un servizio non era presente. Non riuscivo a smettere di preoccuparmi per lui. Pregai: «Signore, come mai non ha partecipato al servizio? Cosa gli è successo?» Poco dopo, Dio mi mostrò che quella domenica, invece di venire in chiesa, era andato in un pub. Dopo qualche tempo, gli riferii quello che avevo visto, perché ero convinto che non si sarebbe offeso o che questo non fosse motivo di inciampo per lui. Dopo averglielo detto il suo viso si fece rosso e lui mi confermò che quanto avevo visto era vero.

Ci fu un altro fratello, uno di quelli che rispettava sempre il giorno del Signore, che una domenica era stato presente solo al servizio mattutino. Ero preoccupato per lui e quindi pregai il Signore di aiutarlo. Dio mi mostrò che aveva partecipato a un ricevimento di nozze in cui si era ubriacato. Dopo diversi giorni gli parlai, raccontandogli cosa avevo visto minutamente: «Una persona che indossava un certo abito, di un certo colore insisteva perché tu bevessi, tu hai rifiutato ma poi alla fine hai ceduto e ti sei lasciato andare all'alcool...» Anche lui divenne paonazzo e potevo scorgere il suo profondo imbarazzo.

In seguito, mi resi conto che i fedeli stavano cominciando a sviluppare una certa paura nei miei confronti e questo li stava portando ad evitarmi. Io pregavo per loro e li vedevo commettere attività illecite, inganni, adulteri, menzogne e promiscuità. Questo spezzò il mio cuore.

Un giorno, durante la preghiera, il Signore mi parlò così:

«Non guardare ai membri della tua chiesa sotto la luce della situazione attuale. Guardali con gli occhi della fede e con la speranza che in futuro potranno cambiare. Quando sai che ti stanno mentendo, ascoltali e basta, non indagare su quello che fanno. Se ti fermi a quello che vedi ora come ora, il tuo cuore ne uscirà contrito e la tua anima marcirà, tu perderai la salute e non sarai in grado di fare il tuo dovere.»

Da allora ho rilasciato le questioni riguardanti la vita personale dei membri della mia comunità nelle mani di Dio, evitando di pregare nello specifico per conoscere le loro situazioni.

La chiesa non era solo frequentata da peccatori impenitenti. Infatti, venivano da noi persone da tutto il paese per ricevere guarigione, ma anche tanti che cercavano la Parola della Vita con una grande sete spirituale. Molti di quelli che sono stati guariti e che hanno visto i loro problemi risolversi, nel tempo hanno servito Dio dedicando la loro esistenza a Lui, tenendo gli occhi fissi unicamente sulle ricompense celesti. Altri, invece, hanno proseguito il loro cammino nel mondo cercando i propri vantaggi.

Liberarsi dagli idoli e camminare nella luce

Kyeongsoon Park era una donna che prima di conoscere il Signore, apparteneva a una delle tante famiglie che adoravano idoli. Sua suocera, che aveva una figlia debole di mente, praticava almeno un esorcismo al mese. Inoltre, la sua casa era piena di amuleti, sui mobili, tra i cuscini, attaccati al soffitto e in ogni altro angolo dell'abitazione.

Non molto tempo dopo l'apertura della chiesa, visitai questa famiglia per un servizio di culto casalingo e potevo vedere le forme di un demone che vagava fra le stanze. Le dissi che probabilmente da qualche parte c'erano ancora degli amuleti in casa. Lei insisteva: «No, pastore. Ho già cercato ovunque e li ho buttati tutti!». Le dissi di nuovo: «C'è ancora un demone qui e non se ne vuole andare, ci devono essere degli altri amuleti, devi trovarli e bruciarli!».

Quando Kyeongsoon Park ispezionò la casa di nuovo, in effetti, trovò degli altri talismani. Tutta la sua famiglia alla fine frequentò la chiesa e, uno a uno, hanno conosciuto Cristo. Lei, Kyeongsoon Parc, è stata guarita da una malattia cardiaca di cui aveva sofferto per lungo tempo e sua suocera da un problema allo stomaco.

Un ragazzo affetto da tubercolosi in fase terminale

Durante gli anni '80 erano in molti nel mio paese a soffrire di tubercolosi polmonare. Daehee Cho Kwangju si era già ammalato di questa infermità quando frequentava il liceo ed era stato curato in un centro sanitario pubblico, dove le sue condizioni migliorarono molto. Arrivarono gli anni del college e Daehee Cho Kwangju iniziò a bere e a fumare, ragione per cui, tutti i sintomi della tubercolosi polmonare si ripresentarono. Questa volta, però, la malattia si era ripresentata in una forma molto aggressiva e nessun farmaco pareva funzionare. La mamma di questo giovane pensò bene di consigliargli una serie di cure alternative, che includevano, tra le altre cose, la consumazione di serpenti, gatti, fegato crudo, succo di escrementi umani e trattamenti specifici per i lebbrosi. Su Daehee Cho Kwangju furono anche praticati degli esorcismi e gli fu fatto ingerire un sacco amniotico, ottenuto dal cadavere di una puerpera deceduta da poco e sottratto al cimitero. Tutto ciò perché si pensava che potesse 'fargli del bene'.

Nel gennaio 1982, l'ospedale universitario di Yonsei Severance gli certificò la perdita definitiva di un polmone. Venne immediatamente ricoverato, ma, non vedendo miglioramenti, la madre decise che era il caso di farlo dimettere e di portarlo a casa. Proprio in questo frangente, una delle nonne della famiglia andò a visitare il ragazzo. La signora anziana viveva vicino alla Chiesa Manmin e, sebbene non ci avesse mai frequentato, sapeva che molti malati ricevevano guarigione. Li vedeva entrare infermi e uscire sani, motivo per cui invitò il nipote a visitare la nostra chiesa. Il 13 marzo 1983, Daehee Cho, così magro da avere gli occhi fuori dalle orbite, partecipò alla veglia di preghiera del venerdì consapevole che questa era per davvero la sua ultima speranza. Intervenne alla riunioni di guarigione nei giorni seguenti sempre accompagnato da sua madre, e osservò un digiunò di tre giorni. Al terzo giorno del digiuno, Dio gli diede uno spirito di ravvedimento, e lui si pentì completamente e sinceramente, per ben tre volte. Il tredicesimo giorno dal momento in cui aveva messo piede in chiesa per la prima volta, Daehee Cho era certo di essere stato guarito. Alla fine dell'incontro di preghiera dell'alba, andò in bagno e sputò. Non c'era traccia sangue (cosa che invece si era presentata il giorno precedente). Non solo, quel dolore acuto al petto era sparito.

In seguito, Daehee Cho fu chiamato come servo di Dio e oggi è un assistente pastore della nostra chiesa.

Pregavo per la guarigione di tutti gli infermi, uno per uno

In un primo momento, quando i malati venivano in chiesa, pregavo per la loro guarigione immediata, pensando che fosse il modo migliore per far loro sperimentare la grazia di Dio e liberarli dal giogo dell'infermità. La mia preghiera era semplice: «Dio, guarisci tutti i malati non appena arrivano.» E Lui, rispondeva, ogni volta. Tutti i malati che arrivavano nella mia chiesa venivano guariti, immediatamente. Presto mi resi conto, però, che non sempre era presente il frutto della salvezza, che poi è la cosa più importante. Molti di loro, infatti, non appena venivano guariti e stavano bene, abbandonavano il Signore.

Una volta, ci fu una coppia di sposi che venne e restò per tutta la veglia del venerdì. Il marito aveva un tendine ferito a causa di un incidente stradale. Non riusciva a camminare bene, e i dolori erano così acuti che aveva difficoltà a stare seduto durante il servizio. Lo Spirito Santo si mosse tra di noi e io misi la mia mano su di lui. Subito dopo la preghiera, si alzò e saltò. Ciononostante, entrambi non vennero più in chiesa se non per un paio di volte.

Uno dei pastori della chiesa fece loro visita, e l'uomo gli disse: «Non è sufficiente che noi siamo già venuti al servizio un paio di volte, portando una mente grata per la guarigione? C'è forse qualcuno che mi darà dei soldi se veniamo in chiesa?» E con questo terminò. Era convinto che, essendo sano, non aveva necessità di frequentare una chiesa e continuò a perseguire il proprio beneficio nonostante Dio gli avesse concesso vita, grazia e guarigione. Se non fosse stato guarito da Dio, non avrebbe neanche potuto lavorare.

Mi ricordo di un'altra coppia sposata, la cui moglie diede alla luce il loro bambino al settimo mese. Dopo tre mesi di incubatrice il bimbo non era migliorato e i medici dissero di non nutrire molte speranze per lui. Dal momento che i genitori compresero che la scienza medica non poteva aiutarli, portarono il loro bambino in chiesa. Il bambino ricevette la preghiera e fu guarito, raggiungendo una forma perfetta per la sua età in soli quindici giorni.

«Pastore, ti ringrazio molto. Quando nostro figlio farà un anno faremo una grande festa e inviterò te e tutta la chiesa.»

«Ma certo...»

Il padre del bambino era così felice che mi disse della festa di compleanno preso da un momento di euforia. Lentamente, iniziarono a saltare servizi domenicali e quando il bambino compì un anno era già parecchio tempo che non frequentavano la chiesa, tanto che sì, fecero una festa, ma per le rispettive famiglie e altri conoscenti. Non invitarono nessuno di noi.

Un giovane credente del distretto di Kang-won era molto

malato, ma anche straordinariamente presuntuoso. Capitò nella nostra chiesa e fu mosso a pentimento. Pregai per lui e dei demoni uscirono dal suo corpo. Schiumò dalla bocca e cadde. Una volta che il demone fu fuori di lui divenne sano e mite. Fece ritorno alla sua chiesa e nessuno lo vide mai più.

Una signora anziana, che aveva perso la vista al punto da essere stata dichiarata completamente non vedente, udì della nostra chiesa, Si fece accompagnare dai suoi familiari e tutti vennero in chiesa insieme con lei. Fu guarita e riacquistò la vista al cento per cento. Immediatamente dopo la guarigione tutti lasciarono la chiesa e non vennero mai più.

Non peccare più

In Giovanni 5:14, dopo la guarigione di un infermo, Gesù lo trovò nel tempio e gli disse: «*Ecco, tu sei guarito; non peccare più, ché non ti accada di peggio.*»

Dal momento che sono stati guariti dall'amore e dalla potenza di Dio, avrebbero fatto meglio a osservare la Parola e a frequentare la chiesa colmi di gratitudine. Ma, se tornano a peccare, come potrà Dio proteggerli? A motivo del loro allontanamento, Dio ha voltato il suo viso e molti si sono ammalati di nuovo, perché se si abbandona la grazia di Dio, di certo malattie anche più gravi di quelle da cui siamo stati guariti possono colpirci.

La protezione assicurata dalla vita secondo la Parola

Un simile incidente si verificò nel mese di novembre del 1982.

A quel tempo, la veglia di preghiera del venerdì iniziava alle 23:00 per finire alle 6:00 di mattina. Poco dopo la mezzanotte, una coppia entrò nel santuario portando in braccio una bimba, che avrà avuto si e no cinque anni, in preda ad una crisi di pianto. La piccola non riusciva a sopportare il dolore intenso della sua grave infermità. Viveva a Busan, e le era stato diagnosticato un cancro terminale al pancreas.

I medici avevano cercato di operarla, ma, essendo il tumore troppo esteso preferirono non continuare. Inoltre, poiché il tumore cresceva, lo stomachino si era aperto e la sutura consisteva in alcune stringhe libere che contenessero il contenibile. Era una scena orribile. Il suo nome era Wonmi. Riceveva morfina più volte al giorno. Era l'unico modo per consentirle di sopportare il dolore. La bimba, era chiaro, stava per morire in casa, e il fratello del padre li convinse a visitare la nostra chiesa: «Andiamo, Dio guarirà Wonmi.» I poveri genitori che avevano perso qualsiasi speranza, decisero di partire per Seoul.

Pregai su questa bimba per quindici giorni. Quando ha ricevuto la preghiera per la prima volta, il suo dolore scomparve. Dopo un paio di giorni era visibile a occhio nudo che una guarigione fosse in corso. Il dolore era scomparso e lo stomaco si era sgonfiato tanto che pareva fosse normale. In questo modo i suoi genitori cominciarono ad avere fede. Consigliai loro di rimuovere la sutura dallo stomaco, ma di farlo fare in ospedale. Decisero che non mi avrebbero ascoltato e tolsero da soli i punti. Sorprendentemente, in un paio di giorni, il Signore guarì anche quella ferita, che sparì.

Wonmi, la piccola che stava morendo nei dolori più atroci, ora stava bene ed era guarita. Tutto in meno di 10 giorni. Aveva anche imparato dei canti di lode e qualche passo di danza nella scuola domenicale, dove cantava e danzava beatamente con alcuni suoi coetanei. I genitori si commuovevano ogni volta che la vedevano muoversi normalmente. Era intelligente e amata dai fratelli e dalle sorelle della chiesa.

La famigliola rimase in chiesa per quindici giorni dal momento in cui erano arrivati per la preghiera e poi partirono per tornare alla loro città natale. Quando ho pregato per i genitori di Wonmi, il Signore mi diede questa Parola per loro:

«*Una volta a casa dovranno osservare i dieci comandamenti. In questo modo la loro figlia crescerà sana. Se non lo faranno, io volterò il mio sguardo.*»

Mi raccomandai con loro di non dimenticare il giorno del Signore e di dare la decima, oltre che di osservare i dieci comandamenti come era stato loro indicato. Il padre mi rassicurò dicendo: «Grazie pastore! Naturalmente lo faremo. Ho anche deciso che, visto che la tua chiesa non possiede un autobus, io ve ne farò dono di uno non appena torno a casa.»

Di lì a poco mi giunse notizia che la bimba era, tristemente, deceduta. I genitori di Wonmi inizialmente frequentarono una chiesa, ma col passare del tempo, smisero di osservare il giorno del Signore. Certo, in tutto ciò è motivo di gratitudine sapere che lo spirito di Wonmi è stato salvato e lei vive felicemente per sempre nel regno celeste, dove il dolore non esiste.

«Dio guarisce secondo la fede di ognuno»

Dato che questo succedeva all'inizio del mio ministero, il mio cuore si spezzava ogni volta che vedevo il popolo di Dio ritornare nel mondo e abbandonare la chiesa, malgrado la grazia ricevuta.

«Dio, Padre, ti hanno incontrato, sperimentato e visto all'opera. Sono stati guariti! Come possono lasciarti semplicemente, così?» Piangevo tante lacrime davanti al Signore per questo motivo, fino a che un giorno mi parlò come segue:

«Quando ho guarito i dieci lebbrosi, nove si sono dileguati e uno solo ritornò a rendere grazie. Allo stesso modo, quando chiedi al Padre di guarirli con la tua fede, Egli lo fa, ma se loro non possiedono la verità e la vita in loro, abbandoneranno la grazia e lasceranno la chiesa. Solo se ascoltano la Parola e avranno una propria fede non abbandoneranno il Signore e, quando saranno guariti con la loro fede, non lasceranno la chiesa. Io li ho guariti in risposta alla tua fede, ma da ora in poi, prega in modo diverso, che siano guariti secondo la loro fede!»

L'obiettivo finale della vita cristiana è la salvezza del nostro spirito per poi vivere per sempre nel regno dei cieli, pertanto, quello che davvero conta per un credente è conoscere la volontà di Dio e avere la fede per entrare nel regno dei cieli. Quando Gesù guarì i dieci lebbrosi, solo uno ritornò per ringraziarlo (Luca 17:11-19). Gli altri nove se ne andarono, senza neanche dire grazie. Solo uno fu salvato.

La gente va chiesa perché soffre di malattie e la loro vita è complicata da tanti problemi. Quelli che frequentano i servizi di culto, ascoltano il messaggio, e conoscono la volontà di Dio, guadagnano fede e vita. È la volontà di Dio che siano guariti quando ricevono lo Spirito Santo, quando credono nel Paradiso e nell'Inferno, quando hanno la fede per essere salvati. Se vengono guariti senza possedere la fede, ad eccezione di coloro che hanno la coscienza molto buona, la maggior parte tornerà per il mondo e alla fine non saranno salvati. Da allora, ho cambiato la mia preghiera ed ora chiedo che «Dio li guarisca secondo la loro fede.» E Lui mostra il suo potere di guarigione quando loro mostrano la loro fede.

La fede che controlla le condizioni meteorologiche

Nell'agosto del 1983 organizzammo il primo ritiro estivo della chiesa, vicino all'isola Daebu a Inchon. La notte prima del ritiro pioveva molto forte con tanto di tuoni e fulmini. Il traghetto per arrivare sull'isola Daebu faceva la corsa una sola volta al giorno. A quel punto chiesi a Dio: «Come facciamo ad arrivare al luogo del ritiro con tutta questa pioggia? Ti prego, ferma la pioggia!»

Avevamo programmato di uscire alle 5 del mattino dalla chiesa, per cui, alcuni studenti che vivevano lontano stavano dormendo nel santuario quella notte. Volevo dormire un po' anch'io, ma non riuscivo a prendere sonno a causa del rumore della tempesta. Stavo sdraiato ma non dormivo. Pregavo nel mio cuore, quando verso le 03:00 sentii chiaramente la voce dello Spirito Santo, che mi diceva di non preoccuparmi. Finalmente si fecero le 4 e mi stavo preparando per andare nel santuario a condurre il servizio di preghiera all'alba come ogni giorno. Notai che già c'erano alcuni ragazzi. Dopo la preghiera, erano le 4:55, la tempesta era diventata ancora più intensa, i tuoni più rumorosi e i fulmini così violenti da sembrare che volessero colpire proprio i vetri delle nostre finestre.

Dissi: «Preghiamo insieme che questa pioggia smetta!» Dato che tutti eravamo stati testimoni di molti segni miracolosi, soprattutto durante le veglie del venerdì notte, servizio frequentato massicciamente dagli studenti e dai giovani che erano lì con me, avevamo tutti una fede salda. Pregammo ardentemente per un paio di minuti, ma i tuoni e i fulmini continuavano.

Dissi loro quanto segue: «Non vi preoccupate. Prendete i bagagli e scendete al primo piano. Non appena il primo di voi toccherà terra, la pioggia si fermerà!»
Quando feci questa coraggiosa proclamazione, tutti risposero con un bell' 'Amen', si alzarono e andarono giù al primo piano. Non appena il primo della fila mise il piede fuori la chiesa, la pioggia si fermò immediatamente, come anche i lampi e i tuoni. Attraverso quest'esperienza, Dio ci ha concesso la grazia di ricevere come dono una fede ancora più forte.

Ricevere spiegazioni su passaggi difficili e su 'Il messaggio della croce'

In seguito all'apertura della chiesa fui invitato a parlare a molte riunioni di risveglio. Predicavo la Parola in modo da piantare la fede in tutti quelli che ascoltavano dando loro l'opportunità di comprendere l'amore di Dio. Ogni volta che ho pregato per i malati, molti sono guariti. Gli zoppi hanno camminato, i non vedenti hanno recuperato la vista, non solo, eravamo sempre testimoni di molti miracoli. Dio stesso mi ha insegnato a predicare nelle riunioni di risveglio: su Gesù Cristo, Dio Padre, la vera fede e la vita eterna, i miracoli, la resurrezione, la seconda venuta del Signore e circa il regno dei cieli.

Di solito, gli incontri avevano luogo dal lunedì al giovedì, dalle 6 del pomeriggio. Alle 19:30 io iniziavo il messaggio della Parola di Dio per finire intorno alle 23:00, o le 24:00, se il pastore o i responsabili mi chiedevano di andare avanti con la predicazione. Dopo la sessione serale, dormivo per un paio d'ore, poi mi alzavo presto per guidare l'incontro di preghiera all'alba. Nel 1983 avevo praticamente girato tutta la nazione e ovunque predicavo alle riunioni di risveglio. Un giorno il Signore mi disse che era arrivato il tempo di smettere di predicare in giro per il paese e di andare in montagna a pregare.

Durante il tempo sulla montagna, Egli mi avrebbe spiegato i brani della Bibbia che mi erano di difficile interpretazione. Per ben 7 anni avevo pregato di ricevere illuminazione su passaggi biblici oscuri e su quelli che mi erano più complicati da comprendere. Finalmente, ricevevo la risposta dal Signore. Così, nel maggio del 1983, ho smesso di predicare alle riunioni di risveglio e sono salito sulla montagna di preghiera chiamata Kwangju a Kwangju, nella provincia di Kyeong-gi Do. Stavo sulla montagna dal lunedì al venerdì. Il venerdì pomeriggio scendevo per condurre la veglia del venerdì notte e restavo fino all'ultimo servizio di culto, quello della domenica sera, e, appena terminavo la riunione, ritornavo sulla montagna a pregare. Questa vita andò avanti per molti anni.

Lottando contro il ghiaccio d'inverno e l'afa soffocante d'estate

In montagna, d'estate il sole era molto forte, e, in inverno, la temperatura scendeva a meno 10 gradi. Come sempre, aprivo la mia coperta militare sulla roccia, mi inginocchiavo e gridavo verso il cielo in preghiera. Anche durante il freddo invernale, salivo in montagna e pregavo tutto il giorno, fino a sera. Sotto i meno 10 gradi, non importa quanto invocassi ad alta voce, mi infervorassi o lottassi in preghiera, continuavo ad avere freddo.

Dato che non avevo soldi, non potevo permettermi di prendere in affitto un alloggio accogliente e caldo. Potevo permettermi un solo pezzo di carbone per il riscaldamento al giorno. L'aria nella stanza era fredda e la finestra di carta di riso piena di spifferi permetteva che il gelo entrasse impregnando ogni spazio. Con me avevo l'inchiostro con cui scrivevo le spiegazioni che il Signore mi dava sui passaggi difficili della sua Parola, ma era così freddo che a volte l'inchiostro si congelava e io dovevo sfregare il contenitore tra le mani per farlo sciogliere per poter scrivere. Non avevo neanche delle coperte adeguate, e dormire con il sacco a pelo dell'esercito non era proprio comodissimo. Mi alzavo la mattina presto e mi recavo al santuario per partecipare al servizio di preghiera dell'alba. Dopo la prima colazione tornavo sul monte a pregare tutto il giorno.

I molti significati dei passaggi biblici più complessi

A volte spaccavo il ghiaccio e mi lavavo il viso con l'acqua fredda, poi, pregavo e leggevo la Bibbia per tutto il giorno. Alle 7 di sera, le persone presenti sulla montagna frequentavano la sessione di preghiera serale, così attorno a me era tutto tranquillo. Dopodiché, io andavo nella mia cella di preghiera e lottavo, e il Signore mi istruiva riguardo ai versi della Parola di Dio che avevo meditato e su cui avevo pregato durante il giorno, soprattutto quelli più complessi, facendolo in modo più dolce del miele. In particolare, comprendevo la volontà insondabile e infinita di Dio contenuta in quei versi. Vorrei condividere con voi solo un passaggio tra quelli più complessi che il Signore mi ha spiegato. In Giovanni capitolo 2, Gesù si recò al banchetto nuziale di Cana dove trasformò l'acqua in vino. Di solito, un banchetto di nozze è un'occasione in cui le persone bevono molto e si lasciano andare a comportamenti indulgenti. Ci si chiede, perché Gesù, che è venuto a salvare tutta l'umanità, decide di accettare l'invito ad un banchetto di nozze, mostrando proprio durante questo evento, il primo segno del suo ministero?

Il banchetto di nozze rappresenta la fine dei tempi, in cui la gente mangia, beve e lascia che il peccato prevalga. Il primo segno che Gesù compie contiene in sé i simboli relativi all'inizio e alla fine del suo ministero. Gesù fu invitato al banchetto nuziale di Cana: quando il mondo invitò Gesù lo fece per crocifiggerlo, ed Egli lo permise. L'acqua nelle otri al banchetto rappresenta l'acqua della vita, la Parola di Dio che dà la vita eterna. La Parola è Gesù, venuto su questa terra in un corpo umano. Il vino è il simbolo del sangue di Cristo: il Verbo che venne sulla terra in forma umana di lì a poco sarebbe stato appeso ad una croce dove avrebbe versato il suo sangue prezioso. Gesù che è sceso su questa terra piena di peccato stava per arrendersi e consegnare il suo corpo santo ad una croce su cui esaurire tutto il suo sangue e tutta la sua acqua. Questi versi ci mostrano una volta in più l'amore di Dio.

Aver trasformato l'acqua in vino significa che il sangue che Gesù avrebbe versato sulla croce sarebbe diventato il sangue che dà la vita eterna. Il vino che Gesù ha creato durante il banchetto nuziale era puro succo d'uva privo di qualsiasi sostanza inebriante. Gli invitati che bevvero il vino che Gesù trasformò dall'acqua dissero che era buon vino, a simboleggiare quanto gli uomini saranno felici quando i loro peccati saranno perdonati e la loro speranza sarà riposta nel regno dei cieli attraverso il sangue di Gesù.

Alla fine del miracolo l'apostolo scrive: «*Gesù fece questo primo dei suoi segni miracolosi in Cana di Galilea, e manifestò la sua gloria, e i suoi discepoli credettero in lui.*» (Giovanni 2:11). Qui, 'manifestò la sua gloria' è in relazione con gli altri quattro vangeli, al racconto della crocifissione e della resurrezione di Gesù, momento in cui Egli sconfisse il potere della morte manifestando tutta la gloria divina. Pertanto, questa breve espressione contiene un grande significato.

Quando Gesù fu crocifisso i discepoli si dispersero, e, anche di fronte alle prime testimonianze di quelli che avevano visto il Signore risorto, loro avevano difficoltà a credere. I discepoli credettero che Gesù era il Signore e che aveva sconfitto il potere della morte, non davanti al suo primo segno miracoloso ma solo in seguito alla crocifissione e alla resurrezione. Il primo segno che Gesù ha compiuto è per noi un chiaro simbolo della sua morte e della sua vita, e non solo la trasformazione di una bevanda eseguita per celebrare un matrimonio di tanti anni fa.

Il 'messaggio della Croce' e il segreto nascosto prima dell'inizio del tempo

Ogni volta che leggevo i quattro vangeli, che scrivono del ministero di Gesù, riuscivo con difficoltà a terminare la lettura a motivo delle lacrime che inondavano i miei occhi. Scoprire del suo amore e della sua grazia era ogni volta qualcosa di emozionante e commovente. Iniziavo a piangere leggendo di Gesù alla corte di Pilato. Quando poi arrivavo alle frustate, alle spine sul suo capo e alla crocifissione, singhiozzavo senza sosta. Non riuscivo a smettere di piangere e dovevo chiudere la Bibbia.

Ogni volta cercavo di controllarmi, ma ogni volta mi

occorrevano molti giorni solo per leggere i quattro Vangeli. Per molti anni dopo l'apertura della chiesa, sempre, leggendo questi passaggi, mi scoppiavano le lacrime. Ogni volta che prendevo la Santa Cena riuscivo a mala pena a controllare il pianto. Dopo questo nuovo tempo sulla montagna, dove Egli mi ha spiegato quanto sto per condividere con voi, ho iniziato a padroneggiare le lacrime, avendo compreso appieno perché Gesù scelse la strada della croce. Ora potevo leggere la Bibbia e partecipare alla Santa Cena con gioia e gratitudine. Dopo aver ricevuto la comprensione profonda del 'messaggio della Croce,' ho capito più intensamente l'amore di Dio.

Fu nel 1983, mentre mi trovavo in preghiera sulla montagna Kwangju, che il Signore mi spiegò il 'Messaggio della Croce', perché Gesù è il nostro unico Salvatore, perché possiamo essere salvati quando crediamo che Egli è il Salvatore, perché Dio pose l'albero della conoscenza del bene e del male nel giardino e perché Egli sta coltivando l'umanità su questa terra. L'Eterno mi spiegò che questo 'Messaggio della Croce' era un segreto nascosto sin dall'inizio dei tempi. Egli mi diede anche spiegazioni sul regno spirituale come descritto nella Genesi.

Dio mi concesse ancora di comprendere appieno e in profondità in quale modo noi possiamo partecipare alla natura divina attraverso i nove frutti dello Spirito, le Beatitudini e l'Amore Spirituale.

Come faccio a pascere il gregge con la Parola Spirituale?

Se mi fermavo a pregare nello stesso luogo per un periodo prolungato di tempo, la notizia si diffondeva rapidamente e gente da ogni dove veniva per ricevere la mia preghiera. Poiché sempre più persone mi conoscevano, mi dovevo sempre spostare di luogo in luogo per raccogliermi in isolamento. Avevo la profonda necessità di comunicare con Dio in preghiera, così come l'apostolo Giovanni mentre scriveva l'Apocalisse sull'isola di Patmos, sentivo l'urgenza di un luogo solitario, lontano dalle cose secolari.

Così, mi recai nella provincia di Kangwon Do nel villaggio di Jochiwon. Era estate e faceva molto caldo, e, a volte, mi ritrovavo inzuppato di sudore, questo però non mi portava nessun particolare disagio.

Avevo due domande che ponevo di continuo al Signore. La prima era: «Come posso far comprendere al gregge la tua volontà correttamente, donando loro il giusto messaggio in modo da nutrirli spiritualmente fino a quando possederanno la fede perfetta?» E la seconda: «Come posso pregare di più e ricevere lo stesso potere di Dio che avevano i profeti e gli apostoli, in modo che io possa compiere la missione mondiale a cui sono stato chiamato e costruire il grande santuario?» Ero così concentrato su questi obiettivi che non avevo tempo di pensare ad altre cose.

Nel maggio 1984, un paio di giorni prima del mio compleanno, la diaconessa Geumsun Vin, che è attualmente il direttore dell'Ufficio Editoriale delle pubblicazioni Urim, fece in modo che un suo parente nella provincia di Kangwon Do mettesse a mia disposizione la propria casa non abitata, così che potessi utilizzarla per pregare. Era situata in un luogo in cui per arrivarci occorreva prendere la barca a remi.

Dovevo ritornare a Seoul per la veglia di preghiera del venerdì e per i servizi di culto domenicali, ma sentivo che Dio mi stava spingendo a restare in quel luogo e a digiunare per 3 giorni. Alla fine dei 3 giorni di digiuno, Egli mi ammaestrò profondamente riguardo al regno spirituale e al regno dei cieli. Avrei desiderato passare il mio compleanno con la chiesa, ma fui così felice di essere rimasto e di aver digiunato, perché Dio mi fece un dono davvero speciale. Ciò che appresi sul regno dei cieli fu fondamentale. Suddivisi gli ammaestramenti in molti messaggi supportati da altrettanti passaggi biblici e li predicai nel corso degli anni alla mia chiesa. Questi messaggi sono stati trascritti e raccolti in due libri che poi abbiamo pubblicato in serie: *Cieli I e II*.

I vicini del mercato dicevano "Vai alla Chiesa Manmin"

C'era un mercato vicino alla chiesa. Il santuario era locato proprio al limite con i banchi, così tutti quelli che scendevano alla fermata dell'autobus, erano forzati a passare davanti alla chiesa per recarsi al mercato e viceversa. Al giorno d'oggi, le sedie a rotelle sono di utilizzo comune, ma negli anni '80 quasi nessuno poteva permettersene una in Corea, motivo per cui ai commercianti capitava spesso di vedere passare dei genitori con in braccio i figli in condizioni disperate, malati e disabili.

Ogni volta che ne vedevano passare uno, dicevano fra loro: «Stanno andando ad incontrare il pastore della Chiesa Manmin.» Quello che però li sorprendeva davvero era notare la stessa gente ripassare per andare a prendere l'autobus, e vederli sani, oppure incontrarli qualche giorno dopo che facevano la spesa tranquillamente con i figli guariti da condizioni disperate!

«Ma, tu non sei quello che ieri è passato da qui in barella?»

«Sì, sono io!»

«Ma come'è possibile che oggi cammini?»

«Ieri sono stato guarito dalla preghiera.»

Quasi tutti i commercianti dopo un po' di tempo sapevano che il nostro Dio è vivo, e, pur essendo troppo occupati a condurre la loro vita e non frequentando la chiesa, ogni volta che vedevano qualcuno che stava male, gli suggerivano di venire da noi.

Il Signore ha lavorato con noi

Il trasloco

Circa un anno dopo il servizio di inaugurazione, il santuario non poteva più contenere i fedeli. Eravamo cresciuti ancora. Quando c'erano i servizi di culto, le stanzette della preghiera, il corridoio, e anche l'ingresso erano pieni di gente. Non c'era assolutamente più spazio. Abbiamo così iniziato a pregare per un luogo più ampio.

Ci occorreva un locale di almeno 7.000 metri quadrati, ma la fede dei membri della chiesa non era abbastanza grande. Quando ho iniziato a pregare per il nuovo santuario, la Parola di Dio ci fu data in questi termini:

«Andate e costruite un riparo temporaneo in uno spazio vuoto. Crollerà e voi lo costruirete di nuovo per poi crollare nuovamente. Dopo di che, la mia

provvidenza sarà rivelata!»

Nel settembre del 1984, scoprimmo uno spazio vuoto sul tetto di un edificio a un solo piano adiacente il mercato. Dio mi disse di costruire proprio in quel luogo una struttura temporanea, ma non mi lasciava parlare ai fedeli del fatto che sarebbe crollata. Naturalmente, legalmente non era permesso costruire un edificio permanente sul tetto di una palazzina, quindi, dovei spiegare a tutti che era la volontà di Dio per noi di costruire una struttura temporanea proprio in quel luogo. Il proprietario dell'edificio era d'accordo, e si impegnò ad andare al catasto comunale per ottenere tutti i permessi necessari.

Dal punto di vista puramente umano, in effetti, non era semplice comprendere perché andare a costruire una struttura temporanea sul tetto di un edificio e adibirla a chiesa. Ma, poiché avevo ricevuto la Parola di Dio, decisi di obbedire. Non solo, io sapevo anche che di lì a poco la struttura sarebbe crollata.

Gettammo i primi mattoni e poco dopo gli ispettori comunali vennero e ci ordinarono di demolire tutto perché non conforme. Fu fatto e iniziammo la costruzione per la seconda volta. Di nuovo gli ispettori vennero e ci imposero la demolizione di quanto costruito fino a quel momento. Alcuni fratelli si lamentarono, certo, ma la maggior parte alzò lo sguardo a Dio, che opera tutte le cose per il bene, pregando intensamente con un solo cuore. I residenti delle case circostanti si chiedevano perché mai il comune fosse così aspro nei nostri confronti, perché tanta ingerenza, e iniziarono a prendere in simpatia la nostra comunità. Anche i commercianti del mercato erano ben consapevoli delle opere che Dio faceva attraverso la chiesa e tifavano per noi. Questa difficile situazione, invece di abbatterci, portò tra di noi una grande passione per il nuovo santuario tanto che ci sentivamo ogni giorno più uniti, e, a motivo di ciò, Dio stava già preparando un locale perfetto per noi.

Fino a quel momento avevamo cercato un edificio che facesse a caso nostro, conoscevamo bene la zona, ma non avevamo trovato nulla. Ora però, a distanza di qualche tempo – dopo il demolisci e ricostruisci – scoprimmo in zona un locale di 7.000mq appena ultimato. Era perfetto per noi! Dio ci disse che quello sarebbe stato il nostro nuovo santuario. A quel tempo la chiesa era frequentata con regolarità da 300 persone, e le offerte non avrebbero coperto sia le spese che quanto volevamo dare verso la missione mondiale. Nessuno dei nostri fedeli era ricco, quindi non era facile per me immaginare di preparare anche solo un paio di milioni di won. Solo il canone di affitto di quel luogo era di 40 milioni di won (40.000 dollari americani), a cui ne andavano aggiunti almeno altri 20 da destinare ai lavori interni per renderlo un santuario. Era davvero difficile pensare di realizzare tutto questo con la nostra fede comunitaria, ma, avendo appena attraversato un periodo di prova, la sete di un nuovo santuario crebbe e tutti pregavano con una fortissima unità d'intenti. In un lasso di tempo molto breve raccogliemmo tutto il denaro che ci occorreva per prendere in affitto la nuova costruzione. Infine, il 31 dicembre 1984, nell'edificio di 7000 mq in Dae-Bahng Dong, Dong-Jak Gu, ospitammo il servizio di inaugurazione. Attraverso la prova Dio aveva accresciuto la fede della nostra chiesa.

Una chiesa organizzata

La dimensione della comunità aumentava rapidamente, e Dio aggiungeva ogni giorno molti nuovi fedeli, la cui fede cresceva a motivo delle opere potenti che Egli manifestava tra di noi ogni giorno. Alcuni visitavano la chiesa solo per ricevere guarigione, ma molti altri arrivavano assettati della Parola della Vita.

Nell'ottobre del 1983 inaugurammo il Manmin Prayer Center. Con l'aiuto di Dio, mia moglie, Boknim Lee, conduceva ogni giorno riunioni di guarigione sia fisica sia spirituale, offrendo consulenza e preghiera a tutti quelli che visitavano il centro.

Nel gennaio del 1984 avviammo un centro dedicato solo alla preghiera continua per il regno e la giustizia di Dio dove «devoti della preghiera» si riunivano unicamente a questo scopo ogni giorno. I «devoti della preghiera» partecipavano anche alle riunioni di guarigione e aiutavano i malati a pregare. Nel marzo del 1984, aprimmo la scuola materna Manmin, una missione per i bambini. Nel giro di un paio di anni dall'apertura della chiesa, stavano prendendo forma e struttura concreta delle organizzazioni.

Nell'ottobre del 1985, mia moglie, come presidente del centro di preghiera, inaugurò gli incontri di preghiera serali/notturne. All'inizio erano frequentati da poche persone ma negli anni sono diventati quelli che noi oggi chiamiamo «Incontri di Preghiera di Daniele», frequentati da migliaia di persone che puntualmente si riuniscono e pregano dalla sera fino al cuore della notte, ogni giorno della settimana. Lee Boknim, presidente di questi centri, nonché mia moglie, ha condotto una vita incentrata sulla preghiera e il digiuno, non ha mai cercato unicamente la sua felicità personale e quella della sua famiglia, ma ha sempre vissuto per le anime. Attraverso di lei, molte volte Dio ci ha parlato con la voce chiara dello Spirito Santo e ci ha benedetto con la manifestazione di tante opere potenti.

Tutt'ora mia moglie conduce ogni sera/notte gli appuntamenti di preghiera di Daniele. Molti fratelli e sorelle sperimentano la potenza di Dio e ricevono le risposte che cercano proprio durante questi incontri, che sono la forza motrice della nostra chiesa, perché molti fedeli hanno conosciuto una grande prosperità in obbedienza alle risposte ricevute proprio frequentando queste riunioni.

Quelli che erano assetati della Parola di vita hanno trovato messaggi spirituali, pace e riposo. Coloro che hanno ricevuto risposte e soluzioni ai loro problemi sono rimasti in chiesa, e per questo la comunità è diventata una struttura consolidata.

Uno studente di medicina con tumore cerebrale

Sooyeol Cho era nato in una famiglia cristiana. Aveva sviluppato una malattia chiamata, 'fibroma nasofaringeo' che consiste nell'ammassamento dei vasi sanguigni all'interno del naso che poi si trasformano in un tumore che sale fino al cervello.

A quel tempo, un parente di Sooyeol Cho era il vice direttore del Seoul National University Hospital. Fu curato con ogni dovizia, e subì un intervento chirurgico molto invasivo per otto ore. Purtroppo, dopo l'intervento, il blocco del naso ritornò. All'università il ragazzo frequentò delle amicizie mondane e i suoi sintomi peggiorarono. Tre mesi dopo l'intervento chirurgico,

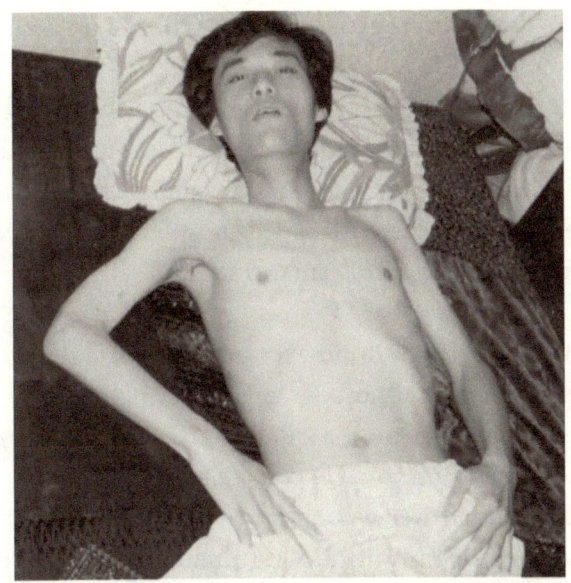

Sooyeol Cho affetto da polmonite

Oggi è un pastore in perfetta salute

il naso si bloccò di nuovo e Sooyeol Cho iniziò a sanguinare senza sosta.

Andò in ospedale e il medico gli confermò che il tumore celebrale era nuovamente in formazione. Nel dicembre del 1984, Sooyeol Cho si rese conto che la scienza medica non poteva fare più niente per lui. Sentì parlare della nostra chiesa e, insieme con la sua famiglia, iniziò a frequentare i servizi.

Nel gennaio 1985, dopo aver partecipato a delle riunioni di risveglio, ricevette molta grazia e cominciò a stare meglio. I medici gli suggerirono, a quel punto, un altro intervento chirurgico, operazione a cui Sooyeol Cho si sottopose.

Nel 1986, dopo aver avuto, per ben dieci volte delle emorragie estenuanti, e due episodi di sanguinamento rettale profuso, comprese che la sua vita era legata alla grazia di Dio.

Un giorno, mi trovavo in preghiera a Jochiwon, sentii un peso fortissimo per Sooyeol Cho e compresi che era in condizioni estremamente critiche. Invocai Dio in lacrime per lui.

Una diaconessa che pregava molto nella nostra chiesa ebbe una visione e disse che si vide aggrappata al bordo del mantello di Gesù per chiedergli la vita di questo giovane. Ogni volta che il giovane era in una situazione di pericolo di vita, lo Spirito Santo me lo faceva sapere. Da allora, Sooyeol Cho arrivò ad avere una fede spirituale ferrata.

Ogni volta che non pregava e non era pieno di Spirito Santo, il grumo del naso cresceva, la gola rimaneva bloccata, la lingua gli usciva dalla bocca e il coagulo veniva fuori attraverso le narici. Allora si pentiva, veniva da me, riceveva la preghiera e tornava pulito. Attraverso questo processo, il giovane si liberò dei suoi pensieri carnali e della malvagità che abitava in lui. Sentì che doveva offrire un digiuno e si disse: «Se devo morire, morirò!»

Fece del suo meglio per cambiare sé stesso e infine divenne un uomo completamente sano e oggi serve la chiesa come assistente pastore, ha una famiglia felice e vive con sua moglie e suo figlio.

Avvelenamento da monossido di carbonio

Nel febbraio del 1985, era un sabato pomeriggio, stavo pregando nella mia stanza. Fuori dalla porta c'era molta confusione, sentivo del vociare, poi qualcuno gridò che c'era un cadavere. Terminai la preghiera, uscii fuori e vidi una sorella della chiesa avvelenata da monossido di carbonio.

Era tornata a casa al termine della veglia di preghiera del venerdì, aveva acceso una stufa a carbone e si era addormentata.

Alle 14:00 del sabato, uno dei suoi vicini di casa, la trovò che aveva già respirato molto gas per molte ore, per cui il suo corpo era già paralizzato. Il vicino la portò presso la mia residenza. Arrivò che sembrava cadavere, in realtà era ancora viva ma incosciente, e il suo corpo già rigido e freddo.

Ho messo la mia mano su di lei e pregai: «Nel nome di Gesù Cristo, te lo comando, monossido di carbonio, gas, vattene! Vattene attraverso gli occhi, le narici, la bocca, e dalle cellule di tutto il corpo!» Non appena finii la mia preghiera, le presi la mano e sentii un certo calore, e, lentamente, vidi che apriva anche gli occhi. Poi, il suo corpo irrigidito cominciò ad ammorbidirsi. Delle sorelle che le stavano intorno la massaggiavano e dopo un paio di minuti, recuperò anche un minimo di movimento, si mise a sedere e si ristabilì completamente, senza postumi.

Se dopo il ritrovamento fosse stata portata in ospedale, non avrebbe potuto sperare in alcun recupero, perché, anche sopravvivendo, i danni cerebrali che il monossido provoca sono devastanti e permanenti. Ma, lo stesso Dio onnipotente che resuscita i morti, mostrò la sua potenza e nel giro di pochi minuti tutto era tornato normale. La sorella riportata in vita si chiama Minsun Lee ed in seguito ha sposato Jeon-Hwan Cha, uno dei pastori della nostra chiesa.

«Per favore, vai a Shindaebang Dong»

Mi è capitato in varie occasioni di pregare su delle persone che avevano già smesso di respirare. Nel giugno 1985 successe qualcosa alla figlia di due anni del diacono Seok-hee Cho, la piccola Seung-ah. La mamma era in cucina che stava preparando delle salsicce e la piccola le si avvicinò tendendo la mano, così la madre le diede un piccolo pezzo di carne. La bimba si allontanò dalla cucina e andò in un'altra stanza. Poco dopo la mamma si rese conto che Seung-ah stava morendo soffocata, era diventata completamente blu e la sua boccuccia era piena di bollicine. Successe tutto improvvisamente, nel giro di una manciata di minuti.

La mamma, di corsa, la prese in braccio e chiamò un taxi. La mamma di Seung-ah aveva visto con i suoi occhi il Signore guarire malattie incurabili e i morti tornare in vita nella Chiesa, dimostrò, infatti la sua fede in Dio e disse al tassista di andare a Shindaebang Dong. Lui le chiese perché mai andare così lontano, visto che in zona c'erano degli ospedali dove portare la bambina. La mamma rispose così:

«No, è che a Shindaebang conosco un medico molto

competente...»

Ero a casa nel momento in cui la piccola arrivò, così potei pregare per lei. Seung-ah aveva smesso di respirare e il suo corpo era già freddo prima di scendere dal taxi. Invocai Dio con tutte le mie forze di riportare nel corpo morto di questa bimba il suo spirito. Non appena finii di pregare, la bimba si svegliò e iniziò a respirare normalmente. Da allora è cresciuta bene e senza conseguenze. Mentre scrivo, Seung-ah è sposata da 3 anni e suo papà è il pastore della Chiesa Manmin di Suncheon Suncheon City, nella provincia di Jeonnam.

La potenza di Dio guarisce anche le ustioni di terzo grado

Il 6 aprile del 1986, era una domenica, la diaconessa Eun-deuk Kim, che allora aveva 62 anni, ebbe un incidente mentre lavorava nella cucina della chiesa. Su uno dei fuochi del piano cottura c'era un grosso pentolone in cui stava bollendo dell'acqua per cuocere molti chili di spaghetti.

Eun-deuk Kim scivolò e nel tentativo di aggrapparsi, istintivamente, allungò la mano prendendo un manico della pentola che, di conseguenza, si capovolse, rovesciandole addosso tutta l'acqua bollente sul petto, sull'addome, sulle braccia e sulle gambe. Un'ustione gravissima. Fu per pura fortuna che l'acqua bollente non le colpì anche la testa e il viso.

Non appena sentii ciò che era successo corsi in cucina e, mentre era ancora sdraiata sul pavimento, pregai per lei. Le ustioni erano così gravi che la pelle si era fusa al tessuto dei suoi vestiti. Stava per svenire, era debolissima, ma non appena pregai, lei disse che sentì quel calore insopportabile lasciarle il corpo.

Il calore uscì attraverso le costole di sinistra e quelle di destra, e tutto il resto del calore la lasciò attraverso il piede destro, secondo il suo racconto.

Anche se il bruciore era andato via, le parti del corpo ustionate sembravano sul serio carne arrosto, e, laddove i vestiti si erano fusi alla pelle, la carne era strappata. Era in una condizione miserabile. Se fosse andata in ospedale per com'era, non ci sarebbero state molte garanzie di sopravvivenza. Anche se ce l'avesse fatta, ci sarebbero voluti molti anni per riparare la pelle con degli impianti, e in ogni caso, le cicatrici sarebbero state insopportabilmente violente. La portammo nella mia residenza e pregai per lei una volta al giorno. Non prese nessuna medicina,

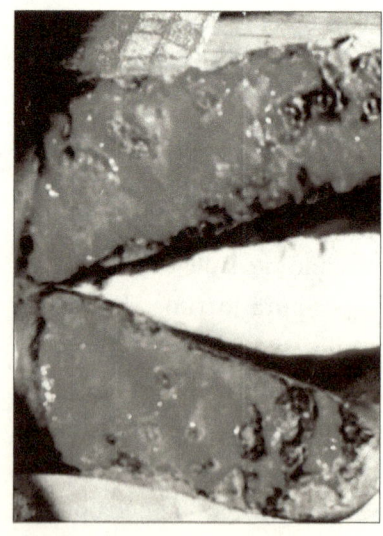

Guarita da ustioni di terzo grado

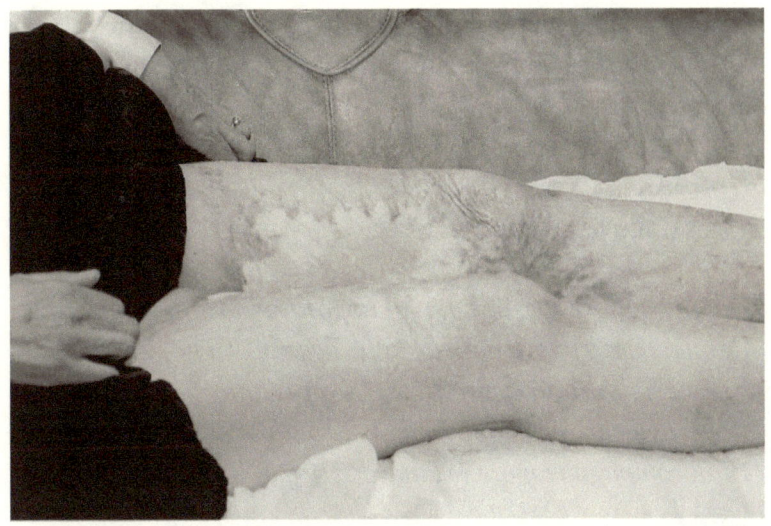

Completamente guarito. Dopo la preghiera sul suo corpo, nuova carne ha iniziato a crescere

nessun farmaco. Dio operò e il suo recupero fu veloce.

Le cellule completamente ustionate e morte diventarono croste, proprio come la corteccia di un albero. Presto quell'insolita scorza cadde per lasciare spazio ad un'epidermide fresca e sana. Nuova carne e nuovi vasi sanguini si andavano formando sotto quelle ustioni violente. La pelle morta riprendeva vita e i fedeli che la visitavano vedevano questo processo accadere davanti ai loro occhi. Neanche tre mesi dopo, la diaconesssa Eun-deuk Kim era completamente guarita e ritornata del tutto normale. Oggi, mentre scrivo, (è il 2012 n.d.r.), Eun-deuk Kim ha 87 anni e continua a condurre una vita cristiana fedele e diligente.

Passione per il lavoro

«Il Signore Gesù dunque, dopo aver loro parlato, fu elevato in cielo e sedette alla destra di Dio. E quelli se ne andarono a predicare dappertutto e il Signore operava con loro confermando la Parola con i segni che l'accompagnavano.» (Marco 16:19-20)

Quando i discepoli andarono a predicare, il Signore operava insieme con loro. Allo stesso modo, sebbene siano le mie mani ad essere imposte sui malati, in realtà, sono le mani macchiate di sangue del Signore ad essere su di loro. Quelli che hanno il dono delle visioni o che vedono le cose spirituali, hanno più volte testimoniato di aver scorto il Signore imporre le sue mani insieme a me quando prego.

A ogni servizio di culto prego per i malati, e spesso le persone vedono una massa di fuoco uscire dalle mie braccia. Questo fuoco, che è il fuoco dello Spirito Santo, raggiunge i credenti ognuno secondo la sua fede e brucia le malattie. Io faccio solo ciò che devo: poso le mie mani su di loro e prego con tutto il cuore e con fede perché guariscano e i loro problemi siano risolti, e Dio risponde a queste preghiere attraverso il fuoco dello Spirito Santo.

L'ispirazione dello Spirito Santo e le cose future

Ordinato come pastore

Nel maggio del 1986, quattro anni dopo l'apertura della chiesa, fui ordinato pastore, e, in giugno abbiamo offerto il servizio di affidamento della chiesa. Quel giorno, i membri della chiesa mi hanno regalato una grande chiave d'oro come simbolo della loro fiducia e del loro amore. Il servizio di affidamento è un simbolo attraverso il quale mi veniva data la piena autorità della chiesa come pastore e che, in quanto tale, i fedeli mi avrebbero dimostrato fiducia e obbedienza. Conservo ancora questo dono sincero come un tesoro prezioso.

Dopo la cerimonia, il Signore mi ha guidato a offrirgli una «preghiera di Daniele» di 21 giorni. Digiunai e cercai il viso di Dio intensamente, presso il mio rifugio di preghiera a Jochiwon, nella provincia di Chungnam. Il Signore cominciò a spiegarmi l'Apocalisse, il libro delle rivelazioni riguardo gli ultimi giorni.

A partire dal 20 luglio 1986, una domenica, ho iniziato a dare alla mia chiesa una serie di insegnamenti riguardo l'Apocalisse, messaggi che sono andati avanti per circa quattro anni, fino al 20 dicembre 1989. Coloro che erano interessati o avevano una seppur minima conoscenza del reame spirituale e desideravano saperne di più, seguirono queste lezioni con grande gioia.

Le veglie del venerdì frequentate da visitatori da tutto il paese

La chiesa cresceva molto velocemente, grazie anche alle riunioni di risveglio, e ben presto, anche il nuovo edificio non era più adatto alle nostre esigenze.

Nel 1987, abbiamo preso in affitto una costruzione a Shindaebang Dong, Dongjak Gu, il nostro terzo santuario. A soli tre mesi dal servizio di apertura, la chiesa, arrivata ad essere frequentata regolarmente da 3000 perone, era di nuovo troppo piccola. Decidemmo di utilizzare come santuario sia il terzo che il secondo piano, sebbene fossero separati, ma in ogni caso, non potevamo ospitare tutti, perché semplicemente non c'era più posto. Spesso delle persone dovevano tornare a casa perché non entrava più neanche uno spillo.

Nel giugno del 1989 siamo cresciuti fino a diventare 6000. Stavamo diventando una mega chiesa. Dall'apertura era stato sempre il mio desiderio di concentrami sulla Parola e la preghiera per adempiere pienamente il lavoro che Dio mi aveva affidato. Per questo motivo ho lasciato la cura dei fedeli ai miei assistenti pastori. Ai giorni della chiesa primitiva, proprio per poter fronteggiare la crescita, gli apostoli scelsero sette diaconi per fare il lavoro comunitario, così da potersi concentrare sulla Parola di Dio e sulla preghiera (Atti 6:3-4). Proprio per questo motivo, non sono mai stato direttamente coinvolto negli aspetti economici della chiesa e ho stabilito dipartimenti specifici per ogni area di lavoro.

Organizzavamo conferenze per i pastori una o due volte l'anno, in modo da incoraggiarli e fare di loro dei ministri potenti. Io desideravo dal profondo del cuore che i miei assistenti pastori diventassero dei ministri di Dio forti, amati da Dio e dalla chiesa anche più di me, ecco perché ho fatto del mio meglio per suscitare più pastori possibili.

Ormai la veglia di preghiera del venerdì era un appuntamento ben noto in tutta la nazione, tutti sapevano che lo Spirito Santo si muoveva tra di noi durante questo servizio, e molte persone venivano a farci visita ogni settimana da tutto il paese, a prescindere dalla loro denominazione. Era meraviglioso vedere i visitatori arrivare, essere riempiti di Spirito Santo durante la notte e tornare alle loro rispettive chiese la mattina dopo!

Dalla veglia del 12 dicembre 1986, e per tutti i venerdì successivi, ho dato il via a una serie di messaggi sul libro di Giobbe, esattamente come il Signore me lo aveva illustrato. Ho finito di predicare su questo soggetto venerdì 11 dicembre 1992.

Erano messaggi spirituali molto differenti dalle altre interpretazioni sul libro di Giobbe, messaggi preziosi, approfondimenti sul cuore di quest'uomo, in modo che attraverso questi studi anche noi potessimo trovare, ed estirpare, il male e la menzogna nel nostro cuore.

Dal 1989 in poi, il Signore cominciò a insegnarmi riguardo lo spirito, l'anima e il corpo dei suoi grandi servi, con molto dettaglio, e le diverse 'dimensioni' in cui siamo immersi. Come il Signore mi ammaestrava, io condividevo con la mia chiesa i messaggi che ricevevo da Lui, e i loro occhi spirituali ora erano aperti sul serio, e questo era evidente anche nel cambio radicale nella vita della chiesa. Nella misura in cui la loro fede cresceva, avevo il dovere di insegnare loro cose nuove e così ho dovuto continuare ad approfondire il regno spirituale.

Non paglia ma anche un solo chicco di grano

Un giorno, mentre ero in preghiera, il Signore mi disse con cordoglio:

> «*Mio servitore, presto, presto, pubblica dei libri con tutti i messaggi che io ti ho insegnato. Ad oggi sono pochi quelli che dicono di credere e hanno la vera fede. Sono pochi quelli che saranno salvati. Pensano di credere, ma si sbagliano, fraintendono e vivono in anarchia!*»

Gesù disse: «*Quando il Figlio dell'uomo verrà, troverà la fede sulla terra?*» (Luca 18:8) Oggi, il peccato e l'anarchia spirituale prevalgono così tanto che è molto difficile trovare persone che possiedono la vera fede spirituale, quella che Dio vuole.

Quando i contadini fanno la raccolta, dividono il grano dalla pula, con cui, alla fine, faranno un falò. Allo stesso modo, Dio preferisce anche un solo chicco di grano, piuttosto che grandi quantità di paglia, in quanto, solo il grano entrerà nel suo regno

(Matteo 3:12). Egli desidera che noi preghiamo diligentemente, agiamo secondo la sua Parola e ci liberiamo dei desideri della carne per portare a termine il desiderio del suo cuore, che è uno spirito integro. (1 Tessalonicesi 5:23).

In seguito agli insegnamenti su 'spirito, corpo, anima' e sulle 'dimensioni' in cui viviamo, la chiesa compreso con maggiore profondità la volontà di Dio e come liberarsi dal peccato.

È semplice, se nessuno ci parla del peccato, lo conosciamo poco o per niente. Se le persone non sono consapevoli dei compromesso che fanno con il mondo, è probabile che finiranno per essere pula senza salvezza. Ecco perché è fondamentale che i pastori insegnino alla loro chiesa che cos'è il peccato.

Basandomi solo su Dio per i messaggi

Quando Gesù diede il suo mandato ai discepoli, disse loro: «*Ma quando vi metteranno nelle loro mani, non preoccupatevi di come parlerete o di quello che dovrete dire; perché in quel momento stesso vi sarà dato ciò che dovrete dire. 'Poiché non siete voi che parlate, ma è lo Spirito del Padre vostro che parla in voi'.*» (Matteo 10:19-20). L'anno in cui ho aperto la chiesa, ero uno studente all'ultimo semestre del seminario teologico, dovevo fare i compiti per continuare a frequentare la scuola, preparare più di 10 messaggi a settimana (per il servizio di preghiera dell'alba, il venerdì per la veglia e per i servizi domenicali della mattina e della sera), visitare e consigliare i fedeli e pregare personalmente per i malati. Ero sempre troppo occupato.

Non avevo nemmeno il tempo di scrivere i sermoni su un

quaderno, così pregavo, Dio mi dava il titolo e il passaggio biblico da cui leggere. Poi pregavo e una volta sul pulpito, la Parola di Dio volava nella mia mente e io ero in grado di trasmetterla alla chiesa.

Oggi, i servizi di culto vengono trasmessi dalla nostra congregazione in diretta in tutto il paese e in altre nazioni attraverso satelliti e internet, adesso preparo sempre in anticipo i messaggi e porto con me le note. Ma, all'inizio della chiesa, predicavo spesso senza appunti davanti a me.

Sono solo un servitore indegno

Un giorno, era l'aprile 1987, dato che non riuscivo a pregare a sufficienza per mancanza di tempo, non ho ricevuto alcuna ispirazione durante il messaggio, mi rendevo conto da solo che qualcosa non stava funzionando e la predicazione non andava bene. Alla fine del servizio andai davanti a Dio, profondamente dispiaciuto per quello che era successo. Ogni volta che affrontavo questo tipo di situazione, mi rendevo conto di quanto io fossi nulla e che, se riuscivo a combinare qualcosa era solo grazie a Dio che è con me. Se Dio mi abbandonasse, non sarei in grado di parlare da un pulpito, non potrei ricevere risposte alle preghiere e portare guarigione ai malati, lo Spirito Santo non agirebbe nel cuore dei fedeli e la chiesa non sarebbe stata in grado di cambiare e avanzare nel suo cammino verso il cielo. Certo, ero riuscito a realizzare alcune cose, ma pur sempre consapevole di essere solo un servo indegno di fronte a Dio. Avevo ricevuto un grande potere dall'alto ed ero stato usato come strumento efficace nelle sue mani, ma mai e poi mai avrei potuto gloriarmene.

Nell'aprile del 1987 fu pubblicato il mio primo libro, «*Gustare la vita eterna prima della morte*», in cui racconto la mia testimonianza. Il libro è tutt'ora in ristampa ed è diventato un best-seller, è stato tradotto in molte lingue e viene distribuito in molti paesi del mondo. Attraverso questo testo, numerose persone sono giunte a credere nell'Iddio vivente, nel Dio della guarigione, nel Dio che dà risposte alle preghiere, e nel Dio dell'amore.

Soojung Maeng viveva in Germania quando un pastore famoso le regalò il libro. Lei lo lesse e ne ebbe una buona impressione. Quando tornò in Corea frequentò i servizi della nostra chiesa per un periodo finché diventò un membro regolare. La sua vita iniziò a cambiare attraverso la Parola della Vita ed in breve fu ripiena di fervore per diffondere il Vangelo, e in questo momento, è una missionaria che vive a Washington D.C., dedicandosi alla diffusione del Vangelo.

«Buongiorno a tutti i nostri ascoltatori, questa è la CBS Radio, ed oggi vi presentiamo la storia del Reverendo Jaerock Lee, il fondatore della Chiesa Manmin Centrale...»

Dal 1 al 30 giugno, nel programma chiamato 'tu sei con me' della CBS radio, la mia testimonianza fu trasmessa sotto forma di opera teatrale radiofonica. Per un mese, in onda due volte al giorno, al mattino e alla sera. Per mezzo di questo programma molte persone in tutto il paese conobbero la grazia di Dio attraverso la mia testimonianza e ricordarono il mio nome.

Il 18 agosto, mi sono recato presso gli studi della CBS per registrare la mia testimonianza per un programma radiofonico chiamato «Rinnovami.» A quel tempo, il produttore mi chiese di non dire esplicitamente che Dio mi aveva guarito, perché parlare di miracoli poteva provocare obiezioni. Io ovviamente non ero d'accordo con questo, così ho sorriso. Durante l'intervista raccontai la mia storia e il processo di guarigione divina di cui avevo beneficiato. Il giorno della data prevista per la messa in onda della mia storia, la mia testimonianza non fu trasmessa, così chiamai l'emittente. Il nastro era sul punto di essere distrutto, ma, con l'aiuto di un'altra persona, riuscimmo a salvarlo e a farlo trasmettere per un'ora. Sapevo che sarebbe stato molto meglio, se fosse stata trasmessa la verità così com'è.

Profezie per ispirazione dello Spirito Santo

Dio ci dà i doni dello Spirito Santo per il nostro bene (1 Corinzi 12:7).

«Desiderate ardentemente l'amore, non tralasciando però di ricercare i doni spirituali, principalmente il dono di profezia. Perché chi parla in altra lingua non parla agli uomini, ma a Dio; poiché nessuno lo capisce, ma in spirito dice cose misteriose. Chi profetizza, invece, parla agli uomini un linguaggio di edificazione, di esortazione e di consolazione. Chi parla in altra lingua edifica sé stesso; ma chi profetizza edifica la chiesa. Vorrei che tutti parlaste in altre lingue, ma molto più che profetaste; chi profetizza è superiore a chi parla in altre lingue, a meno che egli interpreti, perché la chiesa ne riceva edificazione.» (1 Corinzi 14:1-5)

L'apostolo Paolo voleva che tutti i figli di Dio ricevessero il dono delle lingue, ed esortava tutti i credenti a chiedere soprattutto il dono della profezia. A volte, per l'edificazione della chiesa e per piantare fede nei loro cuori, sotto l'ispirazione dello Spirito Santo, comunicavo ai membri della comunità cose ed eventi che avrebbero avuto luogo in futuro.

Una volta, durante la preghiera dell'alba, ho pregato: «Padre Dio, inviaci un 'certo numero' di nuovi credenti entro la settimana prossima». Poi, ho proclamato che 'quel certo numero di persone' si sarebbero aggiunte alla chiesa la settimana dopo. A quel tempo, crescevamo in numero molto rapidamente.

«La settimana prossima sarete in cinquanta al servizio.»

E, la domenica dopo, eravamo esattamente cinquanta persone.

«La settimana prossima sarete sessantacinque.»

Ogni settimana il numero di quelli che frequentavano la chiesa aumentava, e io lo profetizzavo domenica per la domenica successiva. I miei assistenti contavano le presenze ed erano sempre sorpresi di sapere che era esattamente il numero che avevo profetizzato la settimana prima.

Quando siamo arrivati a ottanta persone, il numero non aumentò per diverse settimane. Quando ho pregato per questo, compresi che il diavolo, il nemico, ci stava disturbando per non farci arrivare a 100. Così, con gli altri fratelli della chiesa, ho digiunato e pregato per scacciare il diavolo e, da quella settimana, il numero iniziò di nuovo a crescere e il 10 di ottobre, per il servizio di inaugurazione, c'erano più di 100 persone.

In alcuni casi particolari, Dio mi faceva conoscere in anticipo l'entità delle offerte. Dopo l'apertura della chiesa, avevamo un'introito di circa 6 milioni di won (6 mila dollari americani) a settimana. Essendo sempre concentrai sulla missione mondiale, spendevamo più di quello che entrava, cosa che ci causava non poche difficoltà, e la nostra chiesa non era in buone condizioni finanziarie. Pregai Dio sinceramente a questo proposito, ed Egli operò in modo particolare per risolvere situazioni difficili. In quel periodo, per mezzo delle chiara ispirazione dello Spirito, Dio mi faceva conoscere in anticipo anche gli importi esatti delle offerte.

«La prossima settimana, l'offerta sarà di 33 milioni di won.»

Comunicai al dipartimento finanziario della chiesa l'importo esatto, al fine di impiantare più fiducia in tutti quelli che erano coinvolti nell'amministrazione. Non mostrarono alcuna reazione particolare, probabilmente perché non erano in grado di credermi, in fondo, come potevano pensare, che quella settimana l'offerta potesse aumentare di oltre cinque volte rispetto alla media delle settimane passate?

La domenica successiva contarono le offerte e mi riferirono che erano stati raccolti esattamente 33.000.000 won. Da allora, ho pregato Dio ogniqualvolta abbiamo avuto difficoltà finanziarie, e sempre Dio ci ha benedetti con abbondanza, in modo da poter superare le difficoltà con la sua grazia. Soprattutto, quando Egli sapeva che avremmo raccolto offerte molto più alte del solito, me lo faceva sapere, e io lo comunicavo al dipartimento finanziario della chiesa in anticipo. Nel ripetersi frequente di questa esperienza, la loro fede cresceva e si consolidava.

Cose future riguardo la Corea e il resto del mondo

La mia vita era costantemente vissuta in preghiera, alla ricerca della pienezza dello Spirito. Di tanto in tanto il Signore mi metteva al corrente di eventi futuri, anche di cose grandi e segrete. Il Signore diede a Pietro una visione per spiegargli il futuro (Atti capitolo 10), e Stefano vide la gloria di Dio e il Signore in piedi alla destra di Dio. Allo stesso modo, la potenza di Dio può realizzare qualsiasi cosa. Come lavorava nell'Antico Testamento, Egli ha operato nel Nuovo e agisce anche oggi.

Amos capitolo 3 versetto 7 dice: *«Poiché il Signore, DIO, non fa nulla senza rivelare il suo segreto ai suoi servi, i profeti.»* Come ho già detto, quando ho pregato Dio di farmi conoscere in anticipo cose riguardo la chiesa, il nostro paese e il mondo, Egli mi ha sempre risposto.

Un giorno, frequentavo ancora il seminario, era il 26 ottobre 1979, fui colto da una sensazione di disagio a partire dalla mattina. Pregai per questo. Poi, il Signore mi rivelò che una grande stella nel nostro paese sarebbe caduta. Mi portò a conoscenza che presto il nostro presidente, Park Chung-Hee sarebbe deceduto. Prima di recarmi alle lezioni, dissi a mia moglie che un grande disastro stava per avere luogo in Corea e poi uscii. Il mio cuore era molto turbato. Piansi per l'intera giornata. La mattina dopo, tutti udimmo la notizia che il presidente Park Chung-Hee, era stato assassinato la notte prima.

Non fa nulla senza rivelare il suo segreto ai suoi servi, i profeti

A volte Dio mi mostrava il corso che avrebbero preso eventi di importanza mondiale, e, in alcune occasioni, mi rivelava anche dettagli riguardo personalità molto importanti. Nel 1984, un paio di mesi prima che accadesse, Dio mi rivelò che I.P. Gandhi, il primo ministro donna dell'India, sarebbe morta. Comunicai ciò che il Signore mi aveva detto ad alcuni fratelli della chiesa. Nell'ottobre di quell'anno, seppi che fu assassinata da alcuni Sikh.

Nello stesso anno, Dio mi fece sapere che il presidente Reagan e il primo ministro Thatcher sarebbero stati rieletti. Non solo, mi spiegò anche il motivo per cui questo sarebbe successo. Margaret Thatcher è sempre stata molto concisa – una caratteristica tipica degli uomini – e, con la sua umiltà e mitezza, cercò di essere innocente dinanzi a Dio. Ha dimostrato, inoltre, di non aver mai posto i suoi interessi personali nelle ricchezze o nel potere, e ha servito il suo popolo con amore. Dio mi ha spiegato che queste due persone sono state amate dalla loro gente perché amavano il loro paese e hanno servito e amato il loro popolo.

Nel 1985, il Segretario generale del Partito Comunista dell'Unione Sovietica, KU Chernenko morì. Alcuni mesi prima che questo accadesse, nel 1984, Dio mi aveva mostrato una visione. Al fine di piantare la fede nella mia chiesa, dissi loro ciò che avevo visto. Diversi mesi dopo, tutti leggemmo della sua malattia, e di lì a poco morì.

La Dichiarazione del 29 giugno e il processo di democratizzazione della Corea

Il 29 giugno del 1987, il signor Taewoo Roh, presidente del Partito Democratico Coreano, emise quella che tutti conoscono come la Dichiarazione del 29 giugno. Dopo le elezioni generali, il 12 febbraio 1985, i partiti di opposizione criticarono la mancanza di autenticità del Presidente Doohwan Chun, accusandolo di un'elezione indiretta e chiedendo a gran voce elezioni presidenziali dirette, insistendo che il popolo potesse scegliere attraverso votazione diretta il suo presidente.

Contro questi movimenti, il 13 aprile 1987, il presidente Doohwan Chun ha rilasciato il documento chiamato 'Protezione della Costituzione' per fermare tutte le discussioni sulla modifica della Costituzione e prendere le redini del governo secondo la legge corrente. Il 10 giugno, ebbe luogo la Convention del Partito Democratico che elesse Taewoo Roh come candidato presidenziale del partito. In questa situazione, uno studente universitario chiamato Jongcheol Park morì dopo essere stato torturato dalla polizia. Dal 10 giugno in poi ci furono grandi manifestazioni in tutto il paese. Il 26 giugno, più di un milione di persone, in 37 diverse città, dimostrò in strada fino a tarda notte. Non disponendo di un numero di poliziotti sufficiente per controllare le manifestazioni, il governo considerò di porre in campo l'esercito. Alla fine, i moderati vinsero e fu deciso di accettare la richiesta del popolo per l'elezione diretta. Questa è, in sostanza la Dichiarazione del 29 giugno.

Il 15 giugno 1987 mi trovavo nella città di Incheon per condurre un incontro di risveglio presso la chiesa del distretto di Bupyeong-Gu. Il 18 giugno, improvvisamente, Dio mi diede una visione. Mi spiegò che a breve sarebbe stata pubblicata una dichiarazione, la Dichiarazione del 29 giugno, appunto, ed il suo contenuto. Compresi che, se Lui mi stava facendo conoscere tutte queste cose attraverso l'ispirazione dello Spirito Santo, era perché i movimenti stavano sviluppandosi molto velocemente e di lì a poco ci sarebbero stati cambiamenti radicali nella nazione.

Il giorno dopo, il 19 giugno, chiesi ai miei collaboratori di far stampare sul bollettino della chiesa (in distribuzione dalla domenica successiva) una frase composta da acronimi. Lo Spirito Santo mi aveva messo a conoscenza di argomenti su cui il governo stava discutendo in segreto, che erano inimmaginabili per un comune cittadino.

Anticipazioni sul notiziario settimanale del 21 giugno 1987

Considerando la situazione politica del governo dittatoriale in quel momento, decisi che, nei riguardi di quello che avevo visto, sul notiziario settimanale di quella domenica, dovevo scrivere qualcosa, ma lo feci attraverso una sigla. Tuttora conserviamo il bollettino di quella domenica. La frase era composta da alcune sigle formate dalle lettere coreane denominate Hangul: «Min, Gey, Yak, Sei, Dae, Gye, Chong, Mo, Roh, Hu, Dae.» Spiegai all'intera comunità i dettagli degli acronimi durante i servizi della domenica successiva, il 5 luglio.

Questo ciò che ogni acronimo conteneva, «Il presidente (Dae) Chun ha rilasciato la 'Protezione della Costituzione' per sostenere il candidato alla presidenza (Hu) Taewoo Roh (Roh). A motivo dell'uccisione di(Chong) che è stato colpito da un proiettile in testa (Mo), tutti i piani (Gye) a riguardo della 'Protezione della Costituzione' sono falliti. L'influenza (Sei) del presidente (Dae) Chun si è andata indebolendo (Yak) per l'opposizione del popolo, e, in conformità alle loro richieste, lui avrebbe emesso la Dichiarazione del 29 giugno che avrebbe contenuto l'emendamento (Gey) che cambiava la Costituzione riguardo l'elezione diretta del presidente, e questo sarebbe stato l'inizio della democratizzazione (Min).

Per vostra informazione, le otto disposizioni della Dichiarazione del 29 giugno sono le seguenti:

1. Consegna pacifica del governo nel febbraio 1988 attraverso modifica costituzionale.

2. Equa e giusta gestione delle elezioni, modificando le leggi elettorali presidenziali.

3. Amnistia e riabilitazione di Daejung Kim.

4. Rispetto della dignità umana e miglioramento delle leggi riguardo i diritti umani.

5. Libertà di parola.

6. Autonomia degli enti locali, libertà dei collegi, e autonomia

dei percorsi di istruzione.

7. Garanzia di pluralismo per i partiti.

8. Atti risoluti di purificazione sociale.

Il risultato delle elezioni presidenziali

Nel dicembre del 1987, prima delle elezioni presidenziali di febbraio, pregai così: «Dio, qual è la tua volontà? Chi è il presidente più appropriato secondo la tua volontà? Chi effettivamente deve diventare presidente?»

Dio mi fece sapere che Taewoo Roh sarebbe diventato presidente in seguito all'elezione diretta. Poi, mi mostrò il candidato Youngsam Kim entrare nel Cheong Wa Dae – il palazzo presidenziale – in un carro di fiori, seguito dal signor Roh e dal candidato Daejung Kim, anche loro in un carro di fiori.

Dio mi spiegò che se Youngsam Kim e Daejung Kim si fossero uniti, Youngsam Kim, anche lui candidato, sarebbe stato il primo presidente, e gli sarebbe seguito Daejung Kim.

Il Signore mi mostrò questa visione per dirmi che la sua volontà era che in queste elezioni questi due candidati si unissero, ma siccome non lo avrebbero fatto, Taewoo Roh sarebbe stato eletto presidente.

Non solo, l'Eterno mi fece anche conoscere che il candidato Roh avrebbe ricevuto moltissimi più voti del previsto, che il secondo eletto sarebbe stato Youngsam Kim, il terzo Daejun Kim e che, l'altro candidato, Jongpil Kim, avrebbe ottenuto pochi voti. Mi rese anche noto anche ciò che sarebbe successo se

Youngsam Kim e Daejung Kim si fossero uniti.

Scrissi una lettera con tutto quello che avevo ricevuto e la consegnai a uno dei membri della mia chiesa che l'avrebbe fatta recapitare al candidato presidenziale Youngsam Kim nella sua residenza in Sangdo Dong.

Quando il fratello della chiesa si recò presso la residenza di Youngsam Kim, consegnò la lettera a sua moglie, perché lui era a un comizio elettorale nella città di Busan. La signora lesse la lettera sul posto e promise che l'avrebbe consegnata al marito. Conserviamo ancora la copia di quella lettera nella chiesa. I due candidati non si unirono e Taewoo Roh fu eletto presidente.

Capitolo 6

Crescita della Chiesa e Prove

La privazione del diritto di parola e il martelletto rotto

La denominazione a cui apparteneva la mia chiesa era la «Union of the Korea Holiness Church» (L'unione delle chiese della santità della Corea). Dal momento dell'apertura della chiesa feci del mio meglio per collaborare con la denominazione e la mia chiesa è cresciuta costantemente.

Unione con un'altra denominazione

Il 13 dicembre del 1988, dietro consiglio del pastore Taekgoo Sohn, – mio professore in seminario e già presidente dell'Union of the Korea Holiness Church – la nostra denominazione e la Korea Holiness Church in Anyang si unirono e noi fummo incorporati in questo nuovo soggetto denominazionale. A quel tempo, la nostra chiesa cresceva a vista d'occhio e quando stabilimmo la nostra quinta succursale nel distretto di Suwon, l'Assemblea Generale della nuova denominazione ci contestò il nome. Per loro rappresentava un problema che la nostra filiale si chiamasse 'Manmin', avremmo dovuto cambiare il nome in «Chiesa di Suwon Deokwoo.»

Nel dicembre del 1989 ricevetti una lettera ufficiale in cui il Comitato Direttivo mi invitava a recarmi presso i loro uffici per sostenere un esame, il 18 dicembre, entro le 11:00. Sono arrivato negli uffici dell'organizzazione alle 10:30 e fui ricevuto solo dopo mezzogiorno, nella sala riunioni, dove mi aspettavano sei pastori, i membri del Comitato Direttivo. Non appena mi videro, iniziarono subito a presentarmi molte domande. Mi ero immaginato quell'occasione più volte e avevo pensato che avremmo iniziato con una preghiera, in quanto si trattava comunque di un incontro tra pastori. Rimasi profondamente deluso perché non fu proprio così. Iniziarono a interrogarmi con pesante tono accusatorio.

«Ci è stato riferito che tu avresti dichiarato che Gesù sarebbe tornato tra 3 a 4 anni. Dicci, è vero?»...

«Non ho mai detto una cosa simile.»...

«Stai dicendo una bugia! Tu sei un pastore bugiardo!»...

Ero sbalordito da queste domande. Mi dissero che non dovevo spiegare nulla, che dovevo solo rispondere 'Sì' o 'No'.

«Tu sei molto bravo a mentire, per questo riesci a ingannare migliaia di fedeli. Pensi che tollereremo ancora i tuoi raggiri e lasceremo che così tante persone vengano imbrogliate da te?»
«Dicono che tu ricevi rivelazioni. Quindi, hai qualche altra fonte oltre i 66 libri della Bibbia?»...

«Questo non è mai successo.»

«Bugiardo! Imponi ai membri della tua chiesa di non andare a lavorare, e dici agli studenti di non studiare!»

«Non l'ho mai fatto.»

«È vero che danzi come uno stregone sul pulpito?»

«Non ho mai fatto una cosa del genere.»

Le domande assurde continuavano. Era tutto un gigantesco malinteso. Non mi diedero alcun tempo per spiegare e chiarire le accuse a mio carico. Un certo pastore, che qui chiamerò pastore 'S.' uno degli inquisitori, mi porse un documento preparato in anticipo con nove clausole. Io non sapevo nemmeno che sarei stato sottoposto a un processo e che quelle domande assurde erano una parte del mio giudizio. Le nove clausole erano già state trasmesse alla mia chiesa. Mi dissero che se non mi fossi adeguato, avrebbero eseguito il giudizio per cui ero stato convocato quel giorno. Le condizioni includevano, tra le altre, il divieto di vendita del libro con la mia testimonianza *Gustare la Vita Eterna prima della Morte*, il divieto di vendita dei nastri delle mie predicazioni, il divieto di utilizzare il nome 'Chiesa Manmin' nei riguardi dell'apertura delle nostre chiese figlie e il divieto di danze sacre (danze sui canti di lode). Tutte queste cose erano inaccettabili per me.

Risposi a questo 'documento ufficiale' presentando una replica con spiegazioni dettagliate. Aggiunsi anche che avevo scritto la lettera perché non trovavo nulla che fosse contro la Bibbia nei riguardi di ciò che mi veniva contestato, e, se c'era qualcosa di sbagliato agli occhi della Parola di Dio, chiesi loro di farmelo sapere. Dopo alcuni mesi, l'Assemblea Generale mi mandò una risposta in cui si diceva che avevano categoricamente rifiutato le mie argomentazioni, senza però offrire alcuna motivazione.

Privato del diritto di parola

L'Assemblea Generale della denominazione si svolgeva per due giorni ogni anno, dal 30 aprile al 1 Maggio. Ero anche io un membro del consiglio dei rappresentanti dell'assemblea, e quindi vi partecipai, insieme con due anziani della mia chiesa che erano anche loro membri del consiglio. Non riuscimmo a trovare il posto assegnato a mio nome. Il mio nome non era nemmeno sulla lista dei membri del consiglio. A quel punto capii che era in atto un piano per scomunicarmi. Non avere un posto assegnato significava non avere neanche il diritto di parola. Io però dovevo far loro conoscere la verità, pertanto rimasi seduto su una poltrona tra le ultime file.

Quando i lavori dell'Assemblea Generale iniziarono, la mattina del 1 maggio, immediatamente fu fatto il mio nome. Il pastore 'S' il capo della commissione esaminatrice, cominciò a riportare una serie di accuse pesanti a mio carico. Dal momento che mi avevano privato del diritto di parola, io non potei intervenire, e loro continuarono con il programma, che quel giorno era tutto dedicato a me. Venivo incolpato di trasgressioni gravissime con false accuse, come ad esempio:

«Il Pastore Jaerock Lee ha detto che conosce la data del ritorno del Signore. È scritto a pagina x del suo libro testimonianza.»

Non ho mai detto di conoscere la data del ritorno del Signore. Come potrei? Naturalmente, una cosa del genere non c'è nel mio libro di testimonianza, ma poiché i membri dell'assemblea in quel momento non avevano il mio libro davanti e non potevano verificarlo, hanno creduto a ciò che veniva loro presentato. Ognuno di loro aveva diritto al voto, e di lì a poco, avrebbero votato riguardo il mio pastorato.

«Il Pastore Jaerock Lee ha sbagliato, dobbiamo scomunicarlo. Chi è d'accordo, alzi la mano.»

Durante la riunione di voto riguardo la mia scomunica, la maggior parte dei membri del consiglio (circa 300) abbandonarono la sala, e solo una novantina di membri rimasero. Tra questi, circa 30 persone alzarono la mano, quelli cioè che avevano già deciso di farlo in anticipo. Gli anziani della mia chiesa che si trovavano con me, contarono il numero delle persone che aveva alzato la mano. Erano 30 in tutto, ma il presidente annunciò: «48 membri hanno alzato la mano, sono più della metà, quindi abbiamo votato sì.»

Poi, il presidente alzò il martelletto con cui approvare la sentenza e ufficializzare la mia scomunica da parte della maggioranza dell'Assemblea Generale, quando in realtà solo 30 tra i 300 membri del consiglio erano d'accordo sulla mia espulsione.

Il martelletto rotto

Quando il presidente batté il martelletto per approvare la sentenza, proprio come fa un giudice, il collo del martello si ruppe, e la testa dell'attrezzo cadde a terra. Una cosa davvero inusuale. Anche solo nell'osservare questa scena anomala, la rottura del collo del martelletto, eravamo certi che tale sentenza non fosse affatto giusta al cospetto di Dio. A me, in quanto sul banco degli imputati, non era stato permesso di dire una parola.

In quel momento, l'anziano Boaz Jungho Lee, ottenne il diritto di parlare, e disse: «Qualsiasi cosa sia stata detta fino ad ora non può essere considerata vera. Come potete giudicare un uomo senza averlo ascoltato neanche una volta? Visto che lui è qui, non dovremmo sentire cosa ha da dire in sua discolpa?»

«Allora, gli daremo il diritto di parlare. Torna al tuo posto anziano Boaz Jungho Lee.»

Tuttavia, il presidente non mi diede la possibilità di difendermi, nonostante la sua promessa. Quando l'anziano Lee tornò al suo posto, vedendo che non mi si dava la possibilità di parlare, dalla sua poltrona iniziò a parlare ad alta voce dicendo:

«Presidente, sono tornato al mio posto solo perché hai detto che avresti dato al Pastore Jaerock Lee il diritto di parola, ma vedo che questo non l'hai ancora fatto. Perché?»

Il presidente, semplicemente, ignorò l'obiezione dell'anziano Lee. Tutto terminò molto in fretta. Solo per avere la possibilità di parlare, ero stato seduto lì dalla mattina presto e per ben 7 ore avevo ascoltato in silenzio tutto il disprezzo di cui ero stato oggetto, e alla fine, rimasi inascoltato. Anche ai condannati a morte viene data la possibilità di difendersi. Anche in uno stato dittatoriale o in un processo del partito comunista, il sospettato sarebbe stato ascoltato. A me, invece, non fu data alcuna possibilità di replica, malgrado le ingiuste accuse di cui la mia denominazione mi stava coprendo.

I contenziosi secondo la Bibbia

La Bibbia ci insegna che, in caso di dispute, occorrono almeno due testimoni, anche per accusare un anziano (1 Timoteo 5:19). Essendo io un servo di Dio, un pastore, avrebbero dovuto darmi la possibilità di difendermi, invece non mi fu permesso, e fui condannato unilateralmente. A peggiorare le cose, le loro accuse erano tutte false, tutte invenzioni.

Quando Davide era ricercato da Saul che voleva ucciderlo perché geloso di lui, una volta ebbe la possibilità di eliminare il re, ma non lo fece. Egli disse: *«Lungi da me che io faccia questa cosa al mio signore, che allunghi la mano contro di lui, poiché egli è stato consacrato re dal Signore»* (1 Samuele 24:6). Saul era stato unto re dal Signore, e solo lui poteva ripudiarlo, cosa che poi accadde. Solo Dio può eliminare i suoi servi, quelli che lui ha unto, ma quest'assemblea, noncurante di tutte le regole, mi scomunicò.

Avrei evitato il peggio se avessi detto almeno un 'sì'

Alcuni pastori presenti all'assemblea erano molto dispiaciuti per me e mi offrivano i loro consigli in buona fede: «Pastore, siccome la tua chiesa cresce così rapidamente, sei diventato oggetto di gelosia. Perché non dici una volta 'sì' a quello che i tuoi accusatori di dicono? Loro si sentiranno soddisfatti, una volta sola, digli 'sì'! Ti chiedono di affermare che il sidro è coca cola? Tu digli di sì. Ti chiedono di affermare che la coca cola è sidro? Digli sì lo stesso e almeno tutto questo finirà.». Ma io non potevo scendere a compromessi con l'ingiustizia. Mi ricordai di Daniele che non si compromise neanche quando lo stavano per buttare nella fossa dei leoni. Pensai al momento in cui i tre amici di Daniele venivano gettati nella fornace ardente. Loro non si erano affidati al mondo, loro confidavano in Dio.

La notizia si diffuse rapidamente nella nostra chiesa, centinaia di fedeli si recarono a protestare dai due pastori che avevano iniziato il processo di scomunica. Non solo, anche molti pastori di altre chiese che conoscevano la verità, esprimevano la loro disapprovazione sia con i pastori inquisitori sia pubblicamente. Poi, il presidente della denominazione mi chiese di incontrarlo. Questa la nostra conversazione. Mi disse: «Voglio passare su quanto è accaduto finora e far finta che non sia successo niente. Ristabilirò il tuo nome, basta che tu risponda 'sì' alle nove richieste, e tutto tornerà come prima.» Io, però, proprio non potevo ammettere ciò che non era vero. Per paura di essere scomunicato potevo mai scendere a compromessi? Ero così triste e pieno di dolore per quanto accaduto che persi ben quattro chili in una sola settimana. Ogni volta che pensavo ai due pastori che avevano portato avanti il processo di scomunica, mi sentivo molto dispiaciuto per loro, ma anche tanto addolorato per me. Uno dei pastori, che mi limiterò a chiamare pastore 'K.', per altro uno dei presidenti della denominazione, diceva spesso: «...la Chiesa Manmin non è una chiesa eretica.»

Pubblicai un libro intitolato «*Il cielo dichiarerà la Giustizia*» e lo inviati a quasi tutte le chiese coreane, indipendentemente dalla loro denominazione. Qualche tempo dopo, il Signore mi parlò così:

«Avresti potuto essere tu a lasciare la denominazione
e non passare attraverso il disonore di essere

scomunicato. Ma hai scelto di non farlo per non essere tu a tradire la denominazione a cui appartieni. Questo è il tipo di servo in cui mi compiaccio. Hai scelto la strada giusta e presto sarai messo a capo di una grande associazione di chiese.»

Dio ci guidò a fondare una nuova organizzazione, in modo da evitare divieti irragionevoli e lavorare per il suo regno con tutta la nostra energia. Il 1 luglio 1991 fu istituita la «General Assembly of the United Holiness Church of Korea» e io ne fui eletto presidente. Dopo la grande prova che avevamo passato, sentivo che il Signore mi stava concedendo maggiore potere.

Incontri di risveglio in tutta la nazione

Dal giorno in cui ero stato ordinato pastore, nel 1986, ricevevo moltissimi inviti, soprattutto per guidare e predicare a riunioni di risveglio, in tutto il paese. Dal 1987 partecipavo, una volta al mese, a delle riunioni di risveglio, nelle città di Pohang e di Daegu. La mia predicazione era incentrata soprattutto sulla preghiera per invocazione a Dio e sul perché Gesù è il nostro unico Salvatore. Che poi sono gli argomenti principali trattati nel mio libro 'Il messaggio della croce'.

Generalmente, quando si arrivava al secondo o al terzo giorno di riunione, i pastori, a differenza del primo, dopo essere stati grandemente benedetti da una rinnovata conoscenza della Parola di Dio, venivano sempre tutti a ringraziarmi con un cuore umile.

La diaconessa Boonhan Cho guarita dall'herpes zoster (più comunemente conosciuta come il fuoco di sant'Antonio)

Nel marzo 1990, su invito di una chiesa della città di Daegu, fui invitato a tenere una riunione di risveglio. In quell'occasione mi fu richiesto di fare visita alla diaconessa Boonhan Cho, che aveva 77 anni ed era gravemente colpita dal fuoco di Sant'Antonio. A quel tempo, suo nipote, il diacono Alvin Joonha Hwang, mentre terminava il dottorato in medicina presso la Korea University, lavorava anche come ufficiale medico per l'esercito nella città di Jinhae. Il giovane diacono aveva una fede sincera, e, in più occasioni si era fatto dare delle licenze per prendersi cura di sua nonna. Aveva anche frequentato la nostra chiesa per qualche tempo con una grande fame per la Parola vivente di Dio. La diaconessa Boonhan Cho soffriva anche di una serie di effetti collaterali dell'herpes – come lo squarcio delle vescicole – che si sviluppano in concomitanza con l'artrite. I virus le toccavano i nervi interni causandole dolori tanto atroci da farla urlare di giorno e di notte. Non poteva muoversi, doveva stare sdraiata tutto il tempo e aveva grande difficoltà a mangiare e a dormire, era in uno stato terribile, pelle e ossa. Sperava solo di morire in fretta. Era una donna molto amata e, naturalmente, la sofferenza dei familiari che la assistevano era grande.

Posai la mia mano su di lei e iniziai a pregare. Non appena terminai la preghiera, lei, improvvisamente gridò: «Il demone sta uscendo!» E sollevò la mano destra. Considerate che le vescicole si estendevano in predominanza sul lato destro del collo e sulla spalla destra, per cui le era ancora più difficile muovere proprio il braccio destro. In breve si mise seduta, e ci disse di aver chiaramente sentito il diavolo che le aveva causato la malattia lasciare il suo corpo. Era guarita completamente!

I suoi figli, come anche suo genero che era professore presso la National University di Daegu Kyungbook, volevano prendersi cura di lei, ma questa donna coraggiosa si trasferì a Seoul, prese in affitto una piccola casa vicino alla chiesa, e ha condotto una sana vita cristiana nella pienezza dello Spirito Santo tutti i giorni del resto della sua vita.

I tentativi di sabotaggio delle riunioni di risveglio

Il 4 maggio 1990 fui invitato a parlare in una riunione presso il Centro di preghiera sulla montagna di Jooahm vicino la città di Daegu, organizzata dalla Kyeong Sang Province Mission Union. C'erano così tante persone che alcuni stavano seduti sui gradini del palco e accanto al pulpito, ciononostante molti dovettero rimanere fuori perché il locale era gremito. Allora aprimmo i vetri delle finestre per permettere a tutti quelli che erano rimasti fuori di seguire il servizio. Anche i membri del coro non poterono entrare e cantarono da fuori. Per grazia di Dio molti pastori parteciparono alle riunioni e molte opere di guarigione furono manifestate.

Visto il successo di queste riunioni, gli organizzatori vollero pianificare di farne altre più grandi per l'anno successivo, e per questo presero in affitto il palazzetto dello sport di Daegu. Molte organizzazioni missionarie sostennero questo incontro con le loro preghiere, ma la denominazione che mi aveva condannato tentò in ogni modo di boicottare l'evento. Durante la veglia di preghiera del venerdì precedente alle riunioni di risveglio, la Parola di Dio scese su di me. Egli mi disse di chiedere alla mia chiesa un digiuno comunitario, a turno, fino la domenica, per scacciare la sinagoga di Satana. Io non ero a conoscenza di ciò che stava accadendo a Daegu. Fui informato solo il sabato parlando con gli organizzatori delle riunioni.

La denominazione che mi aveva condannato, nel tentativo di fermare le riunioni di risveglio, si era presa la briga di inviare una lettera, un documento ufficiale, al presidente del comitato organizzatore, alla stampa e a tutte le altre organizzazioni collegate, missiva in cui si ribadiva che io ero stato condannato come eretico e che mi avevano scomunicato. A quest'azione ne fecero seguito delle altre. L'assemblea direttiva della denominazione dei pastori che avevano sostenuto le riunioni di risveglio, inviò una lettera ufficiale a ciascuna delle sue chiese in cui si diceva che: «Il Reverendo Jaerock Lee è un eretico, e noi condanniamo come eretici tutti coloro che sostengono gli incontri in cui lui è presente.» A motivo di ciò, molte, tra le organizzazioni e i pastori che ci avevano sostenuto per questa riunione, si ritirarono. Circolarono molte voci false riguardo queste riunioni di risveglio, la più nuocevole diceva che gli incontri erano stati annullati.

Il 18 marzo 1991, senza avere la possibilità di informare sia riguardo le posizioni della nostra chiesa che sulla verità delle circostanze, l'incontro iniziò. Le organizzazioni di supporto che avevano creduto alle lettere ricevute ci voltarono le spalle e non presero parte all'evento. Nonostante la pressione esercitata dai vertici della denominazione, molti pastori parteciparono ai meetings, e per questo fummo così grati al Signore! Non solo, Dio aveva toccato il cuore di molti membri della nostra chiesa che arrivarono con un pullman a Daegu e aiutarono l'organizzazione nei preparativi pratici e logistici. Le riunioni si svolsero in grazia di Dio e molte persone vennero a sentire la sua Parola, malgrado il diavolo, il nemico, avesse cercato con ogni mezzo di boicottare l'evento. Dio, che conosce tutto e anche la mente e i piani degli uomini, ci aveva chiesto di digiunare e pregare in anticipo e tutto cooperò al bene.

> «Che diremo dunque riguardo a queste cose? Se Dio è per noi chi sarà contro di noi? Colui che non ha risparmiato il proprio Figlio, ma lo ha dato per noi tutti, non ci donerà forse anche tutte le cose con lui? Chi accuserà gli eletti di Dio? Dio è colui che li giustifica. Chi li condannerà? Cristo Gesù è colui che è morto e, ancor più, è risuscitato, è alla destra di Dio e anche intercede per noi. Chi ci separerà dall'amore di Cristo? Sarà forse la tribolazione, l'angoscia, la persecuzione, la fame, la nudità, il pericolo, la spada? Com'è scritto: 'Per amor di te siamo messi a morte tutto il giorno; siamo stati considerati come pecore da macello.' Ma, in tutte queste cose, noi siamo più che vincitori, in virtù di colui che ci ha amati.» (Romani 8:31-37)

Un nuovo santuario per fede

Nel marzo del 1987 eravamo di nuovo alle prese con il numero crescente dei membri della chiesa e pregavamo per un posto nuovo e più grande. Nell'area di Shindaebang Dong, dove avevamo iniziato la nostra chiesa, era appena stata terminata la costruzione di un nuovo edificio e ne abbiamo preso in affitto il secondo e il terzo piano.

Dal 13 al 17 aprile organizzammo delle riunioni di risveglio per l'inaugurazione della nuova chiesa. Il tema degli incontri era: «Non tutti quelli che mi chiamano 'Signore', 'Signore' entreranno». Io predicai sulla grazia, sullo Spirito Santo sulla fede e sulla vita eterna. Tre mesi dopo l'evento di inaugurazione, il santuario, che era di 1.600 metri quadrati, era già pieno di gente!

Gridare in preghiera

Come succede ancora oggi, nella nostra chiesa si prega per tre ore ogni notte, in quelli che noi chiamiamo gli «Incontri di preghiera di Daniele.» Per questo motivo avevamo insonorizzato le finestre onde evitare rumori notturni e disturbare il vicinato. In effetti, anche l'edificio avrebbe dovuto essere insonorizzato e non solo le finestre, per cui dall'esterno era sempre possibile sentire quello che accadeva dentro. Fortunatamente, di fronte alla chiesa c'era solo il mercato e non degli agglomerati urbani, anche se l'area era comunque abitata.

Una volta, in un incontro tra residenti della zona, ci fu una persona che portò all'ordine del giorno il rumore proveniente dalla nostra chiesa. Un altro membro di quest'associazione di donne le rispose: «Hanno le finestre insonorizzate e le tengono chiuse anche in piena estate. Il suono delle preghiere la sera mi arriva, è vero, ma è come una ninna nanna per me...», e nessuno disse più nulla.

In un'altra occasione, un residente chiamò la vicina stazione di polizia per lamentarsi dei rumori provenienti dalla nostra chiesa. Il poliziotto che ricevette la chiamata rispose così: «Tu sei a casa a dormire e queste persone stanno sacrificando il loro sonno per pregare per la nostra nazione. Qual è il tuo problema?» La persona che voleva reclamare non riuscì a dire altro.

Superare le crisi per grazia di Dio

Dio non ci vuole compiacenti delle situazioni in cui viviamo, per questo, Egli permise che la nostra chiesa attraversasse un'altra prova, alla fine della quale passammo ad un locale più grande. Nell'aprile del 1988, non solo il santuario principale, ma anche gli uffici, le scale e il corridoio erano pieni di persone che frequentano i servizi di culto. A quel tempo, nel seminterrato dello stesso edificio, c'era un centro commerciale. Poiché le vendite non erano buone, uno a uno in negozi stavano chiudendo. Negoziammo con la proprietà per prendere in affitto anche il pianoterra, ma improvvisamente, i commercianti e gli abitanti si opposero. Si stava diffondendo una voce, falsa, per la quale la nostra chiesa ambiava ad eliminare tutti i commercianti del luogo.

Ogni domenica trovavamo queste persone che facevano rituali sciamanici davanti alla porta della chiesa, che suonavano i tamburi tradizionali coreani in gruppo e in modo molto rumoroso. Quando la polizia arrivava si dileguavano tutti. Sapevamo che il comune della città appoggiava quanto stava accadendo. A quel tempo, il signor 'S', un membro del partito di opposizione, aveva visitato la nostra chiesa più volte e in più di un'occasione ebbi modo di parlare con lui. Non solo, pregai per lui prima delle elezioni e venne eletto. Il candidato del partito di maggioranza, quello che aveva perso le elezioni, si convinse che la nostra chiesa sosteneva il partito d'opposizione, e che per questo motivo, nelle seguenti elezioni, avrebbe perso di nuovo. Siamo venuti a sapere – solo dopo molto tempo – che aveva usato la sua influenza di uomo politico sia negli uffici di polizia che in altre strutture governative per fare in modo che la nostra chiesa chiudesse o traslocasse lontano dalla città. Tutti quelli che lavoravano nella chiesa mi dicevano che la situazione era diventata insostenibile e in più di un'occasione dovetti dissuaderli dal recarsi all'ufficio distrettuale del governo per protestare e intraprendere un'azione legale. Li convinsi che la Parola di Dio ci dice di restituire il bene per il male.

La chiesa ascoltò la mia parola, sopportò l'opposizione dei residenti e cercò di servire la comunità della zona. Col passare del tempo, però, le opposizioni si fecero più intense e dall'ufficio distrettuale del comune, in seguito alle denunce ricevute dai rappresentanti locali, dalla presidente dell'associazione delle donne e da quello dei cittadini anziani, ricevevamo ispezioni di ogni genere, soprattutto dai vigili del fuoco che venivano a controllare la sicurezza dei nostri impianti tutti i giorni, solo per renderci la vita difficile.

A quel punto mi inginocchiai davanti a Dio per pregare. Un giorno, mi fu riportato che i nostri oppositori volevano incontrarmi presso gli uffici distrettuali. Quando mi recai nella sala consiliare per incontrarli, c'erano più di 10 rappresentanti dei vari settori di quel quartiere.

Come mi videro iniziarono a gridare: «Pastore, salvaci! Stiamo soffrendo così tanto. Ci sentiamo come se stiamo per cadere all'inferno!». Io risposi: «Anche noi vorremmo lasciare questo luogo, ma non abbiamo un posto alternativo abbastanza grande in cui traslocare, e non abbiamo neanche i soldi necessari.» A quel punto mi chiesero quanto ci occorreva per trasferirci e poi mi raccontarono quello che stava accadendo.

Tra quelli che avevano guidato le proteste contro la nostra chiesa, molti, improvvisamente si ammalarono di strane patologie. La notizia si sparse velocemente e tutti ebbero paura. I più attivi nel movimento contro di noi non solo si ammalarono, ma iniziarono a soffrire di una strana sensazione, tutti sentivano come se l'inferno li stesse chiamando e che da un momento all'altro li potesse risucchiare. Erano terrorizzati e per questo chiesero di incontrarmi. Ci offrirono 300.000.000 won (vale a dire 300.000 dollari americani), che era l'importo esatto di cui avevamo bisogno per traslocare in un locale più ampio. In quel periodo, come chiesa, noi non disponevamo neanche di qualche decina di migliaia di dollari per spostarci, ciò che accadde fu davvero un miracolo.

Quando Abimelech prese Sara, pensando che fosse la sorella di Abramo, Dio gli apparve in sogno e gli disse che Sara era la moglie di Abramo, e gli ordinò di mandarla indietro. Abimelech non solo riportò Sara da Abramo ma lo fece accompagnandola con dei doni importanti: pecore, mucche e servi. (Genesi 20). Dio era all'opera e Abramo superò in vittoria quello che era iniziato come un dramma. Allo stesso modo, anche la nostra chiesa superò la crisi grazie all'intervento di Dio.

La terra che Dio aveva preparato per noi

Pregavamo Dio di darci un terreno di almeno 54.000 mq. Accanto alla chiesa c'era una costruzione di circa 6.000 metri quadrati, ed era nostro desiderio trasferirci in quell'edificio. Un giorno, era il 1990, l'Air Force Academy, che aveva la sua sede nel Parco Boramae, annunciò che erano in procinto di trasferirsi in altro luogo, che la proprietà sarebbe tornata ed essere un parco e che il comune di Seoul aveva per questo già preso accordi con degli investitori privati. Come lessi la notizia capii che Dio aveva preparato per noi un pezzo di terra nel Parco Boramae. I vantaggi di questa opzione erano molti.

Questo era il motivo per cui Dio mi aveva guidato a Shindaebang Dong per aprire la chiesa. Iniziammo a pregare per il Parco Boramae e il Signore ci disse: «*Vi ho dato la terra, andate e prendetela. È arrivato il tempo in cui la tua congregazione mostri la sua fede. Dopo che avrete conquistato e benedetto il terreno, io mi prenderò cura di tutto.*» In chiesa iniziammo a fare delle offerte per questo scopo, ma mi resi conto che la fede della comunità non era in grado di arrivare all'acquisto di neanche 4000 mq. Tra tutti i membri della chiesa, solo una ventina avevano la fede necessaria per quest'azione.

Dio guidò il popolo di Israele alla terra Canaan, ma solo i figli vi entrarono, ai padri non fu possibile a causa della loro disobbedienza. Così fu per noi. Non fummo in grado di mostrare la fede necessaria alla conquista di ciò che Dio aveva preparato per noi, ed Egli ci guidò ad una seconda scelta, nel distretto di Dong Guro. Aveva preparato un edificio di circa 10.000 metri quadrati in una zona industriale.

Inaugurazione del nuovo santuario e disturbi continui

Il complesso industriale di Guro era il luogo che aveva aperto la strada per l'industrializzazione della Corea. A quel tempo l'area era circondata da fabbriche. Questo era, di fatto, il nostro quarto trasloco. Il capannone che volevamo acquistare era stato affittato ad una società chiamata Shin Ae Electronics. Tempo addietro, prima che la società fallisse, io avevo incontrato il proprietario dell'edificio, il quale mi aveva detto:

«Pastore, vorrei che sulla mia proprietà fosse costruito una santuario della Chiesa Manmin.» Fu la prima cosa che mi disse non appena lo incontrai. Presi in parola quello che aveva detto e gli risposi con 'Amen'. In seguito, la Shin Ae Electronics fallì e l'amministratore fuggì negli Stati Uniti. Una donna di nome Shin-ae Hyun fu nominata CEO al suo posto. Shin-ae Hyeon era la diaconessa di una chiesa. A causa dell'enorme debito, dei continui scioperi degli operai e degli stipendi arretrati che i lavoratori reclamavano, era un periodo molto difficile per l'azienda. La diaconessa iniziò a pregare, quindi, che quella proprietà potesse essere utilizzata per il regno di Dio. Il Signore le rispose, e le disse, letteralmente: «*Offri il terreno al Reverendo Jaerock Lee, che io amo.*» Dopo aver cercato un po' in giro, finalmente mi trovò e mi contattò. Io mi recai presso la sua abitazione, dove lei conduceva delle riunioni di risveglio in casa, per salutarla formalmente. La chiesa a cui apparteneva era quella di Yongsan, dove avevo sperimentato la guarigione di Dio nel 1974. Io l'avevo anche incontrata una volta, molto tempo prima, ma lei non si ricordava proprio di me.

Mi raccontò com'era arrivata a chiamarmi e tutto il resto. Dio mosse il mio cuore, e decisi che avremmo comperato la proprietà. Avevamo bisogno di 10.000.000.000 di won (10 milioni di dollari) per l'acquisto della proprietà, e, per poter liberare le questioni irrisolte e saldare il dovuto con gli stipendi e gli altri debiti, occorrevano ulteriori 2 miliardi di won (2 milioni di dollari americani). Intanto, potevamo traslocare la chiesa e iniziare i lavori di trasformazione.

Servizio di inaugurazione del nuovo santuario

Il 10 febbraio 1991, dopo aver lasciato il locale di Shindaebang Dong Dong per trasferirci a Guro, celebrammo il servizio di inaugurazione nel nuovo santuario. Avevamo pagato i creditori e gli stipendi arretrati e iniziato i lavori di ristrutturazione dell'edificio per trasformarlo in una chiesa.

Quando avevamo deciso di trasferirci disponevamo soltanto dei 300 milioni di won (300.000 dollari) che avevamo ottenuto dal vecchio edificio. Se avessimo guardato alla realtà della situazione, non avremmo fatto nemmeno un passo avanti, ma consapevoli che Dio ci stava guidando, abbiamo marciato per fede. Un anno dopo esserci trasferiti, la banca mise all'asta nuovamente l'intera proprietà, con tutto il terreno circostante. Noi non avevamo i soldi per l'acquisto. In ogni caso, la banca mi disse: «La chiesa ha già risolto le situazioni difficili della società che aveva problemi con il sindacato, e ha speso un sacco di soldi in ristrutturazione. Noi pensiamo che non ci sarà nessuno che vorrà investire e speculare in quest'area.». Ci consigliarono quindi, se fossimo stati intenzionati all'acquisto, di aspettare le aste successive, dove il prezzo sarebbe sceso. La realtà, purtroppo, era diversa. Una società finanziaria comprò l'intera proprietà come parte del loro piano di speculazione immobiliare. Di lì a poco ci chiesero di sgomberare l'edificio. Naturalmente, non avevamo un posto dove andare, e non potevamo andare da nessun altra parte.

Il 15 febbraio 1992, la società che aveva acquistato la proprietà, arrivò al santuario con circa 100 ufficiali giudiziari che portarono fuori ogni cosa di proprietà della chiesa. Alcuni dei collaboratori della chiesa furono anche malmenati mentre cercavano di fermarli. Naturalmente, la società intentò contro di noi una causa penale, accusandoci di aver violato la legge. Grazie a tutto questo, l'amore per la chiesa da parte dei fratelli e delle sorelle crebbe e le loro preghiere si intensificarono. In breve tempo Dio mosse a compassione il cuore della nuova proprietà che ci propose un nuovo e vantaggioso contratto di acquisto, che la chiesa firmò, ed iniziammo a saldare le rate del mutuo immobiliare.

Disturbi contro la crociata evangelistica di Seoul

Dal 18 al 21 Maggio 1992, insieme al comitato della Nation's 'Re-Unification and Jubilee Crusade', con il supporto di diversi canali televisivi cristiani – Kukmin Ilbo, Far East Broadcasting Company, Christian Broadcasting System – di diversi organi di informazione cristiani – The Christian Newspaper, The Korea Church Newspaper – e con il patrocinio dell'ufficio del Cappellano della Polizia, organizzammo dei servizi di evangelizzazione cittadina.

Il diavolo, il nemico, di nuovo, fece di tutto per annullare questo incontro.

Tra gli oratori previsti c'erano alcuni tra i pastori più famosi del paese, come il pastore Hyeon Gyoon Shin e il pastore Jaechul Hong. Mi dissero di aver ricevuto molte pressioni per non partecipare a questo incontro. Ancora una volta, c'erano quelli che dicevano che io ero un eretico e che ritiravano fuori la storia della scomunica dalla denominazione e che se avessero predicato all'evento avrebbero dovuto affrontare situazioni sfavorevoli in futuro. I due oratori erano due servi del Signore e sapevano che io ero un pastore ripieno di amore per il Signore Gesù e un seguace del Vangelo, per questo non si sono lasciati corrompere dalla paura di chi non voleva che fossero con noi. Gli incontri di evangelizzazione si svolsero con successo e l'opera dello Spirito Santo fu manifestata. Dal 14 al 17 settembre dello stesso anno, sempre nella nostra chiesa, si tennero altre giornate di evangelizzazione organizzate da strutture rinomate – Korea Christianity Revival Association, 'Seoul Citizen Evangelism United Crusade' –, e ben otto pastori nazionali tra cui il pastore Jongman Lee, predicarono in questi incontri.

La riconciliazione con la denominazione della santità (Anyang)

Nel febbraio del 1992, la denominazione che mi aveva condannato, la Anyang, cominciò o a prendere delle serie misure contro la nostra chiesa e contro la denominazione indipendente da noi fondata, che stava crescendo molto rapidamente. Il pastore 'Y', di cui ho già parlato, nel frattempo era diventato il presidente di quella denominazione e non perdeva occasione per parlare male di noi, sia al Consiglio cristiano di Corea che alla stampa. La diffamazione che avevano messo in atto non era più solo vilipendio, ma stava anche causando dei grossi danni al ministero della predicazione del Vangelo. Decidemmo, infine, che i rappresentanti legali della chiesa avrebbero denunciato mediante querela il pastore 'Y'.

Dopo il processo il pastore 'Y'. avrebbe dovuto pagare un risarcimento e rischiava di essere arrestato. Era disperato e più volte ci chiese di annullare l'azione legale attraverso il mio professore di seminario, il pastore Taekgu Sohn. Anche il pastore Taekgu Sohn ci sollecitò ad annullare il caso e a riconciliarci con il pastore 'Y', il quale, a sua volta, promise che non si sarebbe più fatto coinvolgere dalla politica della chiesa ma solo dedicato al suo ministerio.

Il pastore 'Y' era un uomo molto anziano, e in realtà, io provavo una grande pietà per lui. Decisi, quindi, di accettare la richiesta del pastore Taekgu Sohn e di ritirare la causa. L'avvocato che si occupava di questo caso era molto contrario, perché, mi disse, alla luce dei comportamenti precedenti di questa denominazione e dei suoi leader, di certo in futuro avrebbero messo in atto nuovamente la stessa condotta. Nonostante il dissenso dell'avvocato, firmai il documento di accordo reciproco e lasciai decadere la causa.

Ci incontrammo il 20 aprile 1993 e firmammo l'accordo, che ancora conserviamo. Il pastore 'Y' ha firmato una promessa scritta in cui dichiara di essere: «...profondamente dispiaciuto di aver distribuito del materiale diffamatorio che ha causato del danno al Reverendo Jaerock Lee e alla Chiesa Manmin, che in futuro mi asterrò da qualsiasi tipo di azione simile e mi concentrerò solo sul mio ministero.». Abbiamo lasciato cadere la querela e lo abbiamo perdonato. Di lì a poco, purtroppo, proprio come l'avvocato aveva previsto, piuttosto che ringraziarci, continuò nella sua azione distruttiva verso la nostra chiesa, adducendo alle seguenti motivazioni: «Non mi sono scusato in qualità di presidente della denominazione, ma solo a titolo personale.»

L'eresia secondo la Bibbia

A motivo della rapida crescita della nostra chiesa io ero diventato molto noto nel paese. Il fatto di essere famoso amplificava anche le falsità che circolavano a mio riguardo. Molti pensavano che io fossi davvero un eretico a causa della condanna da parte della nostra precedente denominazione. Purtroppo, tutti coloro che non mi avevano mai incontrato, che non avevano mai ascoltato i miei messaggi, o che non erano mai stati nella nostra chiesa, potevano giudicarci solo attraverso ciò che altri dicevano di noi. Anche nella Bibbia, l'apostolo Paolo che ha amato così tanto Gesù Cristo e dedicò la sua vita alla predicazione del Vangelo, fu perseguitato e condannato come 'pazzo', 'peste', e 'capo della setta dei Nazareni' (Atti 24:5).

A questo punto, dovemmo prendere in considerazione la definizione di eresia secondo la Bibbia. In 2 Pietro 2:1 si legge: «*Però ci furono anche falsi profeti tra il popolo, come ci saranno anche tra di voi falsi dottori che introdurranno occultamente eresie di perdizione, e, rinnegando il Signore che li ha riscattati, si attireranno addosso una rovina immediata.»* Qui, il 'Signore che li ha riscattatì è Gesù Cristo. Pertanto, prima che Gesù fu crocifisso, risorto, e terminò il suo compito di Salvatore, non esisteva la parola 'eretico' nella Bibbia. Questa è la ragione per cui non troverete mai il termine 'eresia' nell'Antico Testamento e nei quattro Vangeli, cioè, in Matteo, Marco, Luca e Giovanni.

Nei quattro Vangeli, gli scribi, i farisei, i sacerdoti e il sommo sacerdote, non hanno mai utilizzato il termine 'eresia' neanche mentre perseguitavano Gesù. Solo dopo che risorse e compì il suo dovere come il Cristo, quelli che 'negano il Signore che li ha riscattatì, e solo in 2 Pietro, vengono chiamati eretici. La Bibbia ci mette in guardia da queste persone. Il nome Gesù significa 'Colui che salverà il suo popolo dai suoi peccati' (Matteo 1:21), e Cristo significa 'Unto'. Dopo che Gesù fu crocifisso e risorse, dopo che compì il suo dovere come il Cristo, divenne il nostro Salvatore.

Pertanto, quando finiamo le nostre preghiere, invece di dire 'Nel nome di Gesù' preghiamo dicendo 'Nel nome di Gesù Cristo', questo per dare alla preghiera un senso perfetto. In 1 Giovanni 2:22 si legge: *«Chi è il bugiardo se non colui che nega che Gesù è il Cristo? Egli è l'anticristo, che nega il Padre e il Figlio.»* Quindi chi è considerato eretico? Si suppone chiunque neghi la Trinità (Dio il Padre, il Figlio Gesù Cristo e lo Spirito Santo). Pertanto, non è giusto davanti a Dio giudicare con leggerezza o condannare un individuo (o una chiesa) che crede in Dio Padre e accetta Gesù Cristo come Salvatore.

Condannare una chiesa dove le opere dello Spirito Santo

sono manifeste nel nome di Gesù Cristo è come rinnegare lo Spirito Santo, e la Bibbia ci avverte che questo peccato non può essere perdonato. Lo Spirito Santo è parte della trinità. Se qualcuno dice che le opere compiute dallo Spirito Santo sono opera del diavolo, è come dire che Dio è il diavolo, e questa sì che è un'eresia!

Quando in Matteo 12:22 Gesù guarisce un uomo che era cieco e sordo a causa di un demone, i farisei lo condannano dicendo: «*Costui non scaccia i demòni se non per l'aiuto di Belzebù, principe dei demòni.*» e Gesù rispose: «*Perciò io vi dico: ogni peccato e bestemmia sarà perdonata agli uomini; ma la bestemmia contro lo Spirito non sarà perdonata. A chiunque parli contro il Figlio dell'uomo, sarà perdonato; ma a chiunque parli contro lo Spirito Santo, non sarà perdonato né in questo mondo né in quello futuro.*» (Matteo 12: 31-32).

Quando i farisei condannarono l'opera dello Spirito Santo, manifestata attraverso Gesù, mediante la potenza di Dio, bestemmiarono contro lo Spirito Santo. Questo fu un peccato così grave che non poté essere perdonato, e loro per questo non poterono essere salvati.

Sanguinare a morte

Era il giugno del 1992 e c'erano molte questioni difficili di cui prendersi cura nella chiesa, cose di cui non potevo parlare con nessuno. Passai parecchi giorni senza riuscire a dormire, senza alcun riposo. Il livello della mia stanchezza era al di là del mio controllo umano. In particolare, alcuni tra i miei assistenti pastori e tra i miei collaboratori, avevano smesso di pregare, continuando a procedere in comportamenti di disobbedienza. Infine, Dio permise una grande prova. A motivo del fatto che mi ero caricato di tutti gli oneri riguardo la chiesa e stavo portando dei pesi troppo pesanti solo su di me, fui in procinto di una emorragia celebrale. Quando i membri della mia chiesa si ammalavano, ero io a pregare per loro. Ma cosa sarebbe successo se mi fossi ammalato io, per di più di una cosa così grave, come un'emorragia celebrale? Dio operò in modo che, prima che l'emorragia esplodesse, una grossa vena nel mio cavo faringeo si ruppe e io iniziai a sanguinare copiosamente dal naso.

Era il 13 giugno 1992, un sabato, e io ero in procinto di uscire per andare ad officiare una cerimonia di nozze. Improvvisamente iniziai a perder molto sangue dal naso e dovetti chiedere ad un altro pastore di celebrare le nozze. Il sangue non smetteva di scorrere, attraverso entrambe le narici e la bocca. Nel corso del pomeriggio avevo sanguinato per circa un'ora e mezza. Di notte, per più di un'ora. Dovevo stare con la testa all'ingiù. Se mi alzavo, il sangue immediatamente scendeva attraverso la gola e mi faceva soffocare.

La domenica mattina, mi stavo per lavare, quando ho ricominciato a sanguinare e questo mi impedì di andare in chiesa. Sanguinavo così abbondantemente che in breve tempo ero zuppo di sangue e, onestamente, mi chiedevo da dove venisse tutto questo sangue.

Più di 100, tra assistenti pastori e collaboratori, vennero presso la mia residenza non appena sentirono la notizia. In un primo momento, chi in un modo, chi nell'altro, le persone cercavano di aiutarmi a tamponare l'emorragia con vari espedienti, finché fu davvero impossibile. La soluzione era restare davanti al lavandino e far defluire il sangue. Tutti mi conoscevano e sapevano che la mia fede non si fonda sul mondo, nessuno nominò neanche la possibilità di portarmi presso un pronto soccorso.

All'improvviso sentì il forte desiderio di ascoltare degli inni, così domandai a tutte quelle persone di cantarmi qualcosa. Qualcuno venne e iniziò a cantare dei cantici dall'innario. Mentre ascoltavo, un senso di grande pace e serenità mi pervase, desiderai con tutto me stesso di andare in cielo. Lentamente persi tutte le mie energie e persi conoscenza, sebbene sentissi il mio spirito essere ripieno di Spirito Santo come mai prima.

Al bivio tra vita e morte

In quel momento, in chiara ispirazione, Dio mi rese noto lo stato spirituale di alcune delle persone che erano lì presenti. Invitai queste persone a liberarsi dall'arroganza e dalla falsità che Dio odia e diedi le ultima volontà alla mia famiglia. Più tardi venni a sapere che tutta la comunità stava pregando per me.

Le mie pulsazioni si sono fermate e io ho smesso di respirare. Al momento in cui persi conoscenza sentivo che il mio spirito stava lasciando il mio corpo. Sentii l'anziano Boaz Lee e altri che erano con me nella stanza pregare: «Eterno, riporta in vita il nostro pastore!» con grida e lacrime. Mi hanno detto che quando hanno toccato il mio polso, le pulsazioni si erano interrotte e quando hanno toccato il mio petto, era freddo. In quel momento, il Signore è venuto da me.

«Mio servitore, vuoi venire da me o tornare indietro e compiere il tuo dovere?»

«Signore, io voglio stare al tuo fianco.»

A quel tempo vivevamo in una casa presa in affitto. Non possedevamo né immobili né risparmi in banca. In quei momenti però, non ebbi preoccupazioni per la mia famiglia, volevo solo andare in Paradiso. Poi, il Signore mi mostrò due scene. Dopo essere andato con il Signore, il diavolo avrebbe colpito la nostra chiesa. Il santuario non c'era più e molti, tra i credenti, erano diventate pecore erranti mentre altri erano ritornati al mondo, sulla via della morte. Alcuni membri della mia chiesa stavano andando verso la porta del Cielo, con una vita di digiuno e preghiere, ma la maggior parte della congregazione si era persa e camminava verso il mondo, sulla via per l'Inferno. In quel momento, tornai in me.

«Signore, fammi tornare indietro, voglio presentarmi davanti a Te con i membri della chiesa, dopo che avremmo costruito il Grande Santuario!»

Pregai desiderando vivere. In quel momento, una luce dall'alto e un forte vigore vennero su di me. Improvvisamente mi misi a sedere e chiesi dell'acqua. Solo in seguito compresi che l'acqua che avevo bevuto si era trasformata in sangue nel mio corpo. Mi alzai e andai verso il salotto. Alcuni di quelli che non avevano potuto entrare nella mia stanza pregavano e piangevano nell'ingresso. Erano sorpresi ma molto felici di vedermi. Strinsi la mano a ciascuno di loro e gli parlai. Il mio viso cominciava a prendere colore e nulla nel mio incarnato lasciava trasparire che avevo perso tutto quel sangue. Ancora non ero completamente lucido, quindi non mi ricordo nei dettagli cosa successe, se non attraverso il racconto dei presenti.

Se ricominciavo a sanguinare, bevevo dell'acqua. In genere preferivo delle bibite all'acqua, ma in quel momento sentii che dovevo bere molta acqua. Avevo sanguinato moltissimo, e in condizioni normali avrei dovuto morire se non avessi avuto una trasfusione. Il Signore aveva trasformato l'acqua in vino, e io credevo che l'acqua poteva essere trasformata in sangue dalla potenza di Dio, ogni volta che bevevo. Io ero cosciente che anche questa situazione era parte della provvidenza di Dio per me, e non avevo nessuna intenzione di fare affidamento sulla medicina di questo mondo. Io credevo, avevo ed ho piena fiducia nell'Iddio onnipotente, e ho lasciato tutto nelle sue mani.

Non avevo alcuna voglia di andare in ospedale per estendere la mia vita. Se Dio avesse voluto prendere il mio spirito, non c'era motivo per me di provare a vivere. Certo, avrei scelto la morte solo se fosse stata la volontà di Dio.

Così tanti infermi erano stati guariti attraverso la potenza di Dio che operava in me, e se io non ero in grado di curare me stesso con la fede, in quale modo avrei potuto insegnare alla mia congregazione come ricevere la guarigione per fede? Questo era il motivo per cui avrei preferito morire piuttosto che fare affidamento sulla medicina. Ho affrontato la morte con felicità, lasciando le mie ultime volontà ai membri della mia famiglia in serenità, ma non era la volontà di Dio per me che io morissi e Lui mi fece ritornare in vita in un attimo.

La prova di Abramo

Dal momento che l'emorragia si era fermata, cenai e mi chiusi nel mio luogo di preghiera. Quella notte l'emorragia si ripropose, per circa un'ora e mezza. Stessa cosa la mattina dopo. Non potevo mangiare o stare sdraiato, ogniqualvolta che mi coricavo il cuore pompava sangue e io sanguinavo di nuovo. Così, per riposare, dovevo stare seduto con la testa all'ingiù. Arrivò la domenica e io era ancora nella mia stanzetta di preghiera. Celebrai una riunione di adorazione e di culto personale guardando la videoregistrazione di un sermone che avevo predicato qualche tempo prima dal titolo «Dio, Colui che guarisce». Al momento in cui si arriva alla preghiera per i malati, ho messo le mani sulla mia testa e ho ricevuto la preghiera, e da allora l'emorragia si fermò completamente. Attraverso questa esperienza, ho capito ancora una volta, quanto sia potente la preghiera per i malati.

Ho fatto un conto, e ho messo insieme il tempo totale per cui ho sanguinato.

Nell'arco di otto giorni, in 30 diverse occasioni, avevo sanguinato per un totale 24 ore. Reputo che sia un tempo più che sufficiente per permettere a tutto il sangue presente all'interno di un corpo umano di fuoriuscire interamente. Nel corso degli otto giorni, ogni volta che sanguinavo, bevevo dell'acqua e l'acqua nel mio corpo si trasformava in sangue. Dio mi aveva messo alla prova per otto giorni consecutivi, e io mai avevo tenuto del risentimento o mi ero lamentato una volta sola come Giobbe. Il mio cuore era pieno di gratitudine. Se fossi morto sarei andato a fianco del Signore, e avrei vissuto felicemente in cielo, quindi non c'era motivo di essere triste.

Dato che sanguinavo di più quando mi coricavo, ho dovuto stare molto tempo seduto con la testa all'ingiù. Questo mi diede modo di pensare, tanto.

Considerai che Dio mi aveva dato molto potere, ma io non avevo saputo guidare la mia congregazione ad un livello di fede elevato, non avevo saputo controllare la vita dei collaboratori della chiesa e ancora non avevamo costruito il grande santuario. Più passavano i giorni e più cresceva il mio dispiacere, più meditavo su queste cose, più diventavo triste. Trascorsi gli otto giorni senza dormire con un cuore carico di pentimento davanti a Dio. Fortunatamente, ero disposto a rinunciare alla mia vita quando Dio me lo aveva chiesto, e per questo, all'ottavo giorno,

Egli mi ristabilì. In seguito, il Signore mi fece sapere che, come Abramo, anche io avevo superato la prova della mia esistenza. Abramo gli aveva dimostrato che era disposto a dare suo figlio, io la mia vita. La fiducia che Dio aveva in me crebbe, come crebbe il potere con il quale mi stava benedicendo. Questo incidente fu anche l'occasione per i miei stretti collaboratori, come anche per l'intera congregazione, di svegliarsi e piantare con forza le proprie basi sulla roccia solida.

Avvertimenti escatologici

Nel 1984, poco dopo aver aperto la chiesa, ho iniziato a predicare riguardo i segni della fine dei tempi, basandomi sulle cose che avevo compreso attraverso l'ispirazione di Dio. Tra questi, anche i rapporti tra la Corea del Nord e la Corea del Sud, l'interpretazione del '666', l'Unione Europea che diventa un solo stato, e così via. I rapporti tra le due Coree erano davvero pessimi e anche le carte di credito non erano comuni in quei giorni, così, alcuni fedeli si trovavano a disagio o non comprendevano quello che dicevo.

Gesù si lamentò dicendo: «*Quando il Figlio dell'uomo verrà, troverà la fede sulla terra?*» (Luca 18:8).
Ecco perché ho cercato sempre di fare del mio meglio per piantare la fede nei credenti, per impiantare in loro il chicco di grano vero che poi produrrà la vera fede che servirà proprio in un tempo come questo.

Predicando sui segni dei tempi, in quegli anni, mi guadagnai la fama – falsa – del predicatore che fissa la data della fine del mondo. I miei articoli erano pubblicati su giornali e riviste e io apparivo in trasmissioni televisive. In un modo o nell'altro, ero di nuovo sulla bocca di tutti.

Alcuni articoli venivano pubblicati distorcendo le mie parole e facendomi dire cose che io non avevo mai dichiarato. In particolare, c'era un predicatore, un uomo che aveva definito delle date precise riguardo la fine del mondo, che si faceva forte della mia predicazione escatologica, dichiarando che io ero d'accordo con le sue interpretazioni a scadenza. Ciononostante, la maggior parte della stampa mi riservava articoli favorevoli, eccetto l'editore di una rivista cristiana mensile, il signor 'T', che mi condannò pubblicamente, dichiarando che io sostenevo di conoscere il giorno della seconda venuta del Signore. Sapevo che ogni cosa sarebbe stata rivelata al momento opportuno, e quindi non intrapresi nessuna azione legale contro di lui e non gli domandai scuse né pubbliche né private.

Tutte le mie predicazioni e tutti i miei sermoni vengono registrati, e sono sempre a disposizione di chiunque voglia acquistarli. Dal momento in cui ho fondato la chiesa, ho sempre insegnato alla mia congregazione ad essere vigili nella loro vita cristiana, come le cinque vergini sagge illustrate nel capitolo 25 del Vangelo di Matteo. Qui di seguito riporto gli estratti da alcuni messaggi predicati intorno al 1992, riguardo gli ultimi tempi.

«So che alcuni di voi hanno letto dei libri e hanno sentito da altri che il Signore sta per tornare e che questo avverrà il 10 ottobre prossimo a detta di alcuni, o il 28 a detta di altri.

Non gli credete! Non lo fate! Mai! Qualcuno mi ha mai sentito parlare del 1992 come anno del ritorno del Signore? No. Io vi ho insegnato ciò che dice la Parola di Dio, e cioè a liberarvi dei peccati, a vivere nella luce e nella giustizia per assomigliare a Lui, per adornavi come una meravigliosa sposa per il Signore. Questo ho fatto, con lacrime e preghiere. Anche se il Signore venisse domani questo non ci impedirà di piantare un albero di mele oggi.»

(Estratto dalla predicazione del servizio domenicale del 19 gennaio 1992 «Essere Vigili»).

«In Matteo, capitolo 24, i discepoli chiesero al Signore quali sarebbero stati i segni della fine dei giorni e quelli della sua venuta. Gesù li ammaestrò e per questo, studiando la Parola di Dio anche noi conosciamo quali sono i segni della fine dei tempi. Vedo persone essere ingannate da quelli che dicono che Gesù tornerà in ottobre quest'anno! Voi che ne pensate? Se amate Dio e conoscete la Sua volontà sapete che non dovete avere nulla a che fare con questa affermazione. Noi siamo salvati per fede e non sappiamo quando, in quale giorno, di quale mese, il Signore tornerà. Gesù è il nostro Salvatore ed Egli ci redime e perdona dai nostri peccati, mediante la fede possiamo diventare figli di Dio e per questo entrare nel regno dei cieli. Queste stesse persone che indicano la data del ritorno di Gesù sostengono che possiamo essere salvati solo quando crediamo e in quale mese e in che giorno... Tutto questo è ridicolo! Tutto questo è completamente fuori dalla Bibbia.»

(Estratto dalla predicazione del servizio domenicale del 31 maggio 1992 «Quale sarà il segno?»)

Capitolo 7

Dio ha ampliato il confine del mio ministero

Si aprono le porte dell'evangelizzazione mondiale

La crociata evangelistica 'World Holy Spirit Evangelization Crusade'

Nel maggio del 1992 fui invitato alla colazione di preghiera annuale – un evento a cui i partecipano politici di incarichi nazionali – presso l'ufficio del presidente del nostro paese. Mi presentai con l'orchestra della chiesa, la 'Nissi Orchestra', come richiesto. Lo stesso anno, il 14 e il 15 agosto, ho partecipato ai lavori della Crociata del 1992 che si sarebbe tenuta presso la Yoido Square, dal titolo 'Il mondo dello Spirito Santo'. All'evento parteciparono oltre 1 milione di persone. La nostra chiesa contribuì con un coro composto da 200 elementi, l'Orchestra Nissi, e 400 fedeli come volontari per la gestione del traffico e della sicurezza locale.

Nel corso della riunione, ho incontrato il pastore Gwangsam Rah, che era il presidente dell'Holy Spirit Club di Washington

D.C. nonché presidente permanente della Holy Spirit Evangelization Crusade. Era stato mio compagno di scuola biblica e si era trasferito a Washington D.C. dove ministrava. Non ci eravamo più visti dal giorno della laurea, e fui felicissimo di incontrarlo in questa occasione.

Mentre parlavamo mi domandò se sapevo da quale chiesa venivano tutti quei volontari e fu felicemente sorpreso di scoprire che erano proprio della mia chiesa. Attraverso questo incontro, il mio ministero ha iniziato il suo viaggio verso il continente americano.

Crociata evangelistica a Washington D. C.

Nel 1993, Dio spalancò per noi la porta della missione mondiale. Ricevetti l'invito a predicare ad una crociata evangelistica organizzata dall'associazione delle chiese coreane di Washington, che si sarebbe tenuta dal 6 all'8 agosto 1993. In realtà proprio quell'anno avevo ricevuto numerosi inviti per varie riunioni in molti paesi, che io rifiutai, ma, dato che era la capitale degli Stati Uniti, pensai che questo fosse parte della provvidenza di Dio e decisi di andare.

Gli organizzatori della crociata di Washington mi dissero che lo scopo principale dell'evento era quello di piantare la vera fede nel cuore dei coreani d'America, facendo loro sperimentare cambiamenti esistenziali attraverso le opere dello Spirito Santo. L'incontro si svolse nella palestra della scuola superiore di Wheaton con il patrocinio del sindacato di 180 chiese nel nordest, tra cui Washington D.C., New York e Baltimora. Lo Spirito Santo si manifestò per tutti e tre i giorni.

Il primo giorno, ho predicato il 'Messaggio della Croce,' il secondo giorno 'Fede carnale e Fede spirituale', e il terzo giorno, 'La Benedizione della Bita Eterna'. I tanti partecipanti affamati di Dio ricevettero la Parola con 'Si' e 'Amen'.

Spronare tutti ad abitare nella Luce

Dopo il successo della crociata di Washington, fui nominato presidente onorario della 'LA Evangelism Crusade', un evento evangelistico organizzato dalla comunione delle chiese coreane di Los Angeles, in occasione del 'Korea Town Day', da tenersi il 19 settembre del 1993. Mi preparai con molta preghiera, andando spesso sulle montagne a cercare il Signore, perché questa crociata richiedeva devozione.

Gli organizzatori mi chiesero di portare un messaggio di consolazione per i coreani che vivevano in California, ma io gli dissi che non l'avrei fatto. Quello di cui avevano bisogno non era consolazione ma pentimento. Dovevano pentirsi del fatto che non stavano vivendo una vera vita cristiana, che non osservavano il giorno del Signore e che non vivevano nella luce.

Il 29 aprile 1992, ci fu la rivolta degli di afroamericani nella regione di Los Angeles, e la comunità coreana visse questo momento con ferite profonde e senso di vittimizzazione. Le motivazioni della rivolta erano quelle classiche del razzismo tra bianchi e neri, ma la folla impazzita prese di mira, indiscriminatamente, proprio i negozi dei coreani, incendiandoli, distruggendoli, saccheggiandoli. Questi giorni di violenza lasciarono nelle famiglie coreane profonde cicatrici, sia mentali che materiali.

La Bibbia ci insegna che, se viviamo secondo la Parola, se il nostro cuore è sincero e la nostra fede perfetta, la nostra anima prospererà e tutto coopererà al meglio per la nostra vita. Vale a dire, se mettiamo in pratica la Parola di Dio, saremo anche protetti da ogni incidente e calamità.

Il giorno della crociata lessi da Atti 4:11-12 e intitolai il mio messaggio, «Perché Gesù è il nostro unico Salvatore». Predicai il messaggio della croce cercando di piantare in loro il seme della vera fede, esortandoli a vivere un'esistenza cristiana genuina, agendo secondo la Parola di Dio in ogni cosa.

Il giorno seguente fui invitato a predicare un una chiesa di Irvine. Dopo tutti gli incontri, il 21 settembre, visitai anche il Municipio della città di Los Angeles durante una riunione consiliare. I membri del Consiglio mi chiesero di pregare ed io li benedissi, dopodiché sono stato onorato di ricevere la cittadinanza onoraria dalla Los Angeles County (che poi, mi dissero, era la prima volta che veniva concessa ad un coreano).

Infine, partecipai alla 'Parata dei Fiori Galleggianti', il culmine del Festival Coreano di Los Angeles, stando su uno dei battelli decoratissimi di fiori. Mi fu chiesto di offrire una preghiera pubblica per la comunità coreana da sopra il battello. L'intero evento fu ripreso da vari network televisivi e quelli che non avevano mai sentito parlare di me ebbero la possibilità di conoscermi. Fu tutto solo ed esclusivamente per grazia di Dio.

L'inizio delle predicazioni televisive

A partire dal marzo del 1990, i miei sermoni iniziarono ad essere trasmessi in un programma chiamato 'Buone Notizie da Terre Lontane' a cura della 'Far Eastern Broadcasting Company'. Questo canale televisivo cristiano trasmetteva in Cina e in alcune zone della Russia. Da allora iniziai a ricevere lettere di ringraziamento da parte di chiese coreane della Cina, e alcune di loro hanno anche visitato la nostra chiesa a Seoul.

Nell'agosto dello stesso anno, le mie predicazioni sono state trasmesse attraverso una radio coreana nella zona di Washington D.C.; da dicembre 1992 sono state inserite nella programmazione della Busan Christian Broadcasting, nel novembre 1993 come parte del palinsesto dell'Iri Christian Broadcasting, e, a partire da febbraio del 1994 il Cheongju Christian Broadcasting System ha iniziato a trasmettere i miei sermoni ogni settimana. Nel 1993, sono stato presente su diversi canali radio in diverse parti del mondo, con oltre 900 minuti complessivi di sermoni ogni settimana. A quel punto dovevamo registrare in modo professionale tutte le mie predicazioni, e questo non era un lavoro semplice. Dal 20 al 22 maggio 1994, ho consegnato un messaggio in un incontro per i coreani a Washington D.C. e Baltimora, in diretta radiofonica a cura del Washington Christian Radio System (WCRS). In seguito, il CEO del WCRS ,Yeong Ho Kim, mi chiese di diventare presidente della stazione e io accettai la sua proposta.

Gli ascoltatori del WCRS risposero in modo molto positivo a questo cambio di guardia, ma soprattutto alla predicazione del Vangelo autentico. Yeong Ho Kim era solito inviarmi i commenti e le lettere che gli ascoltatori spedivano alla stazione, dove ringraziavano sia lui che me per il lavoro che stavamo facendo.

La fede è certezza di cose sperate

Nel febbraio del 1991, ci trasferimmo nel nuovo santuario a Dong Guro, e per l'occasione avevamo organizzato due settimane di incontri speciali. L'ultimo giorno degli incontri di risveglio, durante la veglia di preghiera notturna del venerdì, il numero dei partecipanti superò le 10.000 unità. Ormai le persone che frequentavano le nostre riunioni provenivano da ogni sorta di background culturali, sociali ed economici, ed anche per questo eravamo molto grati a Dio. Dopo sei mesi, il santuario era sempre pieno e dopo tre anni, era di nuovo piccolo.

L'11 febbraio del 1993, i maggiori quotidiani coreani, come anche tutti i giornali cristiani del paese, riportarono la notizia che la rivista statunitense 'World Christian' aveva stillato la lista delle 50 chiese più grandi del mondo e la nostra era tra quelle cinquanta. Erano passati poco più di 10 anni dall'apertura, e Dio ci aveva permesso di crescere tanto che da chiesa locale adesso eravamo una chiesa mondiale. Non sono stato io, io no ho fatto nulla. Dio ha fatto ogni cosa, e per questo rendo ogni lode, onore e grazia al Padre.

Qualunque cosa abbiamo pregato con speranza...

Proverbi 29:18 dice: «*Se il popolo non ha rivelazione è senza freno; ma beato colui che osserva la legge!*» La rivelazione è ciò che Dio ci fa sapere tramite i suoi profeti. Se non abbiamo la rivelazione, non avremo moderazione, vale a dire ignoreremo la legge di Dio e agiremo solo secondo la nostra volontà, avviandoci, così, sul sentiero della distruzione.

Mentre digiunavo per 40 giorni prima dell'apertura della chiesa, Dio mi concesse molti sogni e visioni. Io avevo sempre pregato che, una volta aperta, Egli mi concedesse che la nostra chiesa potesse diventare una comunità con a cuore verso la missione in tutto il mondo, e una chiesa molto amata da Lui.

Per compiere la missione mondiale, in primo luogo, dovevo suscitare dei lavoratori. Dovevo preparare molti leader non solo per essere utilizzati per le missioni nazionali, ma anche per inviarli come missionari all'estero. Per questo pregavo che Dio mi desse forza e sapienza per formare dei pastori eccellenti. Quando frequentavo il college teologico, gli studenti in teologia, a quel tempo, venivano spesso mandati a pulire i bagni nella chiesa, a redigere, scrivere e piegare i bollettini settimanali e tutte le altre cose pratiche e scomode a servizio del pastore e della chiesa. Generalmente nessuno li lodava o dava loro una pacca sulla spalla e complimentando il loro lavoro. Se commettevano degli errori, però, si poteva stare certi che sarebbero stati rimproverati dai pastori e nella peggiore delle ipotesi, anche buttati fuori dalla chiesa che stavano cercando di servire. Mi dispiaceva sempre molto vedere i seminaristi subire questo tipo di situazione. Dopo aver aperto la nostra chiesa, abbiamo cercato di sostenere gli studenti di teologia pagando le rette del college, ed in altri modi concreti, Questo perché non volevo che il loro cuore fosse preso dal mondo, desideravo davvero che potessero crescere e diventare dei potenti ministri di Dio. La situazione finanziaria della nostra comunità non era sempre rosea e questo progetto non era sempre facile da sostenere per noi. Spesso ricevevo molte lamentele a riguardo, proprio dai fratelli che si occupavano dell'amministrazione della chiesa, ciononostante, ho sempre sostenuto i nostri studenti di teologia perché sapevo che questo era ed è nella volontà di Dio.

Inoltre, per compiere la missione mondiale avevo bisogno di musicisti, di squadre di lode e adorazione competenti, e questa era una delle mie richieste di preghiera più frequenti. Durante il digiuno di 40 giorni ebbi la visione di alcuni team leader per i gruppi di lode e adorazione in ogni servizio, e allora pregavo continuamente: «Signore, quando aprirò la chiesa, dammi delle band di lode e adorazione che perseguano l'eccellenza.» In seguito, non solo continuai a pregare per avere gruppi di lode e adorazione preparati, ma anche perché la nostra chiesa potesse disporre di una vera orchestra per dare gloria a Dio. 1 Cronache 23:05 si legge: «...*quattromila siano portinai, e quattromila celebrino il Signore con gli strumenti che io ho fatti per celebrarlo.*» Nel Tempio di Dio c'erano ben quattromila persone addette alla musica. Il Salmo 150 invita a lodare con la tromba, il liuto, l'arpa, con strumenti a corda e a fiato, con cembali di forte volume e ben sonanti!

Pregai molti anni riguardo all'orchestra, finché ricevetti l'ispirazione divina. Dio chiamò nella nostra chiesa dei musicisti professionisti, strumentisti di ogni genere, li fece crescere nella

Parola della Vita, finché in molti di loro maturò un sogno. Di solito, i musicisti hanno le loro personalità particolari e delle ambizioni personali molto radicate, quindi so che non è stato facile per ognuno di loro abbandonare i propri sogni e donarsi al ministero per la gloria di Dio. In ogni caso, nel giro di poco tempo, dei musicisti professionisti che frequentavano la chiesa condivisero il loro desiderio di onorare Dio con il proprio talento e formarono un'orchestra. L'Orchestra Nissi nacque il primo marzo del 1992 e da allora non ha smesso di suonare per il Signore, non solo nel nostro santuario ma in tanti luoghi e per tanti eventi. Tra i molti ricordo la loro esibizione nella nella Crociata del Giubileo nella piazza Yoido a Seoul, concerti in molte chiese in tutto il paese oltre che concerti di beneficenza sia in Corea che all'estero.

Questo non è tutto. Dio ci ha anche benedetto con un coro meraviglioso. Ad oggi disponiamo di oltre venti band e gruppi musicali che danno gloria a Dio non solo in Corea ma anche in molti altri paesi.

Lodatelo con i timpani e le danze

Il sogno di adempiere alla missione mondiale ci ha condotti a fondare non solo dei gruppi di lode ma anche dei corpi di danza. Ho meditato a lungo sulla Bibbia riguardo cosa delizi nostro Padre, quando lo lodiamo. Ho ricevuto la risposta attraverso ciò che ha scritto Davide. Quando l'arca del Signore ritornò da lui (2 Samuele 6:12-23), tanta era la gioia che il re danzava senza curarsi di nulla, ma sua moglie, Michal, lo disprezzò e lo criticò. Allora, David le rispose: «*L'ho fatto davanti al SIGNORE che mi ha scelto invece di tuo padre e di tutta la sua casa per stabilirmi principe d'Israele, del popolo del SIGNORE; sì, davanti al SIGNORE ho fatto festa.»* (2 Samuele 6:21). Michal, che aveva disprezzato Davide nel momento in cui lo vide danzare davanti a Dio, fu maledetta e divenne sterile. Meglio obbedire alla Parola di Dio e compiacerlo, piuttosto che avere paura di quello che dicono gli altri.

Fanno danze magiche!

Nel marzo del 1986, nella nostra chiesa fu fondato l'Holy Dance Team (corpo di danza santo), che, attraverso danze e coreografie suggestive sulle note dei canti di lode, si poneva l'intento di dare gloria a Dio oltre che di infondere nello spettatore la speranza del cielo. In seguito il nome fu cambiato in 'Team Mission Arts'.

Oggi, la danza nella cultura cristiana è molto comune, soprattutto grazie e in concomitanza allo sviluppo dei media, ma, in quegli anni, era qualcosa di raro nelle chiese. La nostra comunità ha istituito il 'Comitato della Lode' e il 'Comitato della Missione delle Arti e delle Performance.' In seguito è stato fatto confluire tutto nel 'Comitato Artistico' un organismo interno che organizza e prepara eventi di formazione e sviluppo dei vari musicisti, performer, ballerini e attori nella chiesa. La nostra congregazione cresceva molto rapidamente, ed alcuni, gelosi di questo, diffusero delle false voci a nostro riguardo. Più volte l'anno, in concomitanza di eventi speciali o feste bibliche, organizzavamo delle rappresentazioni artistiche, di musica, danza e teatro. Fu in queste occasioni che delle voci erronee iniziarono a circolare. Di lì a poco ci sentimmo accusati di ogni possibile falsità, da: 'sono stati presi da spiriti malvagi per questo danzano nei culti' a 'abbiamo visto le danze magiche durante i canti.'

Nonostante tutto questo, il team di danzatori fu invitato ad esibirsi alla crociata evangelistica del 1991 che si tenne in Unione Sovietica, ospitata dal pastore Hyeon Gyoon Shin. Fu la loro prima performance internazionale. Come sempre, diedero grande gloria a Dio con la loro danza e con il loro amore, e da allora, si sono guadagnati l'affetto e il favore di tanti, sia in Corea che fuori. Tutt'oggi svolgono il loro ministerio e glorificano grandemente Dio attraverso le loro performance di danza.

Riconosciuti per il loro talento

Attualmente nella nostra comunità abbiamo diverse squadre di performer che hanno sviluppato il loro talento nell'amore di Dio e sono attivi nel loro ministero. Il primo giugno 1991, un corpo di ballo della nostra chiesa ha partecipato al 10° Concorso Nazionale di Musica Cristiana organizzato dalla Far Eastern Broadcasting Company, vincendo il Gran Premio. Il 17 giugno 1995, per il 14° concorso, uno dei nostri cori il 'Sound of Light Chorus' ha vinto di nuovo il Gran Premio. Il 'Sound of Light Chorus' in quel tempo era composto da tre membri, uno dei quali era la mia terza figlia Soojin. Dio l4aveva già chiamata a suo servizio quando era solo un bambina, ha finito il suo corso teologico e ora serve la comunità come presidente degli assistenti pastori.

Il 17 aprile 1993, ci fu un concerto di musica cristiana per i bambini nell'Auditorioum di Hwetbool e la nostra Orchestra Nissi fu invitata a suonare. Nello stesso anno, l' Orchestra Nissi è stata invitata, insieme con il 'Team Mission Art' e altre band di lode della nostra comunità, a esibirsi in un culto speciale di evangelizzazione riservato ai pubblici ministeri della nazione, che si è tenuto presso la sala conferenze della Procura Generale Coreana.

Il 6 novembre 1993, il gruppo canoro 'Crystal Singers' – sempre della nostra chiesa – ha partecipato al 4° Concorso Nazionale di composizione di Musica Gospel, organizzato dal canale televisivo Christian Broadcasting System, e ha vinto il primo premio.

Collaborazioni con altre organizzazioni

Il servizio nel cuore

La nostra è una chiesa grande e i nostri fedeli sono sempre stati molto volenterosi, partecipano e aiutano come volontari ai tanti eventi cristiani organizzati in città da ogni genere di organizzazione cristiana, motivo per il quale, spesso, mi venivano richieste presidenze onorarie o partecipazioni in tanti comitati. Ho sempre voluto aiutare da dietro le quinte, sapevo che nel nostro paese ci sono pastori e uomini di Dio a me superiori, per questo rifiutavo le posizioni che mi venivano offerte, e, quando rifiutare poteva risultare scortese, ho sempre accettato ma chiedendo di abbassare il livello della posizione che mi veniva proposta. Negli eventi, se il mio nome è sulle prime poltrone, allora rispetto la volontà dell'organizzatore e mi siedo in prima fila, ma quando i nomi non sono designati, preferisco sedere nelle ultime file. Ho sempre provato un notevole imbarazzo ad accomodarmi al centro o sul palco in presenza di pastori a me superiori. Anche oggi mi dedico alla meditazione della Parola di Dio e alla preghiera piuttosto che alle attività esterne. Così, in molte occasioni, uno dei miei assistenti pastori o qualche anziano della chiesa partecipa agli eventi al posto mio. Quando mi viene fatta la richiesta di cooperare o partecipare personalmente in una determinata manifestazione, però, faccio del mio meglio per contribuire al successo dell'evento anche in prima persona. So di non essere un individuo particolarmente socievole e, anche per questo, non partecipo spesso a riunioni. So di non aver ancora sviluppato una solida comunione con altri pastori, e forse anche per questo motivo, chi non mi conosce bene può pensare io sia un uomo arrogante.

Il 21 giugno 1993, insieme alla Great Crusade for Nation's Re-unification, abbiamo partecipato a un evento davvero speciale la 'Country Cycling Campaign' (campagna nazionale di preghiera in bicicletta) una preghiera per l'intera nazione a cui il nostro coro, l'Orchestra Nissi e molti nostri volontari hanno dato il loro contributo.

Dal 18 al 21 ottobre dello stesso anno, nella nostra chiesa, si è tenuta un'evangelizzazione in preparazione di un evento di unità nazionale che ci accingevamo ad organizzare, la 'Nation's Re-Unification Jubilee Great Crusade'. Gli oratori dell'evento erano quattro pastori coreani molto famosi, ed in ogni loro messaggio hanno più volte ribadito che, attraverso il vangelo, stavamo svolgendo un'opera di riunificazione nazionale.

Il 24 novembre, sempre del 1993, sono stato invitato in qualità di relatore alla preghiera nazionale per la riunificazione che si è tenuta presso la montagna di preghiera Haneolsan. Ho predicato il messaggio e ho pregato per i presenti e molte opere

1992 Crociata Mondiale « Esplosione dello Spirito Santo»

Crociata Evangelistica «Daegu Evangelization United Crusade»

Crociata Evangelistica per i procuratori

Concerto e Servizio di Evangelizzazione per i detenuti

Incontro di preghiera con digiuno per la Nazione e la sua gente

Crociata Evangelistica «Hallelujah Seoul United» (presso la Chiesa Manmin Centrale)

1995 Crociata «Giubileo per la Riunificazione Sud e Nord Corea» (a Yoido)

di guarigione sono state manifestate.

Mi sono anche spesso interessato alla missione di edificazione per i carcerati e per gli ex galeotti da recuperare e reinserire nella società.

Il 28 febbraio 1994, presso la Myung Sung Presbyterian Church, organizzato dal Comitato Nazionale di Edificazione Cristiana, dal titolo, 'Parola, Amore, Edificazione', si è tenuta una crociata chiamata 'Ministero della Giustizia' proprio con l'obiettivo di evangelizzare ex carcerati. Ero uno dei presidenti del comitato e ho fatto la lettura dei passaggi biblici. Abbiamo avuto il piacere di partecipare a questo evento per la gloria di Dio, con la nostra band che ha guidato la lode e l'adorazione, l'Orchestra Nissi e diversi danzatori.

Il 24 marzo dello stesso anno, in commemorazione del 40° anniversario della CBS (il canale televisivo cristiano), presso il centro fieristico di Sejong si è svolto un evento celebrativo a cui sono sono stati invitati, per le performance principali, il nostro coro al completo e l'Orchestra Nissi.

Il 20 giugno 1994 ho aperto i lavori della grande crociata per la riunificazione della nazione dal World Evangelization Central Council, il cui presidente era, allora, il pastore Hyeon Gyoon Shin.

Il Pastore presidente Hyeon Gyoon Shin ha predicato su 'La via della riunificazione nazionale attraverso il vangelo', spronando tutte le chiese ad essere unite a prescindere dalla denominazione di appartenenza. Centinaia di membri della nostra chiesa hanno servito come volontari, come coro, orchestra, uscieri, e gestione del traffico. Dal 20 giugno al 22, presso la nostra chiesa, con il pastore Homun Lee in qualità di oratore si è svolta la Crusade for Nation's Re-Unification (una conferenza per la riunificazione della nazione) organizzata dalla World Evangelization Central Council della città di Seoul.

Visita al Palazzo Presidenziale 'Cheong Wa Dae' e Crociata e del Giubileo

Il 29 luglio 1995, in qualità di presidente permanente del Movimento di Riunificazione Nazionale sono stato invitato a presiedere l'Incontro di Preghiera e Digiuno per la Nazione'.

Il 12 agosto 1995, i dieci pastori, tra cui io, a capo del movimento di riunificazione nazionale, per celebrare il 50° anniversario della Festa dell'Indipendenza della Corea sono stati invitati presso il palazzo presidenziale Cheong Wa Dae per incontrare il presidente. Mi fu detto che avremmo avuto circa un'ora per parlare con il presidente. Il giorno prima dell'incontro pregavo Dio chiedendogli che cosa dire al presidente il giorno successivo. Ma non ci fu nessuna risposta. Era abbastanza strano che lo Spirito Santo non facesse sentire la sua voce per questo incontro così importante. Ma poi capii. Il 12 agosto, alle ore 11:00, siamo stati ricevuti presso il palazzo Cheong Wa Dae e abbiamo avuto l'incontro con il presidente Coreano Youngsam Kim, che ci ha parlato per diverso tempo, ma non abbiamo avuto alcuna possibilità di replica con lui. Ci è stato solo chiesto di pregare e l'abbiamo fatto. Poi siamo tornati nalla piazza Yoido (n.d.t. La piazza più prestigiosa e centrale di Seoul) per partecipare alle celebrazioni in occasione del cinquantesimo dell'indipendenza che iniziava alle 02:00 di pomeriggio. La mia gioia è stata grande nel vedere i membri della nostra chiesa partecipare come volontari al servizio d'ordine, alla gestione del traffico, dei parcheggi e della sicurezza e la nostra Orchestra Nissi suonare sul grande palco.

Qual è il segreto della crescita della chiesa?

La speranza e la visione del pastore Hyeon Gyoon Shin

Il 5 dicembre 1994 sono stato invitato a predicare presso il 'Revivalist Training Center' del National Evangelization Movement Association. L'8 dicembre, in occasione del programma televisivo numero 4500, proprio in concomitanza del suo 40° anniversario, la CBS ci tenne a trasmettere dalla nostra chiesa.

La predicazione che portai aveva come titolo 'La Vera Voce', e oltre che alla chiesa, mi rivolgevo all'emittente televisiva, spronandola ad adempiere il proprio dovere di profeta per realizzare la giustizia e la pace attraverso la trasmissione dei programmi cristiani.

Il pastore Hyeon Gyoon Shin, che mi ha molto amato ed ha amato la nostra Chiesa – ora è con il Signore – si dice sia stato il grande padre del risveglio della Corea, oltre che un uomo noto e rispettato in tutto il paese per oltre 40 anni. Attraverso i suoi messaggi e un grande senso dell'umorismo, ha ispirato, donato visione e speranza alla nazione spronandoci a ricercare l'unità e l'ispirazione dello Spirito Santo. Era amato da tutte le denominazioni.

Quando venne a sapere che io ero stato vittima di abusi da parte di un'autorità confessionale, decise di visitare la nostra chiesa durante il servizio di celebrazione del nostro anniversario, nel mese di ottobre del 1992, e ci ha benedetti. Da allora, in più occasioni e per diversi eventi, lo abbiamo avuto con noi. Ci ha sempre benedetto con dei messaggi potenti.

Qual è il segreto della crescita della Chiesa?

Molti pastori, non solo in Corea, ma anche da altri paesi, rimangono sempre molto impressionati e commossi alla vista del volto luminoso e pieno di grazia dei membri della nostra chiesa. Spesso mi chiedono quale sia il segreto della crescita della nostra congregazione. La domanda più frequente è: «Pastore, non vedo alcuna organizzazione o addestramento speciale nella tua chiesa, ma qual è il tuo segreto di crescita? Come è possibile che i membri della tua comunità siano sempre così disponibili a compiere le opere di volontariato con tanta generosità?» Io non ho dovuto insegnare loro niente, hanno compreso tutto da loro stessi, sperimentando in prima persona la grazia di Dio.

Le opinioni riguardo la crescita della chiesa sono molte e diverse fra loro. Alcuni pastori affermano: «Dio ci ha affidato solo questo specifico numero di membri» o «Questa 'taglia' è quella giusta per la mia chiesa.» La Bibbia dice che le chiese degli apostoli, quelle in cui Lui si compiaceva, crescevano di giorno in giorno. La volontà di Dio è che tutti, ma proprio tutti, ricevano la salvezza (1 Timoteo 2,4). La chiesa primitiva, agendo secondo la volontà di Dio, aumentava in numero di giorno in giorno (Atti 2:47). Quando sento di una chiesa che cresce io mi rallegro moltissimo, perché ogni chiesa viene stabilita per il sangue del Signore, e per questo prego per quella chiesa e per il suo pastore.

Il 23 febbraio 1995, abbiamo ospitato presso il nostro santuario una conferenza di leader a cui hanno partecipato oltre 1.000 pastori. Ho predicato sul segreto della crescita della chiesa.

Nel 1996, durante le conferenze di pastori alle Hawaii e in Argentina, ho predicato sugli elementi fondamentali per la crescita della chiesa.

In primo luogo, il pastore e la chiesa hanno bisogno di ricevere l'amore di Dio.

Proverbi 8:17 dice: «*Io amo quelli che mi amano, e quelli che mi cercano mi trovano.*» Amare Dio è, come riportato in 1 Giovanni 5:3 «*...osservare i suoi comandamenti.*» Anche Gesù disse: «*Chi ha i miei comandamenti e li osserva, quello mi ama; e chi mi ama sarà amato dal Padre mio, e io lo amerò e mi manifesterò a lui*» (Giovanni 14:21).

In secondo luogo, dobbiamo pregare.

Perché un ministerio abbia successo, occorre rendere propria la potenza di Dio e questo può succedere solo attraverso la preghiera. I patriarchi della fede, quelli che hanno compiuto la volontà di Dio, erano tutti guerrieri di preghiera. Gli apostoli della chiesa primitiva furono chiari, si sarebbero dedicati solo alla preghiera e allo studio attivo della Parola di Dio, lasciando e delegando tutte le attività amministrative e pratiche della chiesa ai diaconi. Quando preghiamo, dobbiamo gridare con tutta la nostra forza e tutta la nostra volontà (Geremia 33:3). In Genesi 3:17 Dio disse ad Adamo, che aveva peccato: «...ne mangerai il frutto con affanno...» Proprio come gli uomini raccolgono i frutti solo quando faticano e lavorano sudando, anche nel mondo spirituale, riceviamo risposte solo quando preghiamo con tutto il cuore e il sudore della nostra fronte. Oggi, ogni sera e durante la notte, migliaia di persone vengono in chiesa e pregano. Lo stesso accade in decine di chiese locali, chiese figlie, e singole abitazioni in tutto il mondo.

In terzo luogo, dobbiamo avere la fede spirituale.

La fede spirituale è la fede che viene dall'alto, la fede con cui siamo in grado di credere dal cuore. È questa la fede che crea le cose dallo stato di nulla, la fede con cui niente è impossibile. Non possiamo avere questo tipo di fede solo conoscendo la Bibbia cognitivamente o perché siamo credenti da molti anni. La fede spirituale viene aggiunta da Dio solo per chi pratica la Parola. La Bibbia dice che la fede senza le opere è morta. Solo quando preghiamo con questo tipo di fede spirituale, riceviamo risposte alle preghiere, come Gesù disse in Matteo 21:22 «...e tutte le cose che domanderete in preghiera, se avete fede, le otterrete.», vale a dire, anche quando domandiamo che la chiesa cresca.

In quarto luogo, dobbiamo ascoltare la voce e ricevere la guida dello Spirito Santo.

Lo Spirito Santo dimora nel cuore di quei figli di Dio che sono salvati e li ammaestra nella volontà del Signore. Se sentiamo la sua voce e riceviamo la sua guida in modo chiaro, vedremo anche in modo chiaro cosa occorre fare per la crescita della chiesa. Per ascoltare la voce dello Spirito Santo, soprattutto il pastore, deve combattere contro la propria natura peccaminosa al punto di versare sangue se fosse necessario. Non ci può essere crescita senza che prima il leader della chiesa si sia liberato dei pensieri carnali e di tutte quelle strutture mentali che sono contrarie e ostili a Dio. Anche se non siamo d'accordo con la sua Parola riguardo a cose che noi pensiamo o crediamo, dobbiamo comunque obbedire.

In quinto luogo, dobbiamo seguire l'esempio della chiesa primitiva.

Nel libro degli Atti degli Apostoli, le prime chiese erano il testimone vivente del messaggio della croce, praticavano la Parola e manifestavano molti segni e prodigi. Poiché molte opere potenti di Dio si svolgevano attraverso gli apostoli, molti credevano al Vangelo dopo aver visto i miracoli, e la chiesa cresceva rapidamente.

Missioni nazionali e all'estero

Inizio della missione in Africa

Nel gennaio del 1994, il pastore Charles Macom, della Tanzania Pentecostal Church visitò la nostra chiesa. Fu toccato dal messaggio e quando ritornò al suo paese, parlò di me. Dal 4 al 6 luglio dello stesso anno ero a Dar Es Salaam, la capitale della Tanzania a officiare la conferenza dei pastori 'African Church Leaders Conference' organizzata dall'unione delle chiese pentecostali della Tanzania. Alla vista della povertà, della morte e del numero così elevato di malati di AIDS il mio cuore si è veramente spezzato, soprattutto perché sapevo, e so, che chiunque può essere liberato da qualsiasi maledizione e vivere una vita sana, sia spiritualmente che fisicamente, in accordo con la Parola di Dio.

Durante la conferenza africana, Dio ci ha mostrato tante meraviglie. Quando la nostra squadra è arrivata in Tanzania, i pastori locali mi continuavano a ripetere: «Pastore, è molto strano. Questa volta non ha piovuto. Pioveva molto prima che tu venissi, ma ora è tutto limpido e senza polvere. Davvero possiamo testimoniare che Dio è in controllo anche delle condizioni meteorologiche.». Dal giorno in cui la nostra squadra è arrivata in aeroporto fino a quando abbiamo lasciato quel paese, dovunque siamo andati, Dio ci ha coperto con le nuvole durante i giorni torridi e ci ha dato la pioggia durante la notte in modo da poter godere di un clima molto piacevole. Desideravo piantare nei leader della chiesa il seme della vera fede, e per questo ho predicato sul 'Messaggio della Croce'. Tutti hanno compreso la Parola di Dio e si sono lasciati vivificare, esprimendosi con le loro melodie uniche, battendo le mani e ballando, rispondendo con il loro chiaro atteggiamento innocente. Molti hanno dichiarato che la loro fede è stata rinnovata e che nei giorni della conferenza la loro fiducia e la loro fede, come pastori, è stata potenziata.

Dopo la conferenza, abbiamo visitato una tribù di Masai. Il capo villaggio e la sua gente ci hanno accolto molto calorosamente. In genere, quando hanno degli ospiti speciali,

Presso il villaggio della tribù Masai

servono il sangue di una mucca, ma, sapendo che bere il sangue è proibito da Dio, e che noi in ogni caso non ne avremmo bevuto, ci hanno servito della cola.

Desideravo piantare un seme di fede in loro, e per questo ho dato la mia testimonianza raccontando come ho incontrato Dio. Per comunicare con i Masai abbiamo dovuto tradurre simultaneamente dal coreano all'inglese al swahili (la lingua Masai). Con noi era presente il reverendo dott. Myongho Cheong, che mi traduceva dal coreano all'inglese. Prima di esercitare il ministero era stato un professore di letteratura inglese presso l'università di Hoseo in Corea. Dopo il nostro viaggio, il suo cuore fu mosso per l'Africa, e ha fondato un centro di missione a Nairobi, in Kenya, Oggi, il reverendo dott. Myongho Cheong predica in tutto il continente africano.

Giappone, una terra arida di Vangelo

In questo stesso periodo iniziò ad aprirsi uno spiraglio per una porta di evangelizzazione in Giappone. Dal 5 al 8 novembre 1993, il nostro 'Mission Team Art' partecipò, con così tanta grazia da toccare tutti i presenti, a degli eventi di evangelizzazione organizzati presso lo stadio di baseball Goshien, il più grande del Giappone in quanto a baseball. Il nostro team di performer fu invitato dal Pastore Hyeon Gyoon Shin ad esibirsi anche in una crociata evangelistica in Cina, presso la Baekdu Mountain in luglio dello stesso anno.

Nel luglio del 1994, uno dei nostri pastori, il pastore Seungkil Ryu è stato inviato in Giappone come missionario, e quello fu l'inizio della nostra missione in Giappone.

Dal 22 al 23 novembre dello stesso anno, la chiesa della città di Ida, guidata dal pastore Yoshikawa Noboru, ha organizzato una crociata a Ganae, nel Centro Culturale di Ida, a cui sono intervenuti circa 1.000 partecipanti. Le predicazioni avevano come tema 'Versare il fuoco dello Spirito Santo.' Io ho predicato un messaggio dal titolo, 'L'Evidenza storica della Resurrezione', esortando i presenti a possedere la certezza della risurrezione di Gesù e a condurre una vita cristiana con la speranza della resurrezione. Il secondo giorno, ho predicato su come incontrare l'Iddio vivente. Dopo il messaggio, ho pregato per i malati, e molti segni, grazie al fuoco dello Spirito Santo, hanno seguito le mie preghiere. Desidero veramente ringraziare il Signore per il pastore Yoshikawa Noboru che ha presieduto questa crociata. In seguito mi disse: «Molti fedeli giapponesi sono stati toccati dai tuoi messaggi, e questo è davvero inusuale in Giappone. Molti credenti giapponesi pensano che le guarigioni avvenivano solo al tempo di Gesù, ma ascoltando i tuoi messaggi e l'autorità divina delle tue parole, molti sono stati guariti e hanno incontrato Dio!»

Mi ricordo, in particolare, la guarigione di un uomo avvenuta durante questa crociata. Il suo nome è Yoshizawa Motohisa. Un ingegnere di stampa, era appena stato sottoposto ad un intervento chirurgico alla schiena a causa di un incidente sul lavoro. Purtroppo, i postumi di cui soffriva erano pesanti, perché aveva difficoltà a camminare e la sua schiena sarebbe rimasta curva per sempre. Ciononostante, malgrado il dolore che gli spostamenti gli procuravano, decise di frequentare la crociata. Il primo giorno, il semino di fede che gli era stato impiantato attraverso il messaggio iniziò a germogliare e il giorno dopo, venne presso l'albergo dove ero stato alloggiato per ricevere guarigione. Pregai per lui intensamente e dopo la preghiera, il suo dolore era sparito e la schiena si era addrizzata!

Coppie con infertilità ricevono risposte alle loro preghiere

Nel febbraio del 1991, abbiamo tenuto degli incontri di celebrazione e risveglio in occasione del passaggio al nuovo santuario dal tema 'Come Anche l'Anima Mia Prospera'. Ho predicato 15 messaggi per due settimane, e ho condotto anche degli incontri speciali per i malati.

Fu solo nel Maggio del 1993 che istituimmo le due settimane annuali di risveglio. Le prime due erano intitolate 'Peccato, Giustizia e Giudizio' (Giovanni 16:8). Ascoltare i messaggi due volte al giorno, uno al mattino e l'altro alla sera, su cos'è il peccato, la giustizia e il giudizio hanno illuminato i fedeli sul muro di peccato che nel corso della vita costruiamo tra noi e Dio e su come distruggerlo. Tutti si sono pentiti e hanno versato lacrime di ravvedimento, abbattendo così la barriera di trasgressioni che li separava da Dio e sperimentando opere di guarigione.

Ascoltare il messaggio della Parola di Dio così intensamente, alimenta la propria fede e apre la porta allo Spirito Santo che conduce a una vita di preghiera vissuta secondo la Parola di Dio. I partecipanti alle due settimane di risveglio sono stati tanti, provenienti da ogni parte del paese, indipendentemente dalla denominazione. Molti hanno ricevuto grazia e sono stati guariti, molti sono intervenuti per essere riempiti di Spirito Santo e tornare a servire le proprie chiese diligentemente. Per mezzo del fuoco dello Spirito Santo siamo stati testimoni di guarigioni straordinarie: cancro all'utero e allo stomaco, recupero dell'udito e della vista, e anche coppie che non potevano avere bambini.

In particolare, proprio in queste due settimane, molti sposi che non erano stati in grado di concepire un bambino in più di cinque anni di matrimonio, hanno ricevuto la benedizione del concepimento. Poiché molte coppie sterili mi hanno chiesto preghiera, nella sessione serale del 5 maggio 1993 ho pregato in modo specifico per tutti loro, perché ricevessero la benedizione del concepimento. A distanza di qualche tempo, abbiamo ricevuto le testimonianze di molte coppie che hanno dato alla luce proprio l'anno dopo. In questo momento, mentre scrivo, sono molti i bambini si stanno diplomando presso l'Istituto Scolastico Manmin nati esattamente in quell'anno.

La sfida di una vita diversamente abile

In maggio 1994, con il tema «Io lo farò» (Giovanni 14:13), abbiamo dato il via al secondo appuntamento delle due settimane annuali di risveglio. Lo Spirito Santo si è manifestato anche in queste riunioni e molte sono state le testimonianze di guarigione dei partecipanti. In particolare, vorrei raccontare la storia di Joanna Park, che in quei giorni si trovava in ospedale a causa di un gravissimo incidente stradale.

Il 27 maggio 1993 Joanna Park, mentre guidava per tornare a casa dopo il lavoro, rimase coinvolta in un tamponamento a catena che distrusse quattro veicoli. Fu portata in ospedale e cadde in coma. Aveva l'articolazione della mascella danneggiata, il mento rotto e gli intestini danneggiati. Era praticamente coperta di ferite su tutto il corpo. A causa della dislocazione del femore dal bacino, le articolazioni dell'anca si erano schiacciate e la gamba destra non rispondeva più, non muoveva le dita dei piedi e la caviglia, e, avendo il nervo perone paralizzato, la gamba si era accorciata di cinque centimetri. I medici dissero subito che sarebbe rimasta disabile per il resto della sua vita.

Il 10 maggio 1994, Joanna Park chiese il consenso

Joanna Park era condannata alla disabilità per il resto della vita
Joanna Park completamente guarita che cammina liberamente a un incontro di guarigione con il Rev. Jaerock Lee
Joanna Park ora è sana e opera nel ministerio missionario

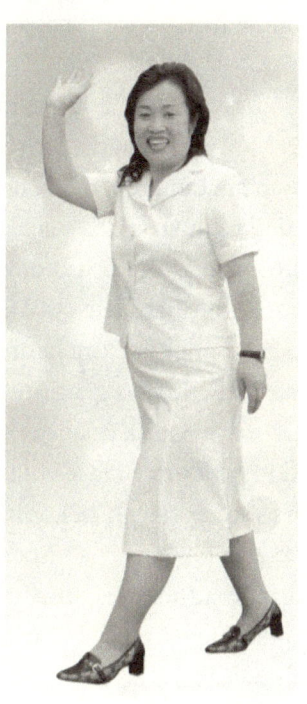

dall'ospedale per partecipare alle riunioni di risveglio che stavamo tenendo. Arrivò in chiesa con le stampelle, ma nel momento esatto che io pregai per lei e che tutta la chiesa pregava per lei, Joanna Park fu ristabilita. La gamba è ritornata alla sua normale lunghezza, lei, che non poteva più sbadigliare o aprire la bocca, ci fece vedere che poteva spalancare la bocca senza dolore ed infine, dopo aver testimoniato del fuoco che sentiva su di sé, ci mostrò come camminava da sola, senza le stampelle. Tutta la chiesa gioì e diede gloria a Dio nel vedere questo miracolo, l'applauso fragoroso scoppiò spontaneo. Dopo 2 settimane, tornò all'ospedale universitario di Hanyang dove la guarigione le fu documentata: la sua gamba destra era ritornata normale e si era allungata di cinque centimetri!

Una bimba senza possibilità di sopravvivenza La diaconessa Soonim Kim partorì prematuramente una bimba di solo 1,2 kg. Dopo qualche giorno nell'incubatrice, purtroppo, le vene vicino al cuoricino non ressero e la povera piccola ebbe un'emorragia cerebrale che le causò la perdita della vista. L'emorragia cerebrale infantile, confermarono i medici, non è una patologia curabile. Non solo, avrebbe perso la vista completamente senza un intervento chirurgico, ma anche se l'operazione fosse andata a buon fine, in ogni caso avrebbe recuperato solo un terzo della vista.

Il 7 maggio 1994, i medici chiesero ai genitori di riportare la bimba a casa, dato che non erano in grado di fare nient'altro. Fortunatamente, quelli erano i giorni delle due settimane speciali di risveglio e la diaconessa Soonim Kim portò la bimba in chiesa. Le condizioni erano davvero molto gravi, anche perché, dopo tutti i farmaci e le cure che le erano state somministrate, aveva perso del peso e ora la piccola era meno di un chilo. Il padre, nel suo cuore, aveva già rinunciato a lei.

L'8 maggio, quando ho ardentemente pregato per la piccina, Dio ha cominciato a lavorare. Le pupille, che erano sfocate, hanno ripreso il bel colore nero, e fu evidente che la bimba ci vedeva bene, la sua vista era tornata normale. Di lì a poco iniziò anche ad essere abbastanza forte per succhiare il biberon e quindi, cibandosi con regolarità e in autonomia, malgrado il peso di nascita, è cresciuta sana. Il suo nome è 'Hanna', e in questo momento è una studentessa delle superiori che sta crescendo splendidamente nel Signore.

Apoplessia cerebrale

Nel 1995 eravamo al terzo anno delle due settimane di riunioni speciali di risveglio. Quell'anno il tema era 'Il giusto vivrà per fede'. L'ultimo giorno, mentre mi accingevo a fare una preghiera speciale per i malati, vidi che qualcosa stava succedendo all'ingresso del santuario, e qualcuno era stato fatto entrare su una barella. Mi parve di capire che fosse stato portato in ambulanza. Era in condizioni critiche. Più tardi, venni a sapere che si trattava dell'anziano Moonki Kim, che era stato colpito da apoplessia cerebrale. Una vena era esplosa nel suo cervello.

Sua moglie era un pastore e di tanto in tanto frequentava la nostra comunità per ascoltare la Parola di Dio, soprattutto negli ultimi mesi dato che era stata incaricata di una chiesa aperta da poco. Quando il marito fu portato in ospedale, i medici le dissero che aveva poche possibilità di sopravvivenza. Lei, il pastore, sapendo dei servizi di risveglio della nostra chiesa, fece portare il marito dall'ambulanza direttamente dall'ospedale in chiesa, per ricevere la guarigione per fede.

Pregai per lui, era incosciente e su quella barella sembrava fosse morto. Non appena finii di pregare, si è messo a sedere. Fu come guardare un film, eravamo con gli occhi spalancati, e pian piano dalla congregazione si sviluppò un applauso di gratitudine e per dare gloria al nostro Dio.

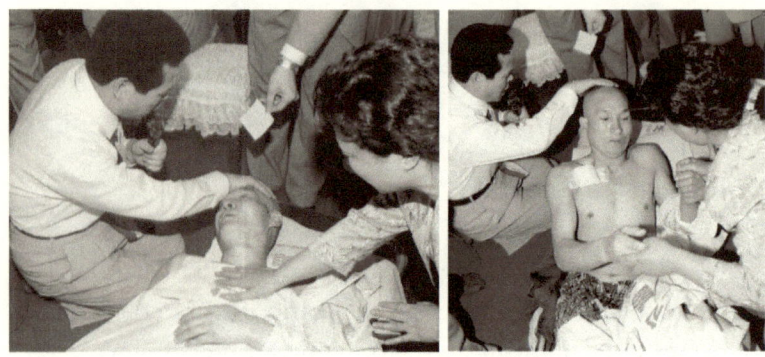
Un paziente affetto da apoplessia cerebrale che dopo la preghiera si è alzato in piedi

Guarigione alle mani prima che fossero amputate

Nell'inverno del 1985, la diaconessa Sang-yi Lee aveva subito un attacco di geloni molto violento, in seguito al quale era stata curata in molti modi, compresa l'agopuntura. Nulla pareva funzionare, e purtroppo, la sua situazione andava aggravandosi perché iniziò anche a soffrire di artrite. Nel 1990, mentre si trovava a Seoul, qualcuno la portò nella nostra chiesa e iniziò a frequentare i servizi. Dopo qualche tempo, tornò nella sua città natale e purtroppo si allontanò dal Signore, vivendo pigramente la sua fede.

Nel 1993, il suo corpo ha cominciato a ridursi e il collo divenne rigido. Le fu diagnosticata un'artrite reumatoide in tutto il corpo in stato piuttosto avanzato. Era ricoverata presso il Korea University Guro Hospital ma 2 mesi dopo, tranne i pollici, aveva tutte le dita in cancrena e le sue mani divennero nere, fino al polso. Non solo le unghie, ma anche le ossa delle dita erano

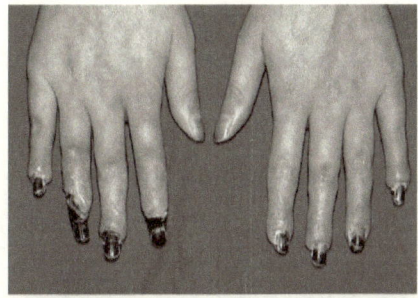

Sang-yi Lee guarita dalla decomposizione che stava distruggendo le sue dita

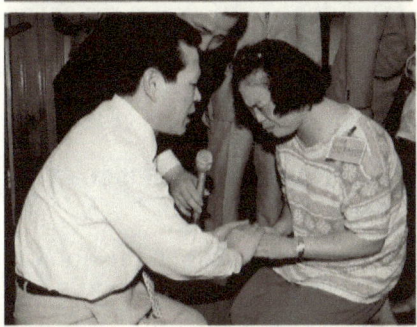

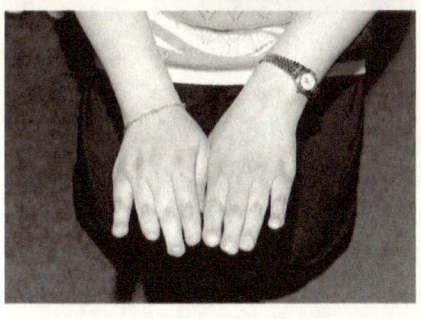

in decomposizione. Le dissero che, purtroppo, le andavano amputate entrambe le mani per evitare che la cancrena si sviluppasse ulteriormente e le fissarono la data dell'intervento. A causa dei dolori atroci, le fu somministrata una grande quantità di antidolorifico. Nel maggio 1994, mentre erano in corso le due settimane di risveglio, appena un giorno prima della data fissata per l'amputazione, decise di venire in chiesa. Pregai per lei e poco dopo la preghiera venne a dirmi che le sue mani si stavano scaldando e che quel dolore insopportabile era sparito. Nel giro di pochissimo tempo la sua situazione è molto migliorata e le fu confermato che non c'era più bisogno di amputare le mani e poteva ritornare a casa.

La cancrena si era fermata, e i tessuti che erano andati in

decomposizione, proprio come fa la corteccia morta di un albero, iniziarono a cadere e a mostrare la nuova carne di sotto. Stessa cosa con le unghie, anche quelle stavano crescendo. L'anno successivo, nel maggio del 1995, tornò a Seoul per frequentare le due settimane speciali di risveglio. Pregai per lei il secondo giorno e in seguito alle preghiere, mi fu riferito che il dolore dell'artrite era scomparso. Ora, Sang-yi Lee era pulita, completa, non solo aveva recuperato le mani dopo averle perse ma anche tutto il resto del corpo era sano.

Protezione nel crollo dei grandi magazzini Sampoong

Nella nostra chiesa abbiamo un'organizzazione missionaria chiamata 'Light and Salt Mission' (missione luce e sale), che evangelizza in modo specifico tra coloro che lavorano nei ristoranti e nelle grandi aziende di distribuzione. Dalla sua fondazione, nell'ottobre 1985, il gruppo ha tenuto e organizzato servizi di culto e incontri di preghiera in diverse aree della città. I volontari della 'Light and Salt Mission' operano prevalentemente di domenica e quindi frequentano il servizio di culto quando tornano, la sera dopo le 21:00 e la domenica dopo le 11:00.

Il 29 giugno 1995, intorno alle 18:00, ci fu un grande disastro: crollò il palazzo dei grandi magazzini Sampoong. Circa 10 membri della nostra chiesa vi lavoravano, e Dio ha provveduto in tanti modi diversi perché loro potessero fuggire e anche in questa terribile situazione siamo stati in grado di provare il miracolo. Tutti si sono salvati.

Jinsook Hong, una sorella che lavorava presso i grandi magazzini Sampoong, presso il bar riservato ai dipendenti, rimase intrappolata tra i pilastri di cemento al terzo piano

Crollo del Sampoong Department Store

seminterrato e si salvò miracolosamente. Quando la sua ora di lavoro era terminata si recò nella stanza del dispensario per riposarsi qualche minuto. L'edificio è crollato mentre lei era lì, e lei e l'infermiera del dispensario – che si era rotta un piede e ferita alla testa – rimasero intrappolate. Era buio pesto ed era inimmaginabile pensare di trovare una via di fuga. Tutt'intorno si sentivano le urla degli altri che cercavano aiuto.

«Jinsook, io sto sanguinando dalla testa. Oh, Jinsook ho sempre evitato di ascoltare il vangelo ma ora ho paura, quanto mi dispiace! Dio ascoltami, ti prego, io credo in te adesso!».

L'infermiera gridava e urlava la sorella Jinsook Hong pregava per lei tenendole le mani e confortandola con la Parola. La polvere di cemento prodotta dall'esplosione era sempre più fitta e soffocante. Jinsook Hong pregava: «Signore fai arrivare i soccorsi, salvaci, salvaci tutti! Tutta questa gente! Signore salvaci!»

Dio rispose a questa preghiera. Tre ore dopo il crollo, intorno alle 21:00 videro le luci dei soccorritori: «C'è qualcuno?» Gridavano: «Ecco, siamo qui!» Il dispensario era vicino all'uscita di emergenza, e per fortuna le uscite di emergenza e le scale non erano crollate. I soccorritori arrivarono a questa scala perché avevano sentito il suono dei cantici e delle preghiere. L'infermiera è stata portata in ospedale in ambulanza, ma la sorella di Jinsook Hong uscì da lì senza neanche un graffio. I maggiori quotidiani del paese, il giorno dopo, riportarono che i soccorritori erano riusciti a salvare tutte quelle persone perché guidati dal suono dei canti e delle preghiere.

Mi chi mai poteva cantare in quella situazione urgente, in pericolo di vita? Jinsook Hong era una cristiana fedele, frequentava il servizio ogni domenica e donava le sue decime. Quando osserviamo il giorno del Signore correttamente e diamo la decima, Dio ci protegge da incidenti e malattie.

L. A. 1995

La Chiesa poco prima della chiusura

Nell'aprile del '1995 abbiamo preso parte a un progetto evangelistico per la città'. Dal 27 al 29, infatti, a Seoul, si sarebbe svolta una campagna missionaria comune, promossa da una chiesa presbiteriana. Oltre 40 chiese, in zone diverse e di denominazioni diverse, avrebbero ospitato servizi di evangelizzazione contemporaneamente.

Io ero stato invitato a predicare in diverse strutture, alcune anche molto grandi, ma preferii accettare l'invito della chiesa presbiteriana del pastore che aveva organizzato l'evento e che era il presidente della commissione.

Ero in procinto di partire per Los Angeles, de i fratelli della chiesa mi avevano donato dei soldi da utilizzare per questo viaggio.

Prima di andarmene, riferii ad alcuni miei collaboratori che

Impartendo benedizioni presso l'amministrazione comunale della città
di Los Angeles

Ricevere la Cittadinanza Onoraria dalla città di Los Angeles

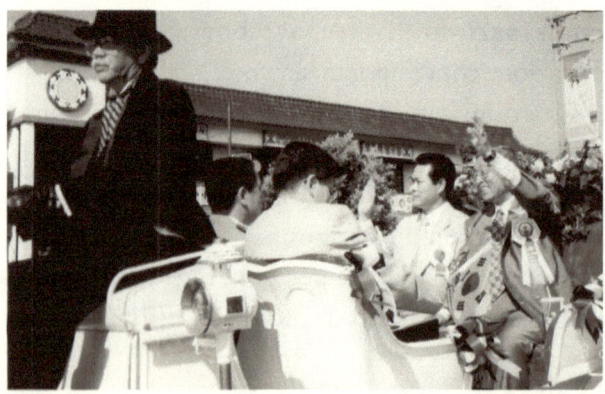

La parata di Los Angeles durante la «Giornata coreana»

avevo ricevuto una forte somma di denaro e che certamente il Signore aveva una scopo per questo.

La chiesa presbiteriana di cui sopra, dove ho predicato per tre giorni, era una piccola chiesa. Il pastore, di età superiore ai sessanta anni, era un uomo che aveva lavorato duramente e da solo per l'opera di Dio, senza l'aiuto di nessuno. I tre servizi a cui partecipai erano di piccole dimensioni, si e no un centinaio di persone vennero alle riunioni, io ho comunque cercato di dare il massimo con la mia predicazione. Molti pastori di chiese più grandi mi avevano invitato per questa occasione, ma io sapevo che Dio aveva per me una ragione per spingermi a condurre la crociata in quella chiesa per tre giorni.

Il 29 aprile, nell'ultima riunione, vidi il pastore pregare e piangere per la sua chiesa, sentii le sue parole, lo ascoltai mentre chiedeva a Dio di risolvere il problema finanziario della chiesa, altrimenti sarebbe stata riconsegnata al mondo. In più di un'occasione, avendo visitato tante chiese in tanti posti, mi ero trovato in situazioni imbarazzanti o di disagio, ma sentire la preghiera di questo pastore fece crescere in me uno stato d'ansia. Dio mosse il mio cuore in quel momento:

«*Aiuta questa chiesa. A cosa ti servirebbero tutti i soldi che hai ricevuto se non per un'occasione come questa? Aiuta questa chiesa.*»

Come ho sentito la voce del Signore, immediatamente ho detto nel mio messaggio: «Io non so a quanto ammonti il debito di questa chiesa, ma so che la chiesa di Dio non deve soffrire a causa della gente di questo mondo. Mi impegno, quindi, a fornire un piccolo aiuto, e spero che anche voi farete lo stesso», e mi impegnai a donare i 20.000 dollari USA che avevo ricevuto come offerta per la missione a Los Angeles.

Compresi che Dio mi aveva mandato in quella chiesa proprio perché ero in grado di assorbire e farmi carico di situazioni di disagio. Il mio cuore era pieno di desiderio per aiutare questo pastore e dare conforto al suo cuore. Cercai in tutti i modi di non farlo sentire a disagio e di massimizzare il tempo che ero lì con lui. Durante la crociata, la squadra di lode della mia chiesa ha guidato la musica, con grazia e pienezza dello Spirito, desiderosi, anche loro, di benedire i fratelli di quella comunità.

Il giorno dopo, domenica 30 aprile, il pastore venne da me con una faccia imbronciata dicendo: «Pastore, fino a ieri la chiesa era piena perché dalle altre chiese sapevano che c'eri tu e sono venuti ai servizi speciali, ma oggi, sono sicuro che dei nostri membri non è rimasto nessuno. Non ho nemmeno bisogno di andare in chiesa per vederlo.» 'Ero un po' sorpreso di sentire quello che mi stava dicendo, ma soprattutto non capivo e gli chiesi delle spiegazioni. Mi disse che l'assistente pastore della sua chiesa non aveva passato gli esami per diventare pastore e si era lamentato pubblicamente contro di lui, che era il pastore fondatore e lo aveva bocciato. Ora il giovane si era dimesso dal suo incarico. La chiesa era nel caos perché ognuno diceva la sua e tra gli anziani c'era molta discordia a questo riguardo, oltre che riguardo ai problemi finanziari della chiesa che avevano tolto ogni energia di ricrescita a tutti.

Ci recammo in chiesa per scoprire che, non solo nessuno dei fedeli aveva lasciato la chiesa, ma la chiesa era gremita. Anche i sedili del coro erano pieni e il viso di tutti era splendente. Dio conosceva la situazione di questa comunità, e, per salvarla, mi aveva mandato lì a predicare la Parola di Dio e ad aiutare il pastore finanziariamente.

Invitato come Presidente Onorario alla 22esima giornata dei coreani di Los Angeles, presso il Centro Culturale

La crociata di Los Angeles

Il 30 aprile 1995, presso il L.A. Convention Center, organizzata dal World Evangelization Committee e il Korea-America Christian Spirituality Movement Committee, si tenne la crociata evangelistica di Los Angeles. Ero stato invitato a predicare a questo evento che riscosse grande successo, per grazia di Dio.

Il giorno dopo, ecco cosa si leggeva nell'American Christian Newspaper:

«Il 30 aprile, una cinquantina di predicatori risvegliati e oltre 8.000 fedeli si sono riuniti in un servizio cristiano per l'unione di molte razze. Il Reverendo Jaerock Lee, l'oratore principale, ha predicato un sermone dal titolo 'Rendici Uno', esortando i presenti a comprendere che siamo tutti fratelli nella stessa fede, indipendentemente dalla razza e dalla cultura. Se manteniamo la fede e l'unione tra di noi, gettiamo le fondamenta dell'evangelizzazione del mondo. Il motto che si è udito tra la folla è stato: 'Predicate il vangelo in ogni angolo della terra, fate di questa città la vera città degli angeli, la vittoria è nostra!'»

Sono stato anche invitato a partecipare a una colazione di preghiera in cui erano presenti circa 300 leader cristiani dell'area metropolitana della città di Los Angeles. Tutti mi hanno detto di aver tanto apprezzato, alcuni fino alle lacrime, le performance dei nostri team di adorazione e di danza.

Il Festival del Giorno della Corea

Nel settembre del 1995 ho partecipato al 22° Festival del

Giorno della Corea che si tiene ogni anno a Los Angeles, nel quartiere chiamato Koreatown, in qualità di presidente onorario. Ho presenziato e offerto una preghiera in occasione dell'inaugurazione di un monumento, e poi la sera ho preso parte alla 'Notte Coreana', offrendo una benedizione pubblica. La 'Notte Coreana' è un momento molto particolare per la comunità coreana che vive a L.A., ed il culmine dell'evento consiste nella sfilata di carri speciali decorati di fiori. Il carro principale è trainato da quattro cavalli e io ho avuto l'onore di sfilare proprio su questo carro. Comparire davanti a così tante persone non mi fa stare molto a mio agio ma non potevo fare altrimenti, avrei mancato di rispetto ai miei ospiti.

Nei giorni precedenti c'erano stati dei tentativi di interruzione dell'evento per impedirmi di partecipare come presidente onorario. L'Associazione dei Coreani di Los Angeles si è riunita per discutere di quanto stava accadendo e ha rilasciato la seguente dichiarazione: «Se qualcuno sarà trovato a diffondere voci false sul presidente onorario dell'evento e dell'Associazione dei Coreani di Los Angeles, il dott. Reverendo Jaerock Lee, intraprenderemo contro di queste persone delle serie azioni legali.»

Ancora una volta il lavoro di Satana era stato buttato giù dal popolo di Dio in un luogo inaspettato.

Fine del libro 1
Continua...

Sull'autore
Dott. Jaerock Lee

Il Dott. Lee è nato nel 1943, a Muan, in provincia di Jeonnam, nella Repubblica della Corea. Intorno ai vent'anni iniziò a soffrire di varie malattie incurabili. Dopo sette anni di sofferenza e senza alcuna speranza di guarigione, non gli restava che aspettare la morte. Un giorno, nella primavera del 1974, fu condotto in una chiesa da sua sorella e come si inginocchiò per pregare, l'Iddio vivente lo guarì immediatamente da tutte le sue malattie.

Dall'istante in cui ha incontrato l'Iddio vivente attraverso quell'esperienza meravigliosa, lo ha amato con tutto il suo cuore e tutta la sincerità di cui era capace. Nel 1978 fu chiamato ad essere un servitore di Dio. Seguì un periodo di preghiera profonda in modo da comprendere e compiere chiaramente la Sua volontà. Nel 1982, ha fondato la Chiesa Centrale del Ministerio Manmin in Seoul, Sud Corea e compiuto innumerevoli opere per mano di Dio, incluse guarigioni miracolose e molti miracoli.

Nel 1986, Il Dott. Lee è stato ordinato pastore durante la Riunione Annuale della Jesus' Sungkyul Church of Korea, e quattro anni più tardi nel 1990, i suoi sermoni cominciarono ad essere trasmessi in onda dalla Far East Broadcasting Company, dalla Asia Broadcast Station, and the Washington Christian Radio System fino in Australia, Russia, Filippine e molte altre nazioni.

Tre anni più tardi nel 1993, la Manmin Central Church è stata nominata tra le "50 Chiese più grandi del mondo" dal periodico cristiano «Christian World Magazine» (Stati Uniti). Inoltre, il Dott. Lee ha ricevuto un Dottorato Onorario presso l'università cristiana, «Christian Faith College», Florida,

Stati Uniti e nel 1996 un Dottorato Ministeriale presso l'università teologica «Kingsway Theological Seminary», Iowa, Stati Uniti.

Dal 1993 il Dott. Lee ha intrapreso la direzione di una visione missionaria mondiale esplicitandola attraverso crociate all'estero, di cui alcune svoltesi a Los Angeles, Baltimora, New York (Stati Uniti), Tanzania, Argentina, Uganda, Giappone, Pakistan, Kenia, la Filippine, Honduras, India, Russia, Germania, Perù, nella Repubblica Democratica del Congo, Israele e Estonia. Nel 2002 molte riviste e giornali cristiani in Corea lo hanno definito «pastore mondiale» in riferimento al suo lavoro missionario all'estero.

Ad oggi, aprile 2012, la Chiesa Manmin Centrale è una congregazione che conta oltre 120.000 membri e 10.000 chiese affiliate, nazionali ed estere, ha commissionato più di 129 missionari in 23 paesi, inclusi Stati Uniti, Russia, Germania Canada, Giappone Cina, Francia India, Kenia ed altri.

Fino a questo momento Il Dott. Lee ha scritto 64 libri, inclusi i best-seller: *Gustare la Vita Eterna prima della Morte, La Mia Vita, La Mia Fede, Il Messaggio della Croce, La Misura della Fede, Cielo I e II, Inferno*, e *La Potenza di Dio*, tradotti in più di 73 lingue.

Il Dott. Lee è attualmente fondatore e presidente di un notevole numero di organizzazioni missionarie, oltre ad essere il presidente della chiesa «United Holiness Church of Jesus Christ», delle missioni mondiali Manmin, del «GCN», network coreano di televisioni cristiane, del «WCDN» il primo network mondiale di medici e dottori cristiani e del «MIS» il seminario internazionale del ministerio Manmin.

Cielo I & II

Uno schema dettagliato dell'ambiente meraviglioso che i cittadini del cielo godranno immersi nella gloria di Dio, la Nuova Gerusalemme e il regno dei cieli.

Il Messaggio della Croce

Un messaggio potente e rinvigorente per tutti quelli che sono spiritualmente sonnecchianti. In queste pagine troverete l'amore vero di Dio e le ragioni per cui Gesù è l'unico Salvatore.

Inferno

Un accorato messaggio divino a tutto il genere umano. Dio desidera che ogni anima sia salvata e non precipiti all'inferno! Questo libro svela dettagli e racconti sulle crudeltà dell'inferno come mai sono stati narrati prima.

La Mia Vita La Mia Fede II

L'autobiografia del Dott. Jaerock Lee. Un aroma spirituale fragrante per il lettore, che, attraverso la vita del pastore Lee, testimonierà dell'amore di Dio che ha rotto il giogo della disperazione più profonda.

La Misura della Fede

Quale regno, quale corona e quale ricompensa sono state preparate per voi in cielo? Questo libro provvede, con sapienza e rivelazione, una guida alla comprensione del concetto di "misura di fede" per maturare nella tua fede.

www.ingramcontent.com/pod-product-compliance
Lightning Source LLC
Chambersburg PA
CBHW030357130626
46549CB00004B/1525